# 电算化会计实务

主　编　赵合喜

大连理工大学出版社

**图书在版编目(CIP)数据**

电算化会计实务 / 赵合喜主编. — 大连 ：大连理
工大学出版社，2012.10
现代远程教育系列教材
ISBN 978-7-5611-7343-5

Ⅰ. ①电… Ⅱ. ①赵… Ⅲ. ①计算机应用－会计－教
材 Ⅳ. ①F232

中国版本图书馆 CIP 数据核字(2012)第 230597 号

**大连理工大学出版社出版**

地址：大连市软件园路 80 号　邮政编码：116023
发行：0411-84706041　传真：0411-84707403　邮购：0411-84706041
E-mail：dutp@dutp.cn　URL：http://www.dutp.cn

大连美跃彩色印刷有限公司印刷　　　大连理工大学出版社发行

幅面尺寸：185mm×260mm　　印张：15.5　　字数：350 千字
附件：光盘 1 张
2012 年 10 月第 1 版　　2012 年 10 月第 1 次印刷

责任编辑：王晓玲　　　　　　　　责任校对：郭彦青
封面设计：戴筱冬

ISBN 978-7-5611-7343-5　　　　　　定　价：44.00 元

# 出 版 说 明

    基于计算机网络条件下的远程教育,即网络教育,亦称现代远程教育,已经成为当今推进我国高等教育大众化的新途径。经批准,大连理工大学于2002年2月成为全国68所现代远程教育试点高校之一,并已在网络高等学历教育方面取得了显著成绩。为贯彻教育部关于网络教育要"积极发展,规范管理,强化服务,提高质量,改革创新"的指导思想,在教学方面要继续做好网络教育平台建设、网络教育资源及视听教材建设、开展好网上学习的支持服务的同时,积极组织编好具有远程教育特色的高水平纸介教材十分重要。为此,大连理工大学决定将网络教育系列纸介教材的编辑出版工作列入《现代远程教育类教学改革基金项目》加以实施。

    按照教改立项的要求,要配合网络课件、视听教材的建设,制订相应的网络教育纸介教材建设计划,有组织、有步骤地开展好这项工作。

    按照教改立项的要求,网络教育纸介教材必须以网络课件的教学大纲为基础进行编写,并努力凸现远程教育的特色,为培养应用型人才服务。

    按照教改立项的要求,网络教育纸介教材的内容取舍、理论深度、文字处理,既要力求适合大多数网络教育学生的实际接受能力,适应网络教育学生自主学习的需要,又要确保达到网络高等教育的基本要求,为高等教育大众化服务。

    按照教改立项的要求,网络教育纸介教材的编著者应有丰富的教学经验,在本学科有较厚的基础,了解本门课程发展动态,有较高的学术水平,有较好的文字功底,并且优先选聘本课程网络课件的主讲教师担任编写工作。

    现在,经过不断的努力,现代远程教育系列教材将陆续出版问世,特向各位编著者及审稿专家表示感谢,同时敬请社会各界同行对不足之处给予批评指正。

大连理工大学网络教育学院

2008 年 12 月

# 前　言

电算化会计实务作为大连理工大学现代远程教育会计专业和其他相关专业的一门专业实践课程,其教学目标就是培养学生掌握电算化会计的基本理论知识和实践操作技能。为了实现这一目标,我们在编写教材过程中,兼收并蓄、博采众长,将不同教材的优点集中到一起,最终形成一本融电算化会计理论与实务于一体,能体现现代远程教育会计专业特色的教材。

在教材内容上,我们通过周密分析,搞清电算化会计各个职业岗位的需求,吸纳了有关电算化会计的新理论、新技术、新方法、新经验。本教材随书配套了用友软件公司研发的"T3-用友通标准版软件",满足了会计软件从核算型向管理型转变的要求,在电算化实务案例设计上,采用财政部颁布的最新会计制度规定的会计科目编码体系,与《财务会计》《管理会计》等教材内容相配套,增强了教材的适用性。

在教材结构上,我们针对现代远程教育学生在职学习的特点,同时借鉴了"教学模块组合"技术,首先,将整个教材从总体上划分为两个相对独立又相互联系的教学模块,即电算化会计理论模块和电算化会计实务操作模块。其次,以培养学生电算化会计工作能力为基本线索进行教学模块组合。具体来讲,电算化会计理论模块主要集中在前两章,电算化会计实务模块则强调在理论指导下重点讲授建立会计核算体系、总账系统、工资管理、固定资产管理、报表管理与分析等系统的操作方法,从第3章到第7章专门设计了会计软件操作案例,并在随书光盘中提供了相关的账套备份数据,以方便教师教学演示和学生上机练习,进一步增强了教材的实用性和针对性。

本课程总学时为60学时,各章节建议学时安排详见下表(仅供参考):

| 序号 | 课程内容 | 讲授 | 实验 | 小计 |
|------|----------|------|------|------|
| 1 | 电算化会计概述 | 4 | | 4 |
| 2 | 电算化会计系统分析与实施 | 4 | | 4 |
| 3 | 建立会计核算体系 | 4 | 2 | 6 |
| 4 | 总账系统 | 6 | 4 | 10 |
| 5 | 工资管理系统 | 4 | 2 | 6 |

（续表）

| 序号 | 课程内容 | 讲授 | 实验 | 小计 |
|------|---------|------|------|------|
| 6 | 固定资产管理系统 | 4 | 2 | 6 |
| 7 | 报表管理与分析系统 | 6 | 2 | 8 |
| 8 | 电算化会计综合实验 | | 15 | 15 |
| 9 | 总结 | 1 | | 1 |
| 总　计 | | 33 | 27 | 60 |

　　本书是现代远程教育会计专业教材，同时也可作为在职会计人员岗位培训教材和用友会计信息化认证教材。

　　赵合喜副教授（东北财经大学）为本书主编，编写了第3章～第8章，费焕焕（大连理工大学）编写了第1章，陈明（大连理工大学）编写了第2章，全书内容由赵合喜设计。王振武教授（东北财经大学）审阅了全书并提出了宝贵的修改意见。在本书的编写过程中得到了大连理工大学网络教育学院等单位的大力支持，用友畅捷通软件有限公司为本书的编写提供了"T3-用友通标准版软件"，陈江北先生提供了软件技术指导，在此表示衷心的感谢。

　　受编写时间和编者水平所限，书中难免会有错误和不妥之处，敬请专家和读者不吝指正。

编　者<br>2012 年 9 月

# 目　录

第1章　电算化会计概述 …………………………………………………… 1

1.1　电算化会计的基本概念 ……………………………………………… 1

1.1.1　电算化会计的概念 ……………………………………………… 1

1.1.2　电算化会计的含义 ……………………………………………… 1

1.1.3　电算化会计的内容 ……………………………………………… 2

1.1.4　电算化会计工作的意义 ………………………………………… 3

1.2　会计信息化的基本概念 ……………………………………………… 4

1.2.1　会计信息化的概念 ……………………………………………… 4

1.2.2　会计信息化的内容 ……………………………………………… 4

1.2.3　会计信息化的意义 ……………………………………………… 4

1.3　电算化会计信息系统的概念与组成 ………………………………… 5

1.3.1　电算化会计信息系统的概念 …………………………………… 5

1.3.2　电算化会计信息系统的组成 …………………………………… 7

第2章　电算化会计系统分析与实施 …………………………………… 10

2.1　企业简介 ……………………………………………………………… 10

2.1.1　企业的概念 ……………………………………………………… 10

2.1.2　企业的内设机构与管理岗位 …………………………………… 10

2.1.3　企业的业务流程 ………………………………………………… 11

2.1.4　企业手工会计核算流程 ………………………………………… 12

2.1.5　企业电算化会计核算流程 ……………………………………… 13

2.2　企业会计信息化实施过程 …………………………………………… 15

2.2.1　制订会计信息化的总体规划 …………………………………… 15

2.2.2　企业会计业务的规范化 ………………………………………… 16

2.2.3　建立电算化会计系统的运行环境 ……………………………… 17

2.2.4　配置会计软件 …………………………………………………… 18

2.2.5　培训会计信息化工作人员 ……………………………………… 19

2.2.6　计算机代替手工记账 …………………………………………… 20

2.2.7　电算化会计系统管理 …………………………………………… 21

2.3　电算化会计软件功能模块划分及相互关系 ………………………… 24

2.3.1　电算化会计软件功能模块划分的作用 ………………………… 24

2.3.2 电算化会计软件功能模块划分 ……………………………… 24

2.3.3 电算化会计软件功能模块的作用 …………………………… 25

2.3.4 电算化会计软件功能模块之间的相互关系 ………………… 26

**第3章 建立会计核算体系** ……………………………………………… 29

3.1 会计软件安装与系统管理 ……………………………………… 30

3.1.1 会计软件安装与系统管理的基本流程 ……………………… 30

3.1.2 会计软件的安装 ……………………………………………… 30

3.1.3 系统管理的功能 ……………………………………………… 32

3.1.4 增加操作员 …………………………………………………… 33

3.1.5 建立会计核算账套 …………………………………………… 34

3.1.6 设置操作员权限 ……………………………………………… 38

3.1.7 启用会计软件各功能模块 …………………………………… 39

3.1.8 会计核算账套的备份 ………………………………………… 41

3.1.9 会计核算账套的恢复 ………………………………………… 42

3.2 总账系统初始化 ………………………………………………… 43

3.2.1 总账系统初始化的基本流程 ………………………………… 43

3.2.2 总账系统初始化的前期准备工作 …………………………… 43

3.2.3 建立部门基础档案 …………………………………………… 46

3.2.4 建立职员基础档案 …………………………………………… 47

3.2.5 建立客户分类与客户档案 …………………………………… 48

3.2.6 建立供应商分类与供应商档案 ……………………………… 49

3.2.7 建立存货分类与存货档案 …………………………………… 51

3.2.8 设置会计科目 ………………………………………………… 52

3.2.9 设置凭证类别 ………………………………………………… 54

3.2.10 设置结算方式 ………………………………………………… 56

3.2.11 期初余额录入与正确性检查 ………………………………… 57

**第4章 总账系统** ……………………………………………………… 60

4.1 总账系统概述 …………………………………………………… 61

4.1.1 总账系统的基本概念 ………………………………………… 61

4.1.2 总账系统的基本业务流程 …………………………………… 61

4.1.3 总账系统的基本功能模块 …………………………………… 62

4.1.4 总账系统的基本操作流程 …………………………………… 62

4.2 日常账务处理 …………………………………………………… 63

4.2.1 总账系统参数"选项"调整 ………………………………… 63

4.2.2 填制凭证 ……………………………………………………… 64

4.2.3 常用凭证的定义与生成 ……………………………………… 65

4.2.4 凭证的修改、作废 …………………………………………… 67

4.2.5 指定会计科目 ………………………………………………… 69

　　　4.2.6　出纳签字 ……………………………………………… 69

　　　4.2.7　审核凭证 ……………………………………………… 71

　　　4.2.8　记　账 ………………………………………………… 72

　　　4.2.9　查询凭证与科目汇总 ………………………………… 75

　　4.2　出纳管理 …………………………………………………… 77

　　　4.2.1　出纳管理概述 ………………………………………… 77

　　　4.2.2　现金日记账、银行日记账和资金日报表 …………… 78

　　　4.2.3　银行对账 ……………………………………………… 81

　　4.3　期末账务处理 ……………………………………………… 88

　　　4.3.1　自定义结转 …………………………………………… 89

　　　4.3.2　期间损益结转 ………………………………………… 91

　　　4.3.3　生成转账凭证 ………………………………………… 92

　　　4.3.4　期末对账 ……………………………………………… 94

　　　4.3.5　期末结账 ……………………………………………… 96

第5章　工资管理系统 ……………………………………………… 99

　　5.1　工资管理系统概述 ………………………………………… 100

　　　5.1.1　工资管理的特点 ……………………………………… 100

　　　5.1.2　工资管理系统的基本业务流程 ……………………… 100

　　　5.1.3　工资管理系统的基本操作过程 ……………………… 101

　　5.2　工资管理系统初始化 ……………………………………… 102

　　　5.2.1　启用工资管理系统 …………………………………… 102

　　　5.2.2　建立工资核算账套 …………………………………… 102

　　　5.2.3　工资管理系统初始化设置 …………………………… 105

　　5.3　日常工资管理与月末处理 ………………………………… 110

　　　5.3.1　工资类别管理 ………………………………………… 111

　　　5.3.2　工资变动管理 ………………………………………… 111

　　　5.3.3　个人所得税计算和申报 ……………………………… 114

　　　5.3.4　工资分钱清单 ………………………………………… 115

　　　5.3.5　银行代发工资 ………………………………………… 117

　　　5.3.6　工资费用分摊 ………………………………………… 118

　　　5.3.7　工资费用分摊制单业务处理 ………………………… 119

　　　5.3.8　月末结转 ……………………………………………… 120

　　　5.3.9　工资数据的查询 ……………………………………… 122

第6章　固定资产管理系统 ………………………………………… 126

　　6.1　固定资产管理系统概述 …………………………………… 127

　　　6.1.1　固定资产管理系统的概念与特点 …………………… 127

　　　6.1.2　固定资产管理系统的基本功能模块 ………………… 127

　　　6.1.3　固定资产管理系统的基本操作过程 ………………… 128

6.2 固定资产管理系统初始化 ·········· 129
6.2.1 启用固定资产管理系统 ·········· 130
6.2.2 建立固定资产账套 ·········· 131
6.2.3 进行固定资产基础设置 ·········· 134
6.3 固定资产日常管理与月末处理 ·········· 141
6.3.1 录入原始卡片 ·········· 141
6.3.2 固定资产增加 ·········· 142
6.3.3 固定资产卡片管理 ·········· 144
6.3.4 固定资产变动处理 ·········· 148
6.3.5 资产评估 ·········· 152
6.3.6 计提本月折旧 ·········· 155
6.3.7 固定资产减少 ·········· 157
6.3.8 批量制单 ·········· 158
6.3.9 月末结账 ·········· 161
6.3.10 固定资产账表管理 ·········· 163

第7章 报表管理与分析系统 ·········· 167
7.1 报表管理系统概述 ·········· 168
7.1.1 报表管理系统的基本概念 ·········· 168
7.1.2 报表管理系统的主要功能 ·········· 169
7.1.3 报表管理系统的基本操作过程 ·········· 170
7.1.4 会计报表的基本概念 ·········· 171
7.1.5 报表管理系统的窗口 ·········· 175
7.2 报表格式管理 ·········· 177
7.2.1 会计报表的格式设计 ·········· 177
7.2.2 会计报表的编辑公式 ·········· 184
7.2.3 报表管理系统的报表模板 ·········· 188
7.3 报表数据处理与图表功能 ·········· 190
7.3.1 日常报表数据处理 ·········· 190
7.3.2 表页管理 ·········· 195
7.3.3 报表输出 ·········· 199
7.3.4 报表图表功能 ·········· 200
7.4 报表分析系统 ·········· 202
7.4.1 报表分析系统概述 ·········· 202
7.4.2 报表分析初始化设置 ·········· 205
7.4.3 报表分析 ·········· 208

第8章 电算化会计综合实验 ·········· 214
8.1 电算化会计综合实验准备工作 ·········· 214
实验一 系统管理 ·········· 214

　　实验二　基础设置 ……………………………………………………… 215
8.2　电算化会计综合实验初始化设置 …………………………………… 217
　　实验一　总账系统初始化 ……………………………………………… 217
　　实验二　工资系统初始化 ……………………………………………… 220
　　实验三　固定资产管理系统初始化 …………………………………… 222
8.3　电算化会计日常业务处理 …………………………………………… 224
　　实验一　总账系统日常业务处理 ……………………………………… 224
　　实验二　工资日常业务处理 …………………………………………… 226
　　实验三　固定资产日常业务处理 ……………………………………… 227
8.4　电算化会计期末业务处理 …………………………………………… 228
　　实验一　工资期末业务处理与工资数据查询 ………………………… 228
　　实验二　固定资产期末处理与固定资产数据查询 …………………… 229
　　实验三　总账期末业务处理 …………………………………………… 229
8.5　会计报表业务处理 …………………………………………………… 230
　　实验一　报表格式设计 ………………………………………………… 230
　　实验二　报表数据处理 ………………………………………………… 232
　　实验三　利用报表模板生成报表 ……………………………………… 233
　　实验四　报表分析 ……………………………………………………… 234

# 第1章 电算化会计概述

## 本章学习目标

- 掌握电算化会计的概念、含义、内容。
- 掌握会计信息化的概念、内容、意义。
- 熟练掌握电算化会计信息系统的概念与组成。

## 1.1 电算化会计的基本概念

### 1.1.1 电算化会计的概念

在国际会计史上,电算化会计产生于20世纪50年代。1954年美国通用电气公司第一次在计算机上计算职工工资,开创了电子数据处理会计业务(EDPA 即 Electronic Data Processing Accounting)的新起点。

1981年8月,在财政部、第一机械工业部和中国会计学会的支持下,中国人民大学和长春第一汽车制造厂联合召开了"财务、会计、成本应用计算机专题讨论会",这次会议上正式把计算机在会计工作中的应用简称为"会计电算化"。

在会计工作中,"电算化会计"是指将信息技术应用到会计实务中的简称,它是一个用计算机来替代人工记账、算账、报账,以及替代部分由人脑完成的对会计信息的分析、预测和决策的工作过程。

### 1.1.2 电算化会计的含义

电算化会计的含义可以从"总体性"和"深度性"两个方面来理解:

所谓"总体性",是指电算化会计的应用范围应当是全社会的会计工作,即所有会计单位基本上都实现了应用信息技术进行会计核算、管理工作。在实践中,电算化会计也可当做一个个体性概念来理解和应用,这时它是指某一会计单位的会计核算、管理工作应用了信息技术,实现了从手工会计到电算化会计的转变。

所谓"深度性",是指每一个实施电算化会计的单位,其电算化会计的水平应当达到较高的程度。这表明随着信息技术的飞速发展、会计软件的不断更新和会计制度的不断变革,电算化会计的发展程度也必将随之日益完善。

### 1.1.3 电算化会计的内容

电算化会计的内容包括宏观和微观两方面的内容：

**1.电算化会计的宏观内容**

电算化会计的宏观内容是指各级财政部门对全国和本地区、本系统、本行业的电算化会计工作实施的组织推动、制订规划、培训人员、制订制度等管理活动。电算化会计的宏观内容主要包括：

（1）制订电算化会计发展规划

即由财政部门及各行业主管部门制订电算化会计的宏观发展规划，包括国家、地区、行业的电算化会计目标、发展方向以及实施办法。

（2）制订电算化会计管理制度

现行的会计管理制度均以手工核算为基础，电算化会计不仅改变了核算手段，还影响到核算内容、方法、对象及程序，因此，制订相关的电算化条件下的会计管理制度势在必行。在进行电算化会计制度建设时，既要坚持统一领导原则，又要发挥各级财政、财务部门的积极性、主动性和创造性，制订适合自身特点的电算化会计管理制度。

（3）搞好会计软件的评审与甩账工作

电算化会计的最终目的是彻底甩掉手工账，但甩账会涉及很多复杂问题，首先就是会计软件的评审，只有使用通过评审的会计软件才能更好地实现甩账。因此，必须由专门机构对会计软件的基本功能，使用的正确性、合法性、安全性进行评审。同时，甩账也需要具备一定的条件，由专门机构进行审核。

（4）推动电算化会计的理论研究

电算化会计事业的发展，离不开电算化会计理论研究的指导，各级财政、财务部门应注重理论研究，支持专业理论研究机构和学术团体的活动，吸收理论研究的成果，以更好地推动电算化会计事业的发展。

（5）进行电算化会计的人才培养

多渠道、多方式、多层次地培养电算化会计人才是发展电算化会计的关键。因此，进行电算化会计的人才培养也是电算化会计宏观管理的一项重要内容。

**2.电算化会计的微观内容**

电算化会计的微观内容是指基层企业、事业单位在建立了电算化会计系统后所进行的组织和管理工作，它是指运用各种管理方法和手段，对实现电算化后会计工作的人、财、物各要素进行有效的计划、组织、协调和控制，促进基层企业、事业单位的会计信息收集、整理、传输、反馈的灵敏度和准确度，全面提高会计工作水平，使会计部门的职能和作用得到充分发挥，以便更好地为基层单位的财务管理和决策服务。电算化会计的微观内容主要包括：

（1）建立和健全电算化会计的组织机构和管理制度

基层企业、事业单位在实现电算化会计后，要根据其工作需要，调整原有会计部门的内部组织结构，设置专门的电算化会计机构。在设置新的电算化会计机构时应能体现提高效率、增加效益的原则。

（2）重新设立电算化会计的工作岗位

实施电算化会计后，应当设立新的会计工作岗位并明确各个岗位的职责。电算化会计的工作岗位主要有：系统管理员、系统操作员、系统维护员等。

（3）选择并使用好电算化会计软件

选择并使用好适合本单位会计核算特点的电算化会计软件，按会计软件的操作方法做好系统的初始化和日常账务处理，编制单位的各种会计报表，以进一步提高会计核算和财务管理的水平。

（4）建立健全各项电算化会计的操作规程和管理制度

增强防范意识，要严格遵循电算化会计的操作规程、操作权限、操作记录、数据备份及内部控制等规章制度，以保证系统正常、安全、有效地运行。同时，会计软件的使用需要良好的运行环境，因此还要做好日常的维护工作，包括硬件和软件的维护。

（5）为企业领导提供决策信息服务

及时为领导决策提供所需的各种账簿、报表等会计信息查询服务，及时打印输出各种会计凭证、会计账簿、会计报表及财务分析图表。安全存储各类会计数据和软件程序于硬盘或其他存储介质中。

## 1.1.4　电算化会计工作的意义

实现电算化会计的意义主要表现在以下几个方面：

**1. 提高了会计工作质量**

应用计算机进行会计数据处理，可以充分发挥计算机的自动控制能力和各种校验方法，避免各种处理差错的产生。同时，利用计算机精度高的特点和数据处理能力强的优势，可以使会计数据处理更为准确可靠，从而提高会计工作质量。

**2. 提高了会计工作效率**

计算机强大的数据处理能力可以使会计数据处理的速度大大提高，不仅能及时准确地提供各种会计信息，同时还减轻了会计人员的劳动强度，使会计人员有更多的时间和精力从事财务数据的分析和管理，提高了会计工作效率。

**3. 提高了会计人员素质**

电算化条件下不仅要求会计人员具有会计专业知识，还必须具有计算机专业知识，这就迫使广大会计人员进一步学习业务知识，开拓知识面；而计算机在会计工作中的应用又为会计人员进一步学习、发展提供了时间和机会，使电算化会计工作和学习深造相互促进，共同提高。

**4. 促使企业向管理现代化迈进**

会计工作实现电算化后，大量的会计信息资源可以得到及时记录、汇总和分析，并可以通过网络系统迅速传递，提高会计信息的及时性、系统性、全面性和共享程度，有利于形成企业网络化的会计信息系统和企业管理信息系统，促使整个企业管理向现代化迈进。

# 1.2 会计信息化的基本概念

## 1.2.1 会计信息化的概念

根据财政部 1994 年发布的《关于大力发展我国会计电算化事业的意见》,到 2010 年,力争 80％ 以上的基层单位基本实现会计电算化,目前会计电算化的工作目标已基本实现,由会计电算化到会计信息化已成为历史发展的必由之路。

会计信息化是指将会计信息作为管理信息资源,全面运用以计算机、网络通讯为主的信息技术对其进行获取、加工、传输、应用等处理,为企业会计核算和经营决策提供充足、实时、全方位的信息资源,会计信息化是信息社会的产物,也是未来会计的发展方向。

## 1.2.2 会计信息化的内容

会计信息化是信息社会的产物,其发展必然要经历若干个历史阶段,现阶段我国会计信息化的主要任务:

1.全面推进企事业单位会计信息化建设。其工作内容主要包括:一是推进会计基础工作信息化;二是推进会计准则制度有效实施信息化,通过将相关会计准则制度与信息系统实现有机结合;三是推进企业内部控制流程信息化,将内部控制流程、关键控制点等固化在信息系统中,促进各单位内部控制规范制度的设计与运行更加有效;四是推进财务报告与内部控制评价报告标准化,满足不同会计信息使用者的需要。

2.全面推进会计管理和会计监督信息化建设。其工作内容主要包括:一是建立会计人员管理系统,实现对全社会会计人员的动态管理;二是在全国范围内逐步推广会计从业资格无纸化考试,完善会计人员专业技术资格考试制度;三是完善注册会计师行业管理系统,建立行业数据库,对注册会计师实行网络化管理;四是推动会计监管手段、技术和方法的创新,充分利用信息技术不断提升会计管理和会计监督水平。

3.全面推进会计教育与会计理论研究信息化建设。其工作内容主要包括:一是改革会计专业教育体系,以经济社会对会计专业学生的需求为导向,完善会计人员能力框架,在知识结构、能力培养中重视信息技术方面的内容与技能,提高会计人员利用信息技术从事会计工作的能力;二是建立会计理论研究信息平台,推广有价值的会计理论研究成果,为会计改革与实践服务。

4.全面推进会计信息平台建设。为了实现数出一门、资源共享的目标,应当构建以企事业单位标准化会计相关信息为基础,便于有关各方高效分析利用的会计信息平台。该平台应当涵盖数据收集、传输、验证、存储、查询、分析等模块,具备会计等相关信息查询、分析、检查与评价等多种功能,为会计监管等有关方面预留接口,提供数据支持。

## 1.2.3 会计信息化的意义

会计电算化是对手工会计系统的改进.是在手工会计的基础上产生的,所以会计软件程序也模仿手工会计程序而进行,也是以记账凭证为开始.最后实现用计算机对经济业务进行记账、提供报表等功能;而会计信息化是适应时代的要求,根据现代信息的及时性、准确性、实时性的特点而产生的。会计软件是从管理的角度进行设计,具有业务核算、会计信息管理和决策分析等功能。因此,会计信息化是在会计电算化基础上发展起来的,实现会计信息化的意义主要有以下几点:

1.充分发挥会计的管理控制与决策功能。实现会计信息化以后,会计信息系统将真正成为企业管理信息系统的一个子系统,企业发生的各项业务,能够自动从企业的内部和外部采集相关的会计核算资料,并汇集于企业的内部会计信息系统进行实时处理,会计将从传统的记账、算账的局限中解脱出来,从而更大地发挥会计的管理控制职能,让企业经营者和信息使用者可随时利用企业的会计信息对企业的未来财务形势做出合理的预测,为企业的管理和发展做出正确的决策。

2.大大提高会计信息的可靠性和会计信息的质量。实现会计信息化后,企业内部网络与外部网络实现了互联,会计信息的使用者可以随时获取有关的会计信息,极大地提高了信息的及时性,信息的预测价值和反馈价值也大大提高,信息流速也大大加快,有力地促进了经济管理水平的提高;通过会计信息系统直接获取相关数据并进行分析,减少了会计信息的人为干扰现象,从而也大大提高了会计信息的可靠性和信息的质量。

3.构建动态财务报告系统,传统的会计电算化软件的处理流程基本上是模拟手工会计的处理流程而设计的。实现会计信息化后,会计信息系统不再是孤立的系统,而与一个实时处理、高度自动化的业务系统相连接,可以直接从其他业务系统读取数据,并进行一系列的会计信息加工、处理、存储和传输,财务会计报告也可以采用电子联报方式进行实时报告,形成动态的财务报告系统,管理者可以随时获取有用的会计信息进行决策,提高了工作效率和决策的科学性。

# 1.3　电算化会计信息系统的概念与组成

## 1.3.1　电算化会计信息系统的概念

电算化会计信息系统是电算化会计的工作平台,为加深对电算化会计的理解,就必须要对电算化会计信息系统的概念、组成有所了解。

**1. 数据与信息**

数据是电算化会计信息系统的处理对象,信息是电算化会计信息系统的处理结果。

数据(data)是反映客观事物的性质、形态、结构和特征的符号,并能对客观事物的属性进行描述。数据可以用具体的数字、字符、文字或图形等形式对客观事物的属性进行描述。

信息(information)是对数据进行加工的结果,它可以用文字、数字、图形等形式,对客观事物的性质、形式、结构和特征等方面进行反映,帮助我们了解客观事物的本质。

数据与信息是一对相互联系的概念,信息必然是数据,但数据未必是信息,信息是数据的一个子集,只有经过加工过的数据才能成为信息。

### 2. 会计数据与会计信息

会计数据与会计信息也是一对相互联系的概念,其概念比较可用表 1-1 表示。

表 1-1 会计数据与会计信息的概念比较

| 内容 | 会计数据 | 会计信息 |
| --- | --- | --- |
| 定义 | 指用于描述经济业务属性的数据,它存在于各种原始凭证、记账凭证、会计账簿等载体上 | 指按照一定的要求或需要进行加工、计算、分类、汇总而形成的有用的会计数据 |
| 作用 | 用于描述会计核算与管理业务的属性 | 对会计数据进行加工处理,用会计语言反映会计数据的信息特征 |
| 特点 | 会计数据具有连续性、系统性和周期性的特点 | 按照一定的会计核算程序对会计数据进行加工处理,用会计语言反映会计数据的特征 |

会计数据与会计信息的相互联系是:会计数据是会计信息系统加工的对象。

在会计工作中,会计数据是用于描述经济业务属性的数据,我们可以从不同来源、渠道取得的各种原始凭证、记账凭证、会计账簿等会计数据的载体上获取大量描述会计核算、会计管理业务属性的会计数据,这些就成为会计信息系统加工的对象。

会计信息是会计信息系统对会计数据加工的结果。

例如,会计人员可以根据各种会计原始凭证的各种记账凭证,登记各种总账、明细账、日记账等会计账簿,根据生成的这些会计账簿,进一步编制资产负债表、利润表、现金流量表等各种会计报表,向企业有关各方提供有用的财务信息;在此基础上,我们还可以进一步对财务信息进行对比分析,为企业经营者提供管理和决策信息。

### 3. 会计信息系统

要了解会计信息系统,就必须首先要对系统、信息系统的概念有所了解。

系统(System)是由一些相互联系、相互作用的若干要素为实现某一目标而组成的具有一定功能的有机整体。我们把信息与系统结合起来就组成了信息系统。

信息系统(Information System)是指基于计算机和各种软件技术的、融合了各种相关理论和管理方法,以信息为处理对象,进行信息的收集、传递、存储、加工,并在必要时向信息的使用者输出信息的人—机相结合的系统。

会计信息系统(Accounting Information System)是专门用于处理单位会计业务,收集、存储、传输和加工各种会计数据,输出会计信息的信息系统,它是企业管理信息系统(Management Information System)的一个子系统,为单位的经营活动和决策活动提供帮助,为投资人、债权人、政府有关部门提供财务信息的系统。

### 4. 电算化会计信息系统

在了解会计信息系统的基础上,我们把计算机环境下的会计信息系统称为"电算化会计信息系统",简称 CAIS。电算化会计信息系统是指利用计算机,对会计信息收集、加工、存储和传送,利用会计信息,对经济活动进行反映和控制,从而为管理者和决策者提供信息的系统。

电算化会计信息系统具有会计数据处理准确率高、处理速度快,所提供的会计信息的系统性、全面性、共享性强的特点,并具有较强的预测和决策功能。

## 1.3.2 电算化会计信息系统的组成

会计信息系统是由计算机硬件、计算机软件、会计人员、会计制度四部分组成的。

**1. 计算机硬件**

计算机硬件是指会计信息系统中所有机械、电、光、磁等物理设备,如计算机主机、显示器、打印输出设备、网络设备等。

计算机硬件是会计信息系统运行的物质基础,计算机硬件设备的选择和配置将直接影响会计信息系统的运行质量和效益。

(1)计算机硬件的配置

目前使用的会计电算化系统硬件设备主要由各种型号的计算机主机、外部设备和工作环境设备构成。

①计算机主机:选择计算机主机主要参考以下重要技术指标:

CPU 主频:CPU 主频越高,其运行速度就越快。目前 PC 机主频已达到 2 GHz 以上。

基本字长:基本字长是指参与运算的基本单元的位数,基本字长越长,运算的精确度越高,数据的处理能力就越强。

内存容量:一般来说,内存容量较大的计算机可以运行较大的应用软件,其处理功能就越强,机器的性能也就越好。目前 PC 机的标准内存配置为 2 GB 以上。

可扩充性:可扩充性指计算机允许配置的外部设备的最大数量和种类。

②计算机外部设备:计算机外部设备起着沟通计算机与操作者的桥梁作用。计算机外部设备主要有:显示器、打印机、硬盘、光驱等。

③计算机工作环境设备:计算机对工作环境有一定的要求,一般应配置空调和 UPS 电源。UPS 电源分在线式和后备式两种,在线式 UPS 电源不但可作为后备式电源还具有稳压作用。为避免突然停电可能造成的会计数据丢失,企业最好配置在线式 UPS 电源。

(2)计算机网络结构

目前会计信息系统网络结构主要有以下几种:

①单机结构:整个会计信息系统只设置一台计算机和相应的外部设备,在单机结构中,所有的会计数据都在此集中输入、存储和输出。采用这种结构,会计数据的共享性、一致性好,但由于输入、输出集中,同一时刻只能由一名会计人员使用,工作效率较低,一般适用于会计业务量小、核算方法简单的小企业使用,用友畅捷通 T3 单机版软件就适用此种结构。

②客户/服务器(Client/Server,简称 C/S)结构:这种客户/服务器结构,可以将多台计算机通过网络联在一起,共同完成会计信息系统的工作,这一系统分为前端和后端,前端称为客户端,后端称为服务器端。前端的计算机可以运行客户端应用程序,后端服务器安装网络版的会计软件和数据库,这种结构应用灵活,提高了网络化会计信息系统的信息共享程度和工作效率,用友 U8 软件采用的就是此种结构。

③浏览器/服务器(Browser/Server,简称 B/S)结构:在浏览器/服务器结构下,用户工作界面是通过 WWW 浏览器来实现,极少部分会计电算化业务逻辑在前端(Browser)

实现,但是主要业务逻辑在服务器端(Server)实现,形成所谓三层(客户端、应用端、数据库)结构。这样就大大简化了客户端电脑载荷,减轻了会计信息系统维护与升级的成本和工作量,此外它还能有效地保护会计信息系统的数据平台和管理访问权限,服务器数据库也很安全。用友 NC 系统软件采用的就是此种结构。

**2. 计算机软件**

计算机软件是指应用于计算机的各种程序和文档,包括系统软件和应用软件。

(1)计算机系统软件

系统软件是为了帮助用户使用计算机而支持控制和管理计算机硬件设备和应用软件的一系列程序。目前,计算机系统软件大多采用 Windows 系列操作系统。

目前国内计算机系统软件应用最广的 Windows 系列操作系统都有中文版,系统自带多种方便的五笔、拼音等汉字输入功能,基于 Windows 操作系统下开发的会计信息系统软件,如用友会计软件、金蝶会计软件等,都在中文环境下运行。

(2)计算机应用软件

计算机应用软件是在系统软件的基础上为解决特定的实际问题而开发研制的应用程序,如主要用于支持会计信息系统运行的数据库管理系统、会计信息系统软件、Office办公软件等。

①数据库管理系统:数据库管理系统是对大量复杂数据进行有效管理的软件,在会计信息系统中用来进行会计数据的管理工作。目前我国开发会计信息系统大多使用 SQL Server 和 Oracle 等数据库系统进行数据管理,在这些大中型数据库系统的支持下,会计信息系统的数据处理和数据安全有了充分的保障。

②会计软件:会计软件是专门用来处理会计数据和会计信息的软件,由于会计业务数据量大,数据结构复杂,计算方法要求严格,准确性、可靠性要求高,并且要有完备的内部控制功能,因此,目前企业大多采用购买商品化会计软件实现会计电算化。

③工具软件和办公自动化软件:工具软件是用来帮助计算机用户完成较为复杂的操作任务的软件包,如防范计算机病毒的杀毒软件。办公自动化软件是一些具有强大文字处理和表格处理功能的字表软件。例如,微软公司推出的 Office 系列中的 Word、Excel 等软件,可以作为会计信息系统的辅助部分,完成一些财务报表和会计数据的文字处理和排版、演示工作。

**3. 会计人员**

会计人员是指进行电算化会计信息系统的操作、维护、管理等方面的人员,企业在电算化会计工作模式下,会计人员主要由以下人员构成:

(1)电算化主管:负责协调计算机及会计软件系统的运行工作,要求具备会计和计算机知识,并具备相关的会计电算化组织管理的经验。电算化主管可由会计主管兼任,采用中小型计算机网络会计软件的单位,应设立此岗位。

(2)软件操作:负责输入记账凭证和原始凭证等会计数据,输出记账凭证、会计账簿、会计报表,要求具备会计软件操作知识,达到会计电算化初级知识培训的水平。

(3)审核记账:负责对输入会计信息系统的会计数据(记账凭证和原始凭证等)进行审核,运行会计软件登账、打印输出账簿、报表。此岗位可由主管会计兼任。

(4)电算维护:负责保证计算机硬件、软件的正常运行,管理机内会计数据;要求此岗位人员具备计算机和会计知识,达到会计电算化中级知识培训的水平。采用计算机网络会计软件的单位应设立此岗位,此岗位在大中型企业中应由专职人员担任。

(5)内控审查:负责监督计算机及会计软件系统的运行,防止利用计算机进行舞弊;要求具备会计和计算机知识,达到会计电算化中级知识培训的水平,此岗位可由内部审计人员兼任。采用计算机网络会计软件的单位,可设立此岗位。

(6)数据分析:负责对计算机内的会计数据进行分析,要求具备计算机和会计知识,达到会计电算化中级知识培训的水平。采用计算机网络会计软件的单位,可设立此岗位,可由主管会计兼任。

在电算化会计工作模式下,可根据内部控制制度的要求和本单位的工作需要,调整和设立会计岗位,可在保证会计数据安全的前提下交叉设置,各岗位会计人员要保持相对稳定。

**4.会计制度**

会计制度是指为保证会计信息系统的安全运行而制订的各项管理制度,这些制度分为两个层面:第一个层面是财政部为规范会计电算化工作所制订的制度,如财政部颁布的《企业会计准则》《会计电算化工作规范》等文件;第二个层面是单位为保障会计信息系统高效安全运行所制订的内部管理制度,如会计信息系统的操作运行管理制度、会计信息系统的档案管理制度等。

(1)电算化会计运行管理制度

电算化会计运行管理制度主要包括操作权限管理制度、操作人员管理制度、操作规程的管理制度等内容。

(2)计算机硬、软件和数据维护管理制度

计算机硬、软件和数据维护管理制度主要包括计算机硬件管理制度、计算机系统软件管理制度、计算机会计软件管理制度等内容。

(3)电算化会计档案管理制度

电算化会计档案管理制度主要包括会计文档存档、保存、期满销毁手续制度、会计档案保密制度、会计档案保管期限制度。

## 复习思考题

1.简述电算化会计的概念、含义、内容。

2.简述会计信息化的概念、内容、意义。

3.简述电算化会计信息系统的概念与组成。

# 第2章 电算化会计系统分析与实施

本章学习目标

- 掌握手工会计核算和电算化会计核算与业务流程。
- 掌握会计信息化的实现过程。
- 掌握电算化会计系统功能模块划分及各模块间的互相关系。

## 2.1 企业简介

### 2.1.1 企业的概念

企业一般是指以营利为目的,运用各种生产要素或经济资源(土地、劳动力、资本和技术等),通过向市场提供商品或服务,实行自主经营、自负盈亏、独立核算的具有法人资格的社会经济组织。

企业存在三类基本组织形式:独资企业、合伙企业和公司制企业,公司制企业是现代企业中最主要的最典型的组织形式。

### 2.1.2 企业的内设机构与管理岗位

公司制企业一般多采用职能制组织架构设置企业的管理机构,如图 2-1 所示,这种组织架构能适应一般企业管理需要,便于集中领导、统一指挥。

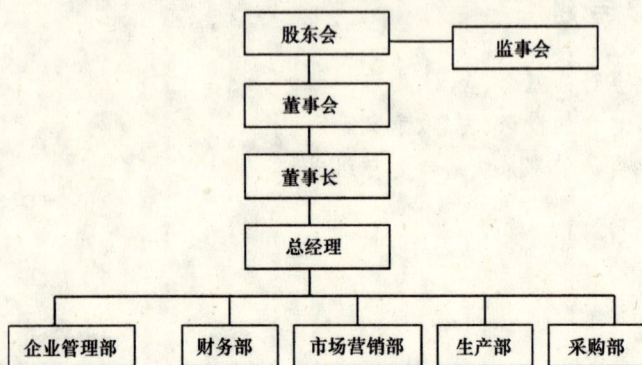

图 2-1 公司制企业组织架构

根据图 2-1 所示,我们可将企业设置的管理岗位描述如下:

（1）董事长：公司的法定代表人，负责主持公司股东会，召集和主持公司董事会会议，选聘总经理及任命各部门经理，定期听取总经理述职并向公司董事会报告。

（2）总经理（CEO）：经营管理团队的首脑人物，负责主持企业日常生产经营活动，定期向董事长及公司董事会报告公司经营业绩。

（3）财务总监（CFO）：全面负责公司财务工作，负责编制财务预算、公司投资/融资计划，定期向公司董事长、总经理及公司董事会报告，提交公司年度财务报告。

（4）财务助理：协助财务总监做好公司现金收支管理工作，负责日常账务管理并编制公司年度财务报告。

（5）营销总监（CMO）：全面负责市场营销工作，负责制订公司市场战略规划及产品营销方案，确定公司广告费投放策略、代表公司出席每年度客户订货会并选取订单，负责公司产品销售及货款回收工作。

（6）营销助理：协助营销总监做好公司销售工作，主要负责收集市场信息，掌握竞争对手的生产、销售、库存状况，协助营销总监登记销售订单及日常销货业务管理，同时兼任公司信息主管（CIO）工作。

（7）生产总监（COO）：全面负责公司生产业务管理工作，编制并实施生产计划，编制厂房及生产线等固定资产投资计划并进行可行性论证。

（8）采购总监（CPO）：全面负责公司原料采购及库存管理工作，根据采购订单向财务部提交采购资金需求计划。

### 2.1.3　企业的业务流程

制造类企业是业务较为典型的公司制企业，制造类企业业务流程如图2-2所示。

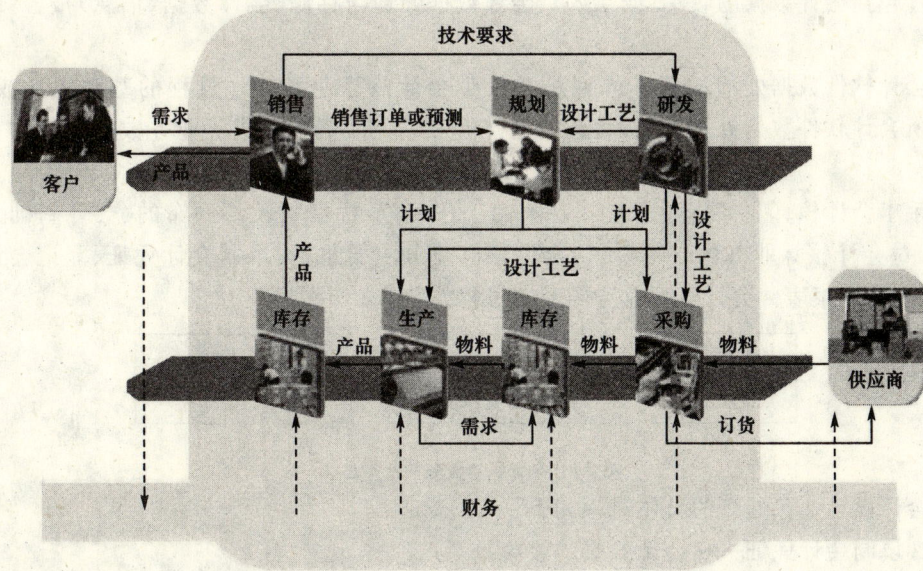

图 2-2　制造类企业的业务流程

制造类企业基本的业务流程可用文字表述如下：

**1. 信息流系统**

客户将产品需求以销售订单方式传递给市场营销部。对于老产品,由市场营销部对照产品库存,库存产品充足,则销售产品;库存产品不足,则将短缺产品品种与数量通知生产部,将销售订单转为生产订单。生产部根据生产订单提出物料需求计划转采购部,采购部对照原料和物料需求计划形成采购订单,向原料供应商订货。

对于新产品,则由市场营销部与产品研发部协调决定新产品研发的品种与技术规格,产品研发部将研发的工艺数据转给生产部组织新产品生产。

**2. 物流系统**

采购部根据采购订单对采购原料办理入库验货手续,生产部办理领料手续领料生产,生产完工办理成品入库手续,市场营销部办理销售和产品出库。

**3. 资金流系统**

财务部根据采购订单和原料入库单支付原料采购资金,根据生产订单、领料单、成品入库单支付加工费并计算产品成本,根据销售订单和产品出库单回收销售货款。

从企业基本的业务流程可以看出,企业的业务流程是靠企业各职能部门协同工作才能完成的。企业经营决策与管理过程,就是各职能部门协同工作实现企业经营目标的过程,企业基本的业务流程既是企业设置管理机构和岗位的依据,也是企业设置管理机构和岗位的出发点,同时还是企业实施信息化管理的依据。

## 2.1.4 企业手工会计核算流程

会计数据处理是指采用各种处理方式(人工、机械、计算机),按照会计制度的规定和会计核算程序,将会计数据加工成会计信息的过程。电算化会计系统软件的数据处理一般流程包括会计数据的收集(或录入)、会计数据处理与存储、会计数据(信息)报告(或输出)。

会计软件数据处理的基本流程是在手工会计核算业务处理过程的基础上形成的。要分析会计软件数据处理流程,就必须先分析手工会计核算方式下业务数据处理的基本过程。

手工会计核算业务一般要遵守基本的工作规范,根据财政部颁布的《会计基础工作规范》对会计核算业务的基本要求,会计核算业务主要包括:填制会计凭证、登记会计账簿、编制会计报表。会计核算业务的基本过程如图 2-3 所示。

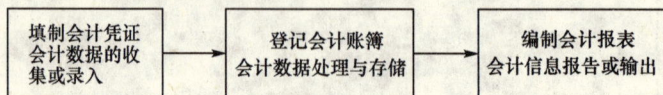

图 2-3 会计核算业务的基本过程

会计核算业务处理的具体过程如下:

**1. 填制会计凭证——会计数据的收集或录入**

会计凭证是记录经济业务,明确经济责任,据以记账的具有法律效力的书面证明。会计凭证包括原始凭证和记账凭证,填制会计凭证就是根据审核无误的原始凭证按照一定的格式要求填制记账凭证,填制完毕后,再经有关人员的复核才能登记入账。

**2. 登记会计账簿——会计数据处理与存储**

会计账簿是全面记录和反映企业经济业务,把大量分散的会计数据或资料进行归类整理,逐步加工成有用的、记录会计信息的簿籍。登记会计账簿过程如下:

(1)会计人员应根据审核无误的记账凭证登记会计账簿。登记会计账簿时,应当将会计凭证日期、编号、业务内容摘要、金额和其他有关资料逐项记入账内。

(2)凡需结出余额的账户,应当定期结出余额。结出余额后,应在"借或贷"方向栏内写明"借"或"贷",没有余额的账户则写"平"。

(3)如果登记会计账簿发生错误,可填写一张"红字"记账凭证冲回原始凭证,再填写一张正确的记账凭证并重新登记入账。

(4)会计人员应按有关规定,定期(按月或按季、按年)结账,结账前,应将本期内所发生的各项经济业务全部登记入账。结账时,应结出每个账户的本期发生额和期末余额。

**3. 编制会计报表——会计信息报告或输出**

会计报表是企业向其所有者、债权人和国家有关部门提供财务状况和经营成果的书面文件。编制会计报表,是对会计核算工作的全面总结,也是企业及时提供合法、真实、准确、完整会计信息的重要工作环节,企业必须按照会计准则和会计制度规定的格式、编制要求、报送期限,定期编制、报送会计报表。

## 2.1.5 企业电算化会计核算流程

抽象地说,电算化会计系统就是借助于计算机对会计数据进行输入——处理——输出的工具,借助于数据流图就可以知道会计软件要经过哪些处理过程、每一处理过程要使用哪些数据、存储哪些数据以及哪些数据要进行输入输出。电算化会计系统的数据处理一般要经过输入、处理、输出三个基本过程,如图 2-4 所示。

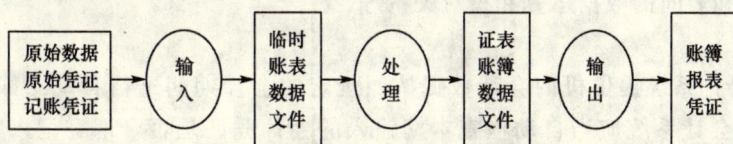

图 2-4 电算化会计系统数据处理流程图

电算化会计系统数据处理流程可以用文字具体表述如下:

**1. 会计数据的输入**

会计数据输入可采用键盘手工输入、U 盘或移动硬盘转入和网络传输等形式。

(1)记账凭证的输入

电算化会计系统提供输入记账凭证的功能,输入项目应包括填制凭证的日期、凭证编号、经济业务内容摘要、会计科目或编码、金额等,输入会计凭证的格式和种类应当符合会计制度的规定。其中,机制记账凭证的编号应由电算化会计系统进行连续性的自动控制,由电算化会计系统控制产生自动流水编号。

(2)输入原始凭证

电算化会计系统对需要输入的原始凭证,可按照以下方法进行处理:

输入记账凭证的同时,输入相应的原始凭证。

记账凭证未输入前,直接输入原始凭证,由电算化会计系统自动生成记账凭证。

在留有痕迹的前提下,电算化会计系统可以对修改后的机内原始凭证与相应的记账凭证是否相符进行校验。

电算化会计系统提供的原始凭证输入项目应当齐全;主要项目有:填制凭证日期,填制凭证的单位,填制人姓名,接受凭证单位名称,经济业务内容、数量、单价、金额等。

**2. 会计数据的处理**

电算化会计系统应当提供根据审核通过的机内记账凭证及所附原始凭证登记账簿的功能。电算化会计系统提供的会计数据处理功能如下:

(1)登账

电算化会计系统提供以下登账处理功能:

根据审核通过的机内记账凭证或者计算机自动生成的记账凭证,登记总分类账;

根据审核通过的机内记账凭证和相应机内原始凭证登记明细分类账;

机内总分类账和明细分类账登记时,电算化会计系统可以计算出各会计科目的发生额和余额。

(2)银行对账

电算化会计系统提供自动进行银行对账的功能,根据机内银行存款日记账与输入银行对账单及适当的手工辅助账,自动生成银行存款余额调节表。

(3)选择会计核算方法

电算化会计系统应当同时提供会计制度允许使用的会计核算方法以供用户选择。

(4)自动编制会计报表

电算化会计系统同时提供符合会计制度规定的自动编制会计报表的功能。通用电算化会计系统提供会计报表的自定义功能,包括定义会计报表的格式、项目、各项目的数据来源、表内和表间的数据运算和核对关系等。

(5)结账

电算化会计系统提供机内会计数据按照规定的会计期间进行自动结账的功能。结账前,电算化会计系统应当自动检查本期输入的会计凭证是否全部登记入账,全部登记入账后才能结账。

结账后,上一会计期间的会计凭证就不能再输入,但下一会计期间的会计凭证可以输入。

**3. 会计数据的输出**

电算化会计系统应提供对机内会计数据的查询、打印、磁盘存储功能。

(1)电算化会计系统提供的数据查询功能

电算化会计系统提供以下的机内会计数据查询功能:

①可查询机内总分类科目和明细分类科目的名称、编码、年初余额、期初余额、累计发生额和余额等项目;

②可查询本期已经输入并登记入账和未登账的机内凭证、原始凭证;

③可查询机内本期和以前各期的总分类账簿和明细分类账簿;

④可查询往来账款项目和到期票据的结算情况。

（2）电算化会计系统提供的打印输出功能

电算化会计系统提供机内记账凭证、会计账簿、会计报表的打印输出功能，打印输出的记账凭证、会计账簿、会计报表的格式和内容符合国家统一会计制度的规定。

# 2.2 企业会计信息化实施过程

企业实现会计信息化，是会计工作的发展方向，是促进企业会计基础工作规范化和提高经济效益的重要手段和有效措施；同时，会计信息化的组织实施与管理又是一项系统而又复杂的工程。因此，要结合企业的实际，按照系统工程的要求进行精心组织、科学实施，在实施过程中要着重解决会计信息化的工作机构、计算机硬件设备与软件选购、会计人员的培训、会计制度等要素的匹配问题。

## 2.2.1 制订会计信息化的总体规划

### 1. 制订企业会计信息化总体规划的原则

会计信息化总体规划是企业对近几年会计信息化工作所要达到的目标以及如何有效地、分步骤地实现这一目标而做的规划，它是企业对会计信息化工作的组织实施所做的总体可行性研究和战略规划。制订会计信息化总体规划一般要遵循以下原则：

（1）整体性原则

整体性原则是解决企业管理信息系统与电算化会计系统及其各功能模块间关系的基本原则。基于这一原则，企业制订的会计信息化发展目标要和企业发展总体发展目标相适应，要特别注意电算化会计系统与整个企业管理信息系统相互衔接，要以电算化会计系统为核心，将账务处理、应收应付款管理、工资管理、固定资产管理、报表管理与财务分析等子系统有机联系起来，构成一个以数据共享、安全高效为特征的网络化的现代企业管理信息系统。

（2）阶段性原则

阶段性原则主要是解决会计信息化实现过程中的问题，由于会计信息化的实现是一个长期的发展过程，很难一步到位，必须在制订总体实施方案的基础上确立分阶段的实施目标，对每一阶段的任务、目标做出明确的规定，以协调和组织各阶段的工作，使每阶段的工作都为实现总体目标奠定基础。

（3）可行性原则

企业制订会计信息化发展规划要以本单位的客观需要和实际可能出发，否则就失去了制订规划的意义，很难对电算化会计系统的建立起到统驭作用。这一原则对正在建立ERP（企业资源计划系统）的企业尤为重要，因为这些系统往往包含了已确定好的特定管理模式，企业能否适应这种管理模式，是决定系统运行成败的关键所在。因此，企业在制订规划时，一定要考虑这种客观的可行性。

（4）领导负责原则

会计信息化需要不同层次、不同专业的人员共同参与。系统实施的总体规划、各阶段的实施方案、经费预算都需要单位领导审批，会计数据分类、会计编码方案和凭证账簿报表格式需要单位各部门的配合，而会计数据的采集更需要各部门的通力合作，这些全局性的问题仅靠财会部门和计算机技术人员是无法解决的,会计信息化的实施必须要由企业的领导挂帅,组织各职能部门领导统一协调,统筹解决这些问题。

**2. 企业会计信息化总体规划的主要内容**

企业的会计信息化总体规划应以企业的发展战略目标为依据,结合企业实际情况来制订。企业会计信息化总体规划主要包含以下内容:

(1)制订单位会计信息化工作目标;

(2)确定电算化会计系统的总体框架;

(3)选择电算化会计系统建立的途径;

(4)电算化会计系统硬件设备与系统软件的配置;

(5)确定会计信息化的实现步骤;

(6)确定会计信息化工作管理体制和机构的规划;

(7)制订会计信息化专业人员的培训和配备规划;

(8)会计信息化费用预算和资金来源规划。

## 2.2.2 企业会计业务的规范化

电算化会计首先要改变的是原有的手工会计数据处理方法和流程,由于计算机是在程序控制之下集中、自动完成会计数据处理,这一工作特点对电算化会计工作提出了新的规范要求,电算化会计业务的规范化主要包括:会计数据的规范化、会计工作程序的规范化、会计信息输出的规范化等。

**1. 会计数据的规范化**

会计数据的规范化主要包括会计数据收集的规范化和基础数据、历史数据的规范化。

(1)数据收集的规范化

为了满足不同管理层次对会计信息的要求,必须建立会计数据收集的规章制度,对会计原始数据的来源渠道和数据格式内容做出明确的规定,设计出规范化的单证格式,以保证所收集的会计数据的真实性、系统性、完整性。

(2)基础数据的规范化

会计基础数据一般分为两类:一类是用于管理会计所需要的各种成本费用定额标准和预算指标,另一类是进行会计核算所需的各种存货、固定资产等名称和编码。对于第一类基础数据,要结合会计准则和企业内部管理制度编制出科学、合理、完整的标准,规定相应的审核批准权限和编码规则。对于第二类基础数据则要根据计算机对数据处理的要求,对原有的数据进行认真整理,规范其数据名称和编码规则,并尽可能采用企业会计准则。

(3)历史数据的规范化

为保证电算化会计系统的正常运行,我们还需对有关会计历史数据进行必要的规范,对历史数据的规范主要包括对应收应付往来账、银行账进行的有关数据清理,对其下属账户名称及编码进行规范,对凭证摘要编码进行规范化整理,以保证会计账簿记录的准确性。

**2. 会计工作程序的规范化**

会计工作程序的规范化包括对手工会计业务的整理和对电算化会计系统核算方法

的确定两项内容,这项工作是会计基础工作规范的核心。企业要按照《会计法》《企业会计准则》《会计基础工作规范》的有关要求,规范会计核算程序。企业会计工作程序的规范化主要包括以下几项工作:

(1)会计科目体系的规范化

会计科目是对会计对象的具体内容进行分类核算的指标体系,会计科目体系设置直接影响着所提供会计信息的质量,企业应按新的《企业会计准则》的要求,设置和使用会计科目,以便编制会计凭证、登记会计账簿、查阅会计账目,为实现会计信息化做好必要的准备。

(2)会计业务核算方法的规范化

会计业务核算方法的规范化主要是指企业根据《企业会计准则》的有关规定,选择会计核算方法和会计核算程序,并将其具体体现在计算机对会计数据的处理过程中。

**3. 会计信息输出的规范化**

会计信息输出的规范化主要包括会计账簿体系的规范化和会计报表体系的规范化。

(1)会计账簿体系的规范化

《企业会计制度》《会计基础工作规范》对会计账簿的体系、格式、核算内容都作了比较详尽的规定,在会计信息化条件下,会计账簿体系的规范化主要是指遵照上述制度规范进行程序设计,使系统输出的各类会计总账、明细账、日记账的格式和内容符合制度要求,这样也便于会计人员适应从手工核算到应用计算机进行会计核算的转变。

(2)会计报表体系的规范化

企业会计报表按使用对象不同可分为对外报送的财务会计报表和对内使用的管理会计报表。其中财务会计报表要遵循《企业会计制度》《企业会计准则》等的要求,根据制度要求,确定财务会计报表的报表格式和报表数据的计算公式;在生成财务会计报表时,要根据已确定好的会计科目体系和核算方法确定报表的会计要素、数据来源、取值范围和运算关系,以确保财务会计报表编制的准确性。

## 2.2.3　建立电算化会计系统的运行环境

电算化会计系统的运行环境是由计算机硬件、软件环境构成的。

**1. 计算机硬件的配置**

(1)硬件设备的选择

我国企业目前使用的电算化会计系统硬件设备主要由各种型号的计算机主机、外部设备和环境设备构成。

①计算机主机设备　选择计算机主机主要参考 CPU 的主频和内存容量,目前有的计算机主频已达到 2 GHz 以上,内存配置也在 1 GB 以上。

②计算机外部设备　计算机外部设备主要有:显示器、打印机、硬盘、光驱、U 盘等。

③计算机工作环境设备　计算机对工作环境有一定的要求,一般应配置空调和 UPS 电源。

(2)选择计算机硬件设备的结构体系

目前计算机硬件设备流行的结构体系主要有客户/服务器(C/S)结构和浏览器/服务器(B/S)结构(如图 2-5 所示),用友 U8 软件采用的是 C/S 结构,用友 NC 软件则采用

B/S 结构。

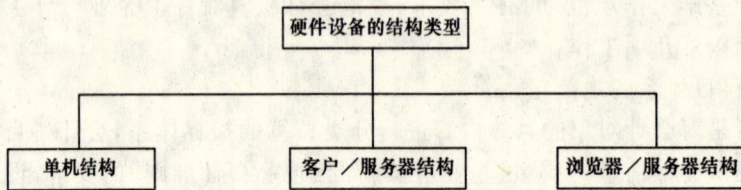

图 2-5　计算机硬件设备的结构类型

**2. 计算机系统软件的配置**

计算机软件分系统软件和应用软件两大类,具体来讲,计算机系统软件的配置主要包括以下四个方面:

(1)操作系统

系统软件的选择首先是操作系统的选择,目前流行的会计软件绝大多数采用是的Windows Server 2007(服务器端)/Windows XP(客户端)操作系统。

(2)汉字系统

电算化会计系统的软件平台还要考虑汉字操作系统的选择。目前应用最广的 Windows 系列软件都有中文版,系统自带多种方便的五笔、拼音等汉字输入功能。

(3)数据库管理系统

我国近几年来电算化会计系统则开始使用 SQL Server、Oracle 等大中型数据库系统进行软件开发,在这些大中型数据库系统的支持下,使电算化会计系统的数据处理和数据安全有了充分的保障。

(4)工具软件和办公自动化软件

工具软件是用来帮助计算机用户完成较为复杂操作任务的软件包,如防范计算机病毒的杀毒软件(360 软件)和办公自动化软件(Office)等。

## 2.2.4　配置会计软件

**1. 会计软件的取得方式**

会计软件的取得方式主要有以下几种:

(1)自行开发

自行开发的条件是由有能力的企业组织若干有一定计算机编程经验的人员和熟悉财务会计业务的人员进行软件开发。

(2)委托外单位开发

企业请高等院校或科研单位开发,由企业财务部门予以配合。在电算化会计发展早期常用此种方式。

(3)与外单位合作开发

一般由企业财务部门、计算机中心和外单位联合开发,三方共同进行系统分析,请外单位承担系统设计和主要的编程工作,企业计算机人员主要进行系统的维护,财务部门的有关人员操作使用系统。

（4）购买商品化会计软件

电算化会计系统数据量大，数据结构复杂，计算方法要求严格，准确性、可靠性要求高，并且要有完备的内部控制功能，因此设计难度大。所以会计软件的设计开发走标准化、通用化、商品化的道路是最切合实际的。购买商品化会计软件，使用单位可以降低开发费用，减少系统试运行的时间，并可得到完备的售后服务和升级承诺。购买商品化会计软件将是目前企业取得会计软件的最主要途径。

**2. 选购商品化会计软件应注意的问题**

商品化会计软件是指由专业的会计软件公司开发和对外销售的会计软件，选购商品化会计软件应注意以下问题：

（1）软件的合法性

主要看所选的软件是否已通过财政部门评审推广。

（2）软件的可靠性

主要分析所选软件的技术指标是否能满足企业会计信息化工作需要。

（3）软件的适应性

主要看会计软件的功能是否能充分满足和保证企业的特殊业务需求。

（4）软件的服务性

主要是比较会计软件提供商的售后服务质量。

（5）软件的经济性

主要衡量软件的性能价格比。

## 2.2.5　培训会计信息化工作人员

**1. 会计信息化工作人员的配备**

会计信息化人才是电算化会计系统中起主导作用的基本因素，实现会计信息化，人才是关键，只有会计人员都普遍掌握会计信息化的基础知识和操作技能，实现会计信息化才能有保障。会计信息化工作人员的配备一般可分为三大类：第一类是电算化会计系统软件的开发人员，主要负责完成电算化会计系统软件的开发工作，详细些还可分为系统分析员、系统设计员、系统程序员、系统测试人员等；第二类是会计信息化的应用人员，他们主要负责电算化系统的使用和维护，一般包括软件操作员、软件维护员、硬件维护员等；第三类是会计信息化的管理人员，他们从事会计信息化的组织协调工作，领导基层会计信息化工作的开展。

**2. 会计信息化工作人员的培训内容**

会计信息化工作人员的培训重点应侧重于以下几个方面：

（1）会计业务流程

商品化会计软件为实现其通用性，只能从最基本的业务流程入手，至于具体到每一个单位的每一个会计业务环节则通过参数设置来完成。所以，操作员对本单位业务流程的了解程度直接决定了会计软件是否能正确反映企业的现状，这就要求会计信息化工作人员熟悉本单位的业务流程，按照自身情况设置运行参数，还要尽量注意计算机信息处理的特点,尽可能地对手工方式下的业务流程加以改造,使之适应电算化的需要。

(2)会计方法

会计软件在设计的时候,一般都考虑会计人员的主导作用,通过人与通用会计软件的结合来解决企业的各种核算方法、各种复杂和特殊情况所提出的需求,所以会计信息化工作人员必须对手工方式下的各种会计核算方法有所了解,才有可能对会计软件进行既定参数的正确设置。

(3)计算机知识

对使用商品化会计软件的企业来讲,会计信息化工作人员的知识结构中还应包括与会计信息化有关的计算机软硬件技术的学习培训,其重点培训的是对会计软件的操作使用和对计算机技术的总体把握,特别要关注计算机数据库管理系统、办公自动化软件和网络技术的应用。

由于企业会计人员的素质和计算机的应用水平不一,其岗位培训的需求也各不相同,要针对企业会计人员的具体情况和会计信息化岗位的实际需求灵活制订培训计划,以满足企业会计信息化工作的需要。

## 2.2.6 计算机代替手工记账

### 1.甩账的概念

以计算机代替手工记账称之为甩账,即应用会计软件输入会计数据,由计算机对会计数据进行处理,并打印输出会计凭证、会计账簿和会计报表。计算机代替手工记账是实现会计信息化的第一个目标,它标志着会计信息化工作达到了一个新的起点。

### 2.甩账程序

(1)企业向主管部门提出申请

企业提出申请时应提供以下资料:

① 甩账的书面申请。在申请报告中,应写明单位名称、使用会计软件的名称、评审部门、评审时间、会计软件启用时间、试运行情况、会计信息化工作人员设置等。

②会计信息化内部管理制度。包括《操作管理制度》《软件管理制度》《硬件管理制度》《安全保密制度》《会计档案管理制度》等。

③计算机替代手工记账的会计科目代码和其他代码的编制说明。会计科目代码应包括从一级科目到最底层明细科目的代码,同时要附有该科目的汉字对照说明。其他有关代码是指为实现会计信息化,根据电算化会计系统软件的要求所编制的必要代码,如往来客户代码、银行账户代码等。

④软件试运行情况及打印输出的凭证、账簿、报表样本等。

(2)甩账审批单位审核申请甩账单位的甩账资格

申请甩账的单位应具备以下条件:

①配备了适用的会计软件和相应的计算机硬件设备;

②配备了相应的会计信息化工作人员;

③建立了严格的内部管理制度。

甩账审批单位根据以上条件予以审核,对符合条件的单位给予正式批复,同时将批复抄送有关税务、审计部门。

(3)会计软件使用单位在得到"同意甩账"的批复后,开始甩掉手工账的工作。由会计软件试运行阶段进入正式运行阶段。

## 2.2.7 电算化会计系统管理

电算化会计系统管理主要是由企业制订相关的电算化会计管理制度,这些管理制度主要包括:电算化会计岗位责任制、电算化会计运行管理制度、电算化会计操作管理制度、电算化会计的档案管理制度等。

**1.电算化会计岗位责任制**

电算化会计岗位和工作职责一般可划分为:

(1)电算化主管:负责协调计算机及会计软件系统的运行工作,要求具备会计和计算机知识,并具备相关的电算化会计组织管理的经验。电算主管可由会计主管兼任,采用计算机网络会计软件的单位,应设立此岗位。

(2)软件操作:负责输入记账凭证和原始凭证等会计数据,输出记账凭证、会计账簿、报表,进行部分会计数据处理工作。此岗位要求具备会计软件操作知识,达到电算化会计初级知识培训的水平。各单位应鼓励基本会计岗位的会计人员兼任软件操作岗位的工作。

(3)审核记账:负责对输入计算机的会计数据(记账凭证和原始凭证等)进行审核,操作会计软件登记机内账簿,对打印输出的账簿、报表进行确认。此岗位要求具备会计和计算机知识,达到电算化会计初级知识培训的水平,可由主管会计兼任。

(4)电算维护:负责保证计算机硬件、软件的正常运行,管理机内会计数据。此岗位要求具备计算机和会计知识,达到电算化会计中级知识培训的水平。采用计算机网络会计软件的单位,应设立此岗位,此岗位在大中型企业中应由专职人员担任。

(5)电算审查:负责监督计算机及会计软件系统的运行,防止利用计算机进行舞弊;要求具备会计和计算机知识,达到电算化会计中级知识培训的水平,此岗位可由会计稽核人员兼任。采用计算机网络会计软件的单位,可设立此岗位。

(6)数据分析:负责对计算机内的会计数据进行分析,要求具备计算机和会计知识,达到电算化会计中级知识培训的水平;采用计算机网络会计软件的单位,可设立此岗位,由主管会计兼任。

实施电算化会计系统过程中,各单位可根据内部控制制度的要求和本单位的工作需要,参照上述对电算化会计岗位进行调整和设立必要的工作岗位。在保证会计数据安全的前提下交叉设置,各岗位人员要保持相对稳定。

**2.电算化会计运行管理制度**

电算化会计运行管理制度主要包括操作人员管理制度、操作权限管理制度、操作规程的管理制度等内容。

(1)操作人员管理制度

①软件操作人员、审核记账人员、电算维护人员等要经电算主管批准,才有权上机操作运行系统。

②系统开发人员、软硬件维护员、档案保管员、与系统无关的其他人员不得上机操作使用系统。

③软件操作人员、审核记账人员由电算主管根据企业的业务实际需要设立。

④所有人员要经过专业培训并取得相应培训合格证书,经单位授权为上岗人员后方可上机操作运行系统。

(2)操作权限管理制度

①电算主管一般拥有最高的权限,负责电算化会计系统的日常运行管理监督,进行系统重要数据维护,负责系统安全保密工作、操作员的增删及相关人员的操作权限管理等工作。

②数据审核人员负责系统录入数据的正确性、一致性检查,负责系统输出的账簿、报表的数据正确性的审核。按照内部牵制原则,数据审核员不能由操作员兼任。

③软件操作员必须严格按凭证输入和修改数据,不得自行修改凭证数据。如果发现错误,应及时反映给凭证编制人员或电算主管。记账前发现的错误,退回原会计人员修改后再重新录入;记账后发现的错误,则相应采用红字冲销法或蓝字补充法进行更正。

④系统维护人员负责会计程序的维护,按规定的程序实施软件的完善性、适应性和正确性的维护;负责硬件设备和软件维护及故障的消除工作;负责系统的安装和调试工作。

(3)操作规程管理制度

①明确规定会计软件上机操作的工作内容和权限,操作人员必须严格按操作权限操作,不得越权或擅自上机操作。

②各类操作人员在上机操作前后,应进行上机登记,填写操作人、操作时间、操作内容、故障情况等。

③为每一个操作人员设置密码口令,操作人员的操作密码应注意保密不能随意泄露。

④每次操作完毕,应及时进行日常和定期的各项会计数据备份,保证数据丢失时,能以最快的速度将数据进行恢复。

⑤不使用来历不明的软盘和各种非法复制的软件,要定期检查计算机病毒,以防止计算机病毒的侵入。

(4)电算化会计上机操作管理制度

①明确规定上机操作人员对会计软件的操作工作内容和权限,对操作密码要严格管理,指定专人定期更换密码,杜绝未经授权人员操作会计软件;

②预防已输入计算机的原始凭证和记账凭证等会计数据未经审核而登记机内账簿;

③操作人员离开机房前,应执行相应命令退出会计软件;

④根据本单位实际情况,由专人保存必要的上机操作记录,记录操作人、操作时间、操作内容、故障情况等内容。

**3. 建立计算机硬、软件和数据维护管理制度**

(1)计算机硬件管理制度

①机房管理。保证机房设备安全和计算机正常运行是进行电算化会计的前提条件,应对进入机房人员的资格、机房设备、机房环境规定相应的管理制度,确保机房的良好运行。

②经常对有关硬件设备进行保养、清洁、检查。发现计算机硬件故障,应及时报告有关领导,请有关技术人员进行维修,严禁非专业人员拆装和修理计算机。

③在系统运行过程中,应定期对硬件进行检查,并做好检查记录。在设备更新、升级、扩充、修复后,由系统管理员与维护员共同决定,并由系统维护员实施安装和调试。

(2)对系统软件和会计软件的管理

①系统软件维护的主要任务是:检查系统软件的完整性、防止系统软件被非法删除和修改,以保证系统软件的正常运行。

②会计软件的维护是电算化会计系统维护的重点。当会计软件出现运行故障,应利用软件提供的功能进行维护,确保会计数据和会计软件的安全保密。应按操作使用说明书进行维护,维护操作必须由系统维护人员指定的人员负责,以防止对数据和软件的非法修改和删除。

③对正在使用的会计软件进行修改或升级等工作,要有一定的审批手续和记录。在软件修改、升级过程中,要保证实际会计数据的连续性和安全性,并由有关人员进行监督。

(3)计算机病毒的预防

计算机病毒的出现,使得电算化会计维护工作量增大,在实际工作中应健全必要的计算机病毒的防范措施。

①计算机病毒传播媒介及途径。计算机病毒的传播媒介是计算机使用的软件,传播途径主要是通过读、写带有病毒的 U 盘或移动硬盘,或运行带有病毒的软件把病毒传播给计算机硬盘。网络用户主要是通过下载带有病毒的程序或打开来历不明的邮件而感染病毒。

②预防计算机病毒的措施。不在计算机上使用带有病毒的硬盘、光盘、U 盘;不在非正规网站上下载软件;不打开来历不明的邮件;经常利用杀毒软件对计算机和 U 盘或移动硬盘进行病毒检测和杀毒。

**4. 建立电算化会计档案管理制度**

电算化会计档案管理制度主要包括会计文档存档、保存、期满销毁手续制度,会计档案保密制度、会计档案保管期限制度。

(1)会计文档存档、保存、期满销毁手续制度

会计电算化档案,包括存储在计算机硬盘中的会计数据以其他磁性介质或光盘中的会计数据和计算机打印出来的书面形式的会计数据等。会计数据是指记账凭证、会计账簿、会计报表(包括报表格式和计算公式)等数据。电算化会计档案管理是重要的会计基础工作,要严格按照财政部有关规定的要求对会计档案进行管理,由专人负责。

依据《会计档案管理办法》的有关规定执行,打印输出的会计凭证、账簿、报表,必须有会计主管、电算主管的签章才能存档保管;采用 U 盘或移动硬盘等磁性介质保存的会计档案,要认真定期检查,备份 U 盘或移动硬盘应贴上标识,存放在安全、洁净、防热、防潮的场所;对重要会计档案应定期进行复制,准备双备份,以防止由于磁性介质的损坏而造成会计档案的丢失。

(2)会计档案的保密制度措施。会计档案的保管实行权限分割制度,系统操作人员和程序开发人员不能兼任会计档案保管工作;调用源程序应由有关人员审批,并应记录下调用人员的姓名、调用内容、归还日期等;查阅会计档案应办理审批登记手续;对任何

伪造、非法涂改变更、故意毁坏数据文件、账册、U盘或移动硬盘等行为都将进行相应的处理。

(3)会计档案的保管期限制度。通用会计软件、定点开发会计软件、通用与定点开发相结合会计软件的全套文档以及会计软件程序,应视同会计档案保管,保管期截止于该软件停止使用或做重大更改的五年之后。

# 2.3 电算化会计软件功能模块划分及相互关系

电算化会计软件在企业管理过程中,具有数据较多、处理流程复杂的特点,并且各种会计业务在数据处理上也各有其特点。因此电算化会计软件内部还需要划分若干个功能相对独立的模块。

电算化会计软件的功能模块是指系统中具备相对独立地完成会计数据输入、处理、输出功能的各个部分。电算化会计软件从功能上可以划分为总账、应收应付核算、采购核算、销售核算、存货核算、固定资产核算、工资核算、报表管理、财务分析等模块。

电算化会计软件各个功能模块的划分,可根据企业会计核算业务特点和会计工作组织形式的不同来决定。电算化会计软件各个功能模块都是为软件的总体目标服务的,但它们又有着各自具体的目标、任务,在会计工作中它们之间既发挥着各自不同的作用,同时又存在着十分密切的联系,这种联系主要表现在电算化会计软件与外部数据的控制联系、软件系统内部相互之间的数据联系上。

## 2.3.1 电算化会计软件功能模块划分的作用

电算化会计软件功能模块的划分,有助于充分认识和分析会计软件各功能模块之间的数据联系,其作用主要体现在以下几个方面:

(1)有助于合理组织和使用电算化会计软件各功能模块所需的信息,有助于建成设计结构合理、存取方便、冗余度低的高效数据库,提高会计软件的整体效率。

(2)有助于提高整个电算化软件系统的可靠性。使用按功能模块设计的会计软件,可靠性将大大提高,因为当软件系统的某一模块或环节出现错误时,影响的仅仅是与之相对应的功能模块,软件系统的修复比较简单,不会对整个系统的使用和维护产生较大的影响。所以一个好的功能模块划分可以最大限度地减少电算化会计软件出错的可能性,并相应地提供软件系统的排错、纠错和系统恢复能力。

(3)有助于提高电算化会计软件适用性。适用性一般包括可移植性、可扩充性、可维护性等。适用性对一个系统来说十分重要,一个好的电算化会计软件应允许用户方便地挂入或去掉某些功能模块,而不必做大的修改;还要方便软件从一个企业移植到另一个处理类似业务的企业,而无须做大的结构变动;另外对于单位内部的各种变动,诸如核算单位的增加或者减少也不必对软件系统做大的变动。所以功能模块的划分要尽量使整个电算化会计软件能够适用企业内部、外部各种环境的变化。

## 2.3.2 电算化会计软件功能模块划分

电算化会计软件功能模块的划分,一般都是在结合使用企业会计核算工作的特点、单位规模、管理要求及业务量的大小等情况的基础上,经过综合权衡评估后确定的。

目前电算化会计软件功能模块的划分,一般都参照会计核算业务、管理业务的特点进行,以制造类企业为例,电算化会计软件功能模块划分如图 2-6 所示。

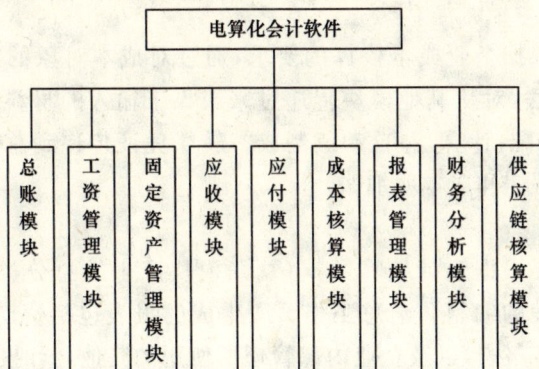

图 2-6 电算化会计软件的主要功能模块

以上各功能模块之间一方面既相互联系,为实现财务管理和会计核算总目标服务,另一方面又相互独立,有着各自的目标和任务。

## 2.3.3 电算化会计软件功能模块的作用

本节以制造类企业电算化会计软件各功能模块构成为例,将各功能模块的作用简要介绍如下:

**1. 总账模块**

总账模块是整个电算化会计软件的核心,它以会计凭证为原始数据,通过对凭证的输入和处理,完成记账和结账、银行对账、账务数据查询、输出、引入等功能。期末该模块将生成日记账、总分类账和各种明细分类账,以全面反映企业的财务状况和经营成果。

**2. 工资管理模块**

工资管理模块是以企业员工的原始工资数据为基础,完成工资的计算,工资费用的汇总和分配,个人所得税的计算,各种工资数据的查询、统计等工作。期末工资管理模块可以生成工资结算单、工资条、工资结算汇总表、工资费用分析汇总表等,并自动编制工资费用转账凭证传递给总账模块。

**3. 固定资产管理模块**

固定资产管理模块主要对设备进行有效的管理,可以完成固定资产卡片的增加、删除、查询、统计与汇总功能,通过输入固定资产增减变动或项目内容变动原始凭证,自动登记固定资产明细账;通过固定资产折旧的计提和分配,产生折旧计提及分配明细表、固定资产增减变动表等报表。期末固定资产管理模块编制固定资产增减变动和折旧费用分配凭证,并自动转入总账模块。

**4. 应收模块**

应收模块主要完成对各种应收账款的登记、核销以及对应收账款进行统计、分析工作,帮助会计人员对应收账款进行有效的管理。

**5.应付模块**

应付模块主要完成对各种应付账款的登记、核销以及对应付账款进行统计、分析工作,帮助会计人员对应付账款进行有效的管理。

**6.成本核算模块**

成本核算模块是根据企业成本核算的要求,通过对成本对象的定义,选择成本核算和各种费用的分配方法,对从其他模块传递过来或人工输入的材料、人工、燃料、动力等成本数据进行汇总、分配、计算,并自动编制成本转账凭证传递到总账模块,并于期末打印输出各类成本核算报表和成本明细账。

**7.报表管理模块**

报表管理模块主要根据会计核算数据(总账模块产生的总分类账和明细分类账数据),完成各种会计报表的编制和汇总工作。所生成的报表包括资产负债表、利润表、现金流量表等对外的会计报表,以及企业内部管理所使用的其他会计报表。

**8.财务分析模块**

财务分析模块是从会计数据库中提取数据,运用各种会计报表分析方法对会计数据进行加工,生成各种分析企业财务状况和经营成果的有用信息,帮助企业经营者进行各种管理决策。

**9.供应链核算模块**

供应链核算模块主要包括采购子模块、核算管理子模块、存货管理子模块、销售子模块。其中,采购子模块主要通过对采购计划、采购订单、采购到货、采购入库进行核算和管理;存货核算管理子模块主要是针对企业的存货收发业务进行核算和管理,为企业进行存货核算提供基础数据,通过存货分析,有效降低库存量,加速企业资金周转;销售子模块是以企业销售业务为主线,通过对企业的销售收入、销售成本、销售税金、销售利润核算,生成库存商品、销售商品明细账,自动编制机制凭证并传递到总账模块。

此外,采购子模块与应付模块,销售子模块与应收模块存在着密切联系,有的电算化会计软件将采购子模块与应付模块合并成采购应付模块,将销售子模块与应收模块合并成销售应收模块,以便于实现会计业务核算的无缝链接。

## 2.3.4 电算化会计软件功能模块之间的相互关系

**1.电算化会计软件功能模块之间关系的类型**

一个完整的电算化会计软件可分解成若干个子系统即功能模块,各功能模块之间相互作用、相互依赖,共同实现电算化会计软件的功能目标。电算化会计软件各功能模块间的相互作用、相互依赖关系主要表现在控制联系和数据联系上。

(1)控制联系

控制联系是指一个功能模块的状态输出对另一个功能模块输出状态和行为产生影响。如总账输出的科目余额表对报表系统各类报表会产生影响。

(2)数据联系

数据联系是指一个功能模块的数据输出作为另一个功能模块的数据输入,供其加工处理并实现数据共享。电算化会计软件各功能模块之间主要表现为数据联系。

**2.电算化会计软件功能模块之间关系的作用**

当电算化会计软件各个功能模块单独使用时,各功能模块所需的会计数据要通过人工方式输入计算机,而不能利用其他模块输出的会计核算数据。这样会计数据的重复输入的工作量就很大,直接影响了电算化会计软件的使用效率,因此必须从总体上考虑电算化会计软件的模块构成,充分考虑各功能模块之间数据的共享,弄清各模块之间的数据联系,以克服因使用单个功能模块时所产生的多重输入、数据不能共享、输入工作量大、影响系统使用效率的弊端,这样做具有以下三个方面的作用:

(1)有利于组织管理会计核算数据的合理流向;有利于划分各功能模块的边界,科学合理地设计功能模块之间的数据接口。

(2)有利于实现各功能模块之间的数据共享,防止重复存储或多重输入。

(3)有利于根据会计数据的来龙去脉和数据输入输出的先后次序,确定各功能模块启用的先后次序。例如,可先启用产生会计数据的模块(如工资管理模块、固定资产管理模块),再启用利用其他功能模块处理过的会计数据的功能模块(如总账模块)。

这里以小型制造类企业电算化会计软件为例,说明各个功能模块之间的主要数据联系,各功能模块之间的数据联系如图 2-7 所示。

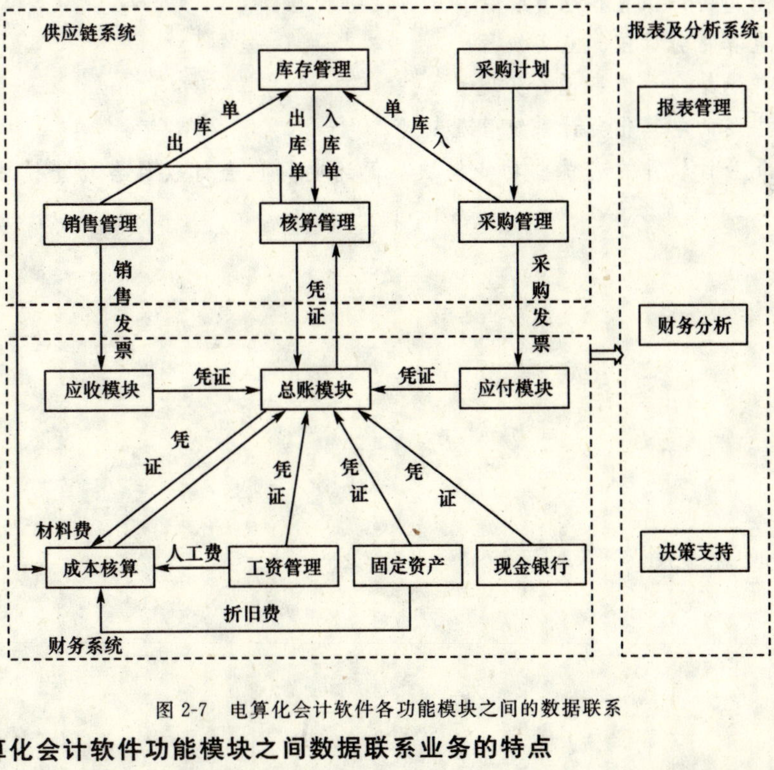

图 2-7 电算化会计软件各功能模块之间的数据联系

**3.电算化会计软件功能模块之间数据联系业务的特点**

从图 2-7 可以看出电算化会计软件各个功能模块之间的主要数据联系具有以下几个特点:

(1)电算化会计软件各功能模块之间并非都存在直接的数据联系。如工资管理模块和固定资产管理模块之间不存在直接的数据。因此,在分析设计软件系统时,可以不考虑这些功能模块之间的数据接口。

（2）有些功能模块只向其他功能模块提供数据。如工资管理模块、固定资产管理模块，它们属于基础发生性的模块。因此，在分析软件系统功能时，必须考虑这些功能模块向其他功能模块提供数据的数据接口。

（3）有些功能模块只接受其他功能模块提供的数据而不向其他功能模块提供数据，如报表管理模块。只接受数据或只提供数据的功能模块与其他功能模块之间的数据联系称为单项数据联系。

（4）有些功能模块既接受其他功能模块提供的数据，又向其他功能模块传递数据，如总账模块、核算管理模块等。它们与其他功能模块之间的数据联系称为双向数据联系。

（5）由于工资、固定资产、采购、销售、应收、应付等明细分类核算分别在各自的功能模块内进行，许多总分类核算是通过转账凭证转入总账模块内进行，因而使得总账模块与其他功能模块间数据联系更加密切，报表及分析系统所需的会计数据主要也来自于总账模块。因此，总账模块是整个电算化会计软件的中枢。

## 复习思考题

1.简述手工会计核算和电算化会计核算业务流程。

2.简述电算化会计核算业务流程。

3.归纳并总结会计信息化的实现过程。

4.简述主要的电算化会计系统管理制度。

5.电算化会计软件的有哪些功能模块？简述电算化会计软件各功能模块之间的数据联系的特点。

# 第3章　建立会计核算体系

**本章学习目标**

- 了解会计软件安装的方法与硬件、软件适配环境；
- 掌握建立账套、分配操作人员权限的基本方法；
- 熟练掌握建立部门档案、职员档案、客户分类与客户档案、供应商分类与供应商档案、存货分类与存货档案的操作方法。
- 熟练掌握总账系统初始化的设置方法。

**本章案例**

　　黄海科技有限公司是一家生产家用电子产品的小型企业,2012 年 1 月 1 日,经过市场调研和向专家咨询,该企业选择用友畅捷通软件有限公司刚开发的"T3-用友通标准版"软件,之所以选择此款软件,是因为这款软件是针对小型企业开发的,与企业的业务规模和会计核算的特点相匹配。该企业根据自身电算化会计核算的特点,选择了这款软件中的"总账系统""现金银行""工资管理""固定资产""财务报表""财务分析"等模块,在会计核算和财务管理方面初步实现了会计电算化。

　　在确定了会计软件及其相应的模块后,黄海科技有限公司购买了上述软件产品,软件公司将软件产品安装到公司财务部的服务器和工作人员的计算机上,并用随机带的演示账套进行了系统测试,测试合格,完成了建立会计核算体系的第一阶段工作。

　　第二阶段工作,是通过会计软件中的"系统管理"模块建立黄海科技有限公司会计核算账套,然后按照内部控制的要求分配操作人员权限。这样就将一个通用的商品化会计软件逐步形成黄海科技有限公司专用的会计核算系统。

　　第三阶段工作,是进行总账系统初始化。根据会计软件产品的功能和企业会计核算的实际,将公司的手工会计业务数据移植到计算机系统中,这就需要对"总账系统"进行初始化设置,内容包括设置基础参数、会计科目、凭证类别、结算方式,录入期初余额并校验平衡,设置操作员明细权限等,此外,还需要将黄海科技有限公司的部门档案、职员档案、供应商档案、客户档案等企业共享的信息资源建立起来。

# 3.1 会计软件安装与系统管理

## 3.1.1 会计软件安装与系统管理的基本流程

会计软件安装与系统管理是建立会计核算体系、实现会计电算化的第一步,它是一个将会计软件与企业会计核算业务结合的过程,该过程的基本流程如图 3-1 所示。

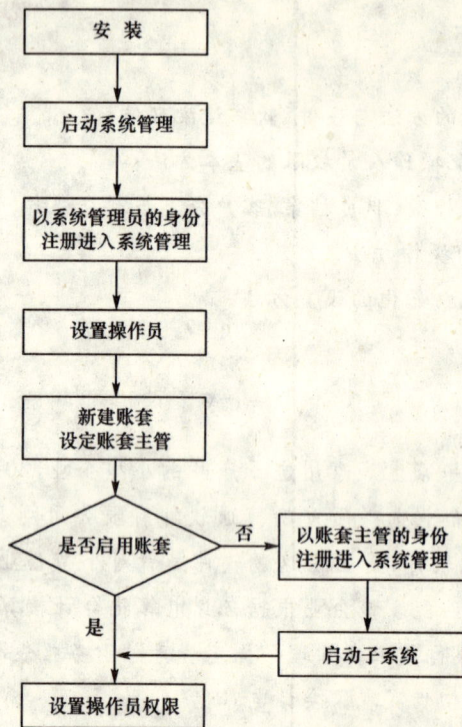

图 3-1 会计软件安装与系统管理的基本流程图

从图 3-1 可知,会计软件安装与系统管理的基本流程可用文字表述如下:

1. 在安装会计软件之后,首先要以系统管理员(admin)的身份进入"系统管理"模块,在"系统管理"模块中的"操作员"菜单中增加操作员;

2. 执行"系统管理"模块中的"账套"菜单中"建立"命令,建立新的会计核算账套;

3. 在主界面以"账套主管"身份进入"系统管理"模块,启动所使用的各个业务模块(子系统),并按企业内部控制的要求,设置操作员对各个业务模块的操作权限。

## 3.1.2 会计软件的安装

在安装会计软件之前,应对会计软件的安装环境进行了解。

**1. 会计软件安装环境**

会计软件安装环境包括软件环境和硬件环境:

(1)软件环境

会计软件分单机版和网络版两种,我们通常采用单机版安装模式,即把服务器端、数据库系统、客户端安装在同一台计算机上。

①服务器端

操作系统(简体中文版)和 IIS 组件:

Windows 2000 (Server)SP4

Windows XP SP2 ＋ IIS 5.0

Windows 2003 Server(标准版)SP1 ＋ IIS 6.0

Windows Vista(Business) ＋ IIS 7.0

.Net Framework:.Net Framework 2.0 SP2 简体中文版

说明:Windows XP 和 Windows Vista(Business) 仅支持单机(即服务器和客户端在同一主机)。

②数据库系统

MSDE 2000＋SP3

MS SQL Server 2000＋SP4

MS SQL 2005 Express＋SP2

MS SQL Server 2005＋SP2

③客户端

操作系统(简体中文版):

Windows XP SP2

Windows 2003 Server(标准版、企业版)SP1

Windows Vista(Business)

Web 浏览器:

IE 7.0 简体中文版

IE 8.0 简体中文版

(2)硬件环境

会计软件要求的硬件环境比较简单,目前我们日常所用的计算机都能满足会计软件的运行需要。

主机:P350 或以上

内存:128 MB 或以上

硬盘:10 GB 或以上

鼠标:标准系列鼠标

显示器:Windows 系统支持的显示器,可显示 256 色

打印机:Windows XP、Windows 2000 (Server)等支持的各类打印机

**2.会计软件安装**

单机版的会计软件安装采用智能化的安装方法,我们将"T3-用友通标准版"软件光盘放入计算机光驱中,双击光盘中的"setup.exe"文件,出现安装界面如图 3-2 所示。

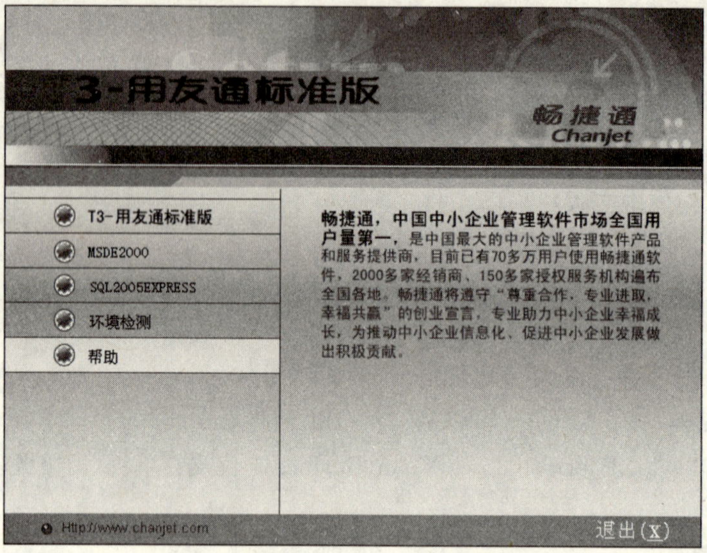

图 3-2 "T3-用友通标准版"安装界面

在该界面双击"T3-用友通标准版"图标,并指定软件安装路径,系统会自动安装,安装完成并重新启动后,在桌面自动产生"系统管理"和"T3"两个快捷图标。表明系统安装成功。

网络版的会计软件安装较为复杂,会计软件的体系结构分为客户端和服务端两个组成部分,需要先在服务器先安装服务端,在用户计算机上安装客户端,然后进行相应的网络配置,分别形成单机应用模式和 C/S 网络应用模式。此项工作通常由软件公司的技术人员负责实施。

### 3.1.3 系统管理的功能

"T3-用友通标准版"软件由多个模块组成,各个模块之间相互联系,数据共享,完整实现财务、业务一体化的管理。

由于"T3-用友通标准版"所含的各个模块是为同一个会计主体的不同管理需求服务的,并且模块之间存在着相互联系、数据共享的关系,因此,就需要这些模块满足以下要求:

- 具备公用的基础信息;
- 拥有相同的账套和年度账;
- 操作员和操作权限集中管理;
- 业务数据共用一个数据库。

要想满足上述要求,就需要设立一个独立的模块,也就是通过系统管理模块,对所属的各个模块进行统一的操作管理和数据维护。具体来说,系统管理模块主要有以下功能:

(1)账套管理功能,能实现对账套的统一管理,包括账套的建立、修改、引入和输出。

(2)账套的年度账统一管理功能,包括年度账的建立、清空、引入、输出和结转上年数据。

（3）对操作员及其权限的统一管理功能,包括增加操作员,赋予操作员不同的模块的操作权限。

（4）设立统一的安全机制的功能,包括数据库的备份、功能列表和上机日志等。

### 3.1.4 增加操作员

为了保证系统及数据的安全与保密,会计软件系统提供操作员设置功能,以便在计算机系统上进行操作分工及权限控制。系统管理员和账套主管按照企业内部控制的要求,实现对系统操作人员的分工和权限的管理。这样一方面可以避免与业务无关人员对系统的操作,另一方面可以对系统所含的各个子模块的操作进行协调,以保证系统的安全与保密。

增加操作员,就是将操作会计软件不同模块的人员输入到电算化会计信息系统之中。

［例1］ 增加黄海科技有限公司三名员工到会计信息系统操作员信息库中,其信息资料如表3-1所示。

表 3-1　　　　　　操作员信息

| 编号 | 姓名 | 口令 | 所属部门 |
| --- | --- | --- | --- |
| 101 | 赵宗 | 空 | 财务部 |
| 102 | 王宗 | 空 | 财务部 |
| 103 | 杨出 | 空 | 财务部 |

其操作方法与步骤如下:

1.在桌面上双击"系统管理"图标,在T3-用友通标准版"系统"主界面下,打开"注册"命令,系统弹出"控制台"登录界面,如图3-3所示。

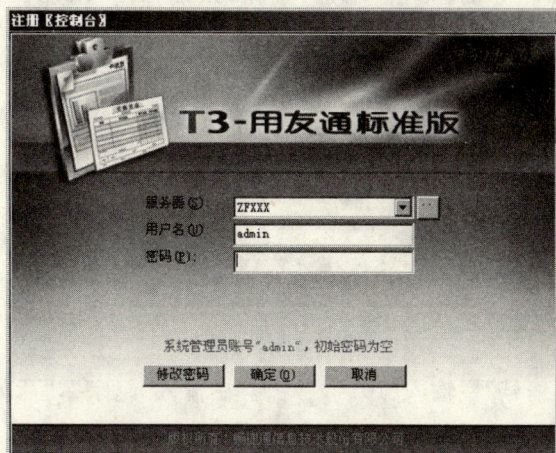

图3-3　系统管理登录界面

2.在此界面下,服务器采用默认服务器"ZFXXX",用户名输入"admin",密码为"空",单击"确定"按钮,进入"系统管理"界面。如图3-4所示。

3.在"系统管理"界面,单击打开"权限"菜单下"操作员"命令,系统弹出"操作员管理"界面,如图3-5所示。

图 3-4 "系统管理"界面

图 3-5 "操作员管理"界面

4. 在"操作员管理"界面,单击"增加"按钮,系统弹出"增加操作员"界面,如图 3-6 所示。

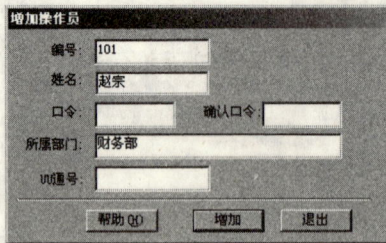

图 3-6 "增加操作员"界面

5. 在此界面下,"编号"栏输入"101","姓名"栏输入"赵宗","所属部门"栏输入"财务部",单击"增加"按钮,进入增加另一个操作员界面,按此操作方法,依次输入"王宗""杨出"的信息,操作结果如图 3-7 所示。

## 3.1.5 建立会计核算账套

会计核算账套是一组相互关联的会计数据,一般来说,一家独立核算的企业可以建立一套会计核算账套,建立会计核算账套操作方法与步骤如下:

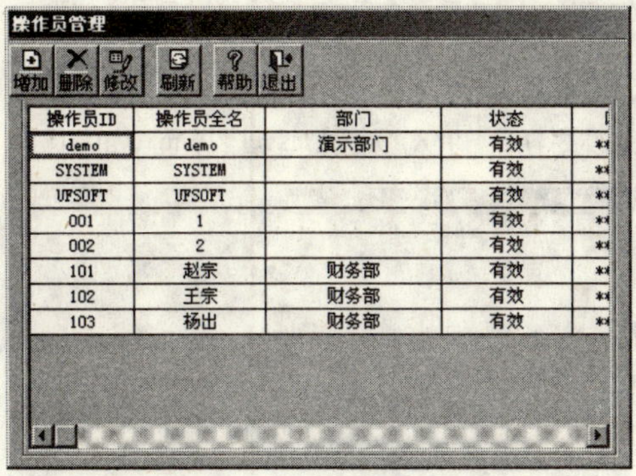

图 3-7 增加操作员界面

1. 以系统管理员的身份,在"系统管理"界面单击"账套"菜单下的"建立"命令,进入建立"账套信息"界面,如图 3-8 所示。

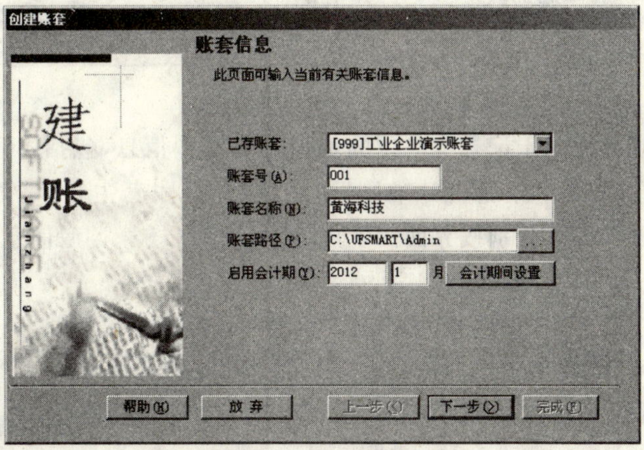

图 3-8 "账套信息"界面

2. 在"账套信息"界面中,账套信息主要用于记录新建账套的基本信息,包括已存账套、账套号、账套名称、账套路径、启用会计期和会计期间设置等。分别按界面图示内容输入账套信息,单击"下一步"按钮。进入"单位信息"界面,如图 3-9 所示。

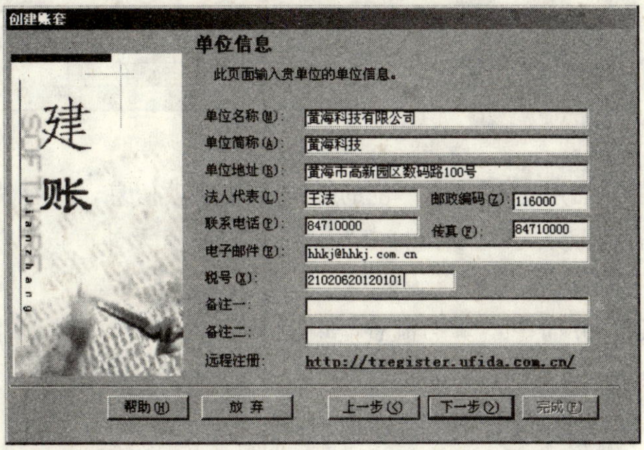

图 3-9 "单位信息"界面

3. "单位信息"界面用于记录本单位的基本信息,包括单位名称、单位简称、单位地址、法人代表、邮政编码、联系电话、传真、电子邮件、税号、备注。分别按界面图示内容输入单位信息,单击"下一步"按钮。进入"核算类型"界面,如图 3-10 所示。

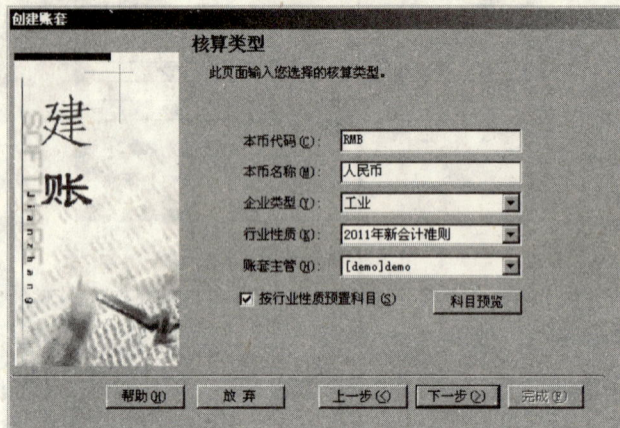

图 3-10 "核算类型"界面

4. "核算类型"界面用于记录本单位的基本核算类型信息,包括本币代码、本币名称、行业性质(此处选择"2011 年新会计准则")、企业类型、账套主管、是否按行业预置科目(在此项前选择"√")等。分别按界面图示内容输入单位核算类型信息,单击"下一步"按钮。进入"基础信息"界面,如图 3-11 所示。

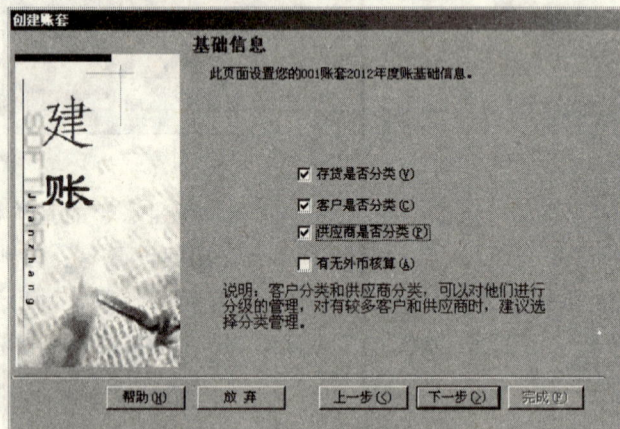

图 3-11 "基础信息"界面

5. "基础信息"界面用于记录本单位的基础信息选项信息,在"存货是否分类""客户是否分类""供应商是否分类"选项前打上"√"标识;在"有无外币核算"选项前选择"空"。单击"下一步"按钮,系统进入"业务流程"界面,如图 3-12 所示。

6. 在"业务流程"界面中,"采购流程"和"销售流程"均采用"标准流程",单击"下一步"按钮。系统提示"可以创建账套了么?",单击"是(Y)"按钮,系统开始自动创建账套,建账完成后,系统弹出"分类编码方案"界面,如图 3-13 所示。

7. 在"分类编码方案"界面中,有一套系统预设置的编码方案,这些编码是可以更改的,"科目编码级次"采用"4222","客户分类编码级次""地区分类编码级次""存货分类编

图 3-12 "业务流程"界面

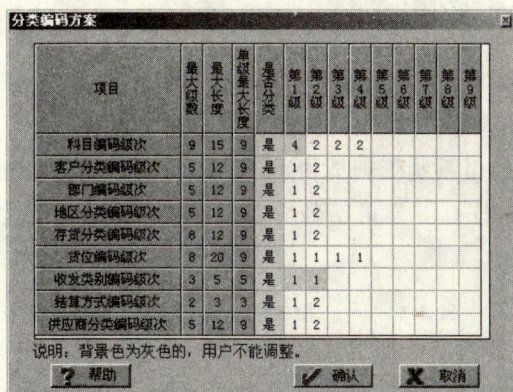

图 3-13 "分类编码方案"界面

码级次""结算方式编码级次""供应商分类编码级次"均采用"12",更改完之后,单击"确认"按钮,保存更新后的设置(注:这些编码方案在使用之后就不能更改了;要更改就必须将相应的档案数据删除),系统弹出"数据精度定义"界面,如图 3-14 所示。

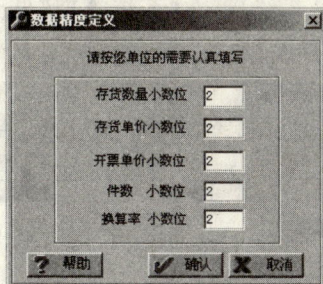

图 3-14 "数据精度定义"界面

8.在"数据精度定义"界面,在"存货数量小数位""存货单价小数位""开票单价小数位""件数小数位""换算率小数位"选项后均选择"2"(意思是取小数点后 2 位数,小数点后 3 位的数字按 4 舍 5 入处理)。单击"确认"按钮,系统提示"创建账套成功!"如图 3-15 所示。

9.在"创建账套成功"界面单击"确定"按钮,创建账套操作全部完毕。

图 3-15 "创建账套成功"界面

此时系统提示需要进行模块启用,只有在模块启用之后,才能在"T3-用友通标准版"软件中使用各功能模块。这里只能对已经安装的模块进行启用。在进入任何一个模块时都要判断系统是否已经启用,未启用的系统不能登录。启用日期必须大于或等于账套的启用日期。在启用时系统会自动记录启用日期和启用人。在此点击"否"按钮,等在"系统管理"的权限菜单中确定"账套主管"后,再由"账套主管"到"账套"菜单下的"启用"命令中启用各功能模块。

### 3.1.6 设置操作员权限

我们在建立了企业的会计核算账套之后,就可以按照企业内部控制的规范,在此账套中对相关的操作员赋予不同的模块的操作权限。

设置操作员权限只能由系统管理员和系统管理员所指定的账套主管来进行操作。

[例2] 增加黄海科技有限公司三名员工操作权限到会计信息系统操作信息库中,其授权信息如表 3-2 所示。

表 3-2 授权信息

| 编号 | 姓名 | 操作权限 |
|------|------|----------|
| 101 | 赵宗 | 账套主管 |
| 102 | 王宗 | 总账会计 |
| 103 | 杨出 | 现金出纳 |

其操作方法与步骤如下:

1. 在以系统管理员身份登录系统后,在"系统管理"界面,单击"权限"菜单下"权限"命令,系统将弹出"操作员权限"界面,如图 3-16 所示。

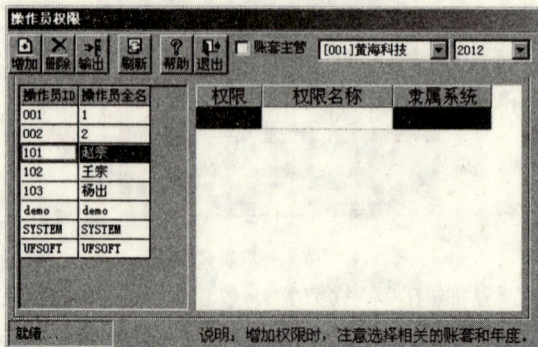

图 3-16 "操作员权限"设置界面

2. 在"操作员权限"设置界面,首先单击欲设定为账套主管资格的操作员"101,赵宗"用户行,选择相应的账套"[001]黄海科技",如想将该操作员设定为账套主管,则在"账套主管"前的复选框打上"√"标识,系统弹出对话界面,如图 3-17 所示。

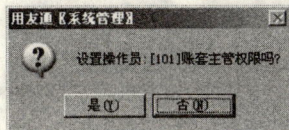

图 3-17 账套主管权限设置确认界面

3.在账套主管权限设置确认界面,单击"是(Y)"按钮,系统自动将账套主管的操作权限赋予"101"操作员赵宗,如图 3-18 所示。

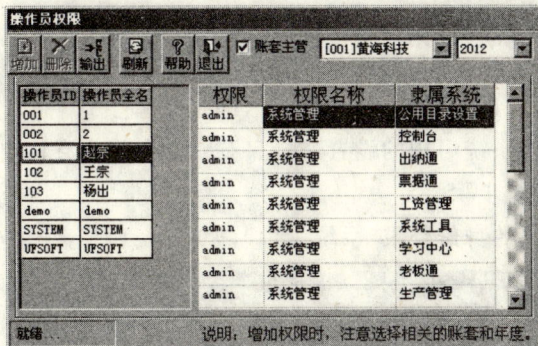

图 3-18 账套主管权限设置结果界面

4.在"操作员权限"设置界面,单击欲设定为总账会计的操作员"102,王宗"用户行,选择相应的账套"[001]黄海科技",然后单击界面中的"增加"按钮,如想将该操作员设定为总账会计,则在"产品分类选择"中选中"GL,总账"并双击选中栏目,再单击"确定"按钮,系统将总账系统的所有操作权限赋予"102"操作员王宗,如图 3-19 所示。

图 3-19 增加总账会计操作权限界面

5.在"操作员权限"设置界面,单击欲设定为现金出纳的操作员"103,杨出"用户行,选择相应的账套"[001]黄海科技",然后单击界面中的"增加"按钮,如想将该操作员设定为现金出纳,则在"产品分类选择"中选中"CS,现金管理"并双击选中栏目,再单击"确定"按钮,系统将现金管理系统的所有操作权限赋予"103"操作员杨出,如图 3-20 所示。另外,还需要将"总账"模块中的出纳签字权限赋予"103"操作员杨出。

## 3.1.7 启用会计软件各功能模块

我们在创建一个新账套后,就可自动进入系统启用界面,一体化完成创建账套和系

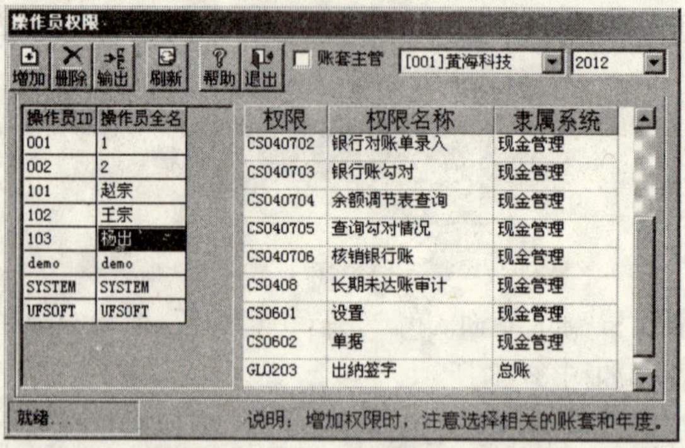

图 3-20  增加现金出纳操作权限界面

统启用工作。我们也可以进行操作员权限设置,确定账套主管后,以账套主管(101)的身份进入"系统管理",进行系统启用的设置(注:只有账套主管才有权启用各功能模块)。

其具体的操作方法与步骤是:

1. 以账套主管(101)的身份登录"系统管理",如图 3-21 所示。

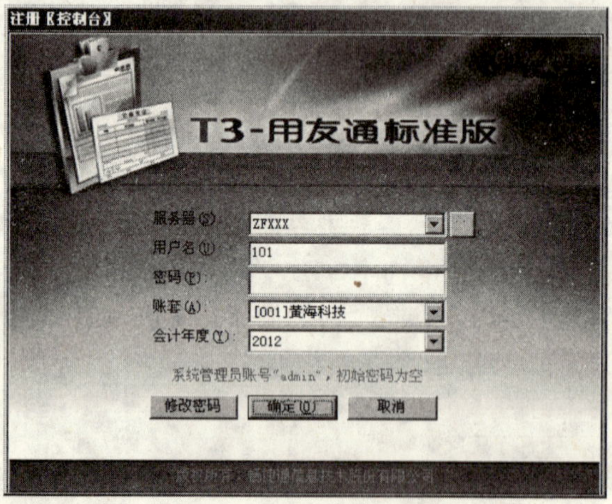

图 3-21  "系统管理登录"界面

在"系统管理登录"界面,选择"用户名"为"101","账套"为"[001]黄海科技","会计年度"为"2012",单击"确定"按钮,进入"系统管理"界面。

2. 在"系统管理"界面中单击"账套"菜单下"启用"命令,系统弹出"系统启用"界面,选择要启用的系统(如"GL,总账"),在方框内打上"√"标识,弹出系统启用日历,如图3-22 所示。

图 3-22  系统启用日历

3. 在启用会计期间内输入启用的年、月数据(2012 年 1 月),单击"确定"按钮,系统弹出提示信息,如图 3-23 所示。

图 3-23 系统启用提示信息

4.单击"是(Y)"按钮后,保存此次的启用信息,操作结果如图 3-24 所示。

图 3-24 系统启用操作结果界面

以后可根据工资管理系统、固定资产管理系统的使用情况,依次启用"工资管理""固定资产"等模块,并将当前操作员写入启用人。

## 3.1.8 会计核算账套的备份

为了保障会计核算账套的安全,按照会计电算化安全工作的惯例,账套主管要定期将会计核算账套进行备份,以备电算化会计信息系统出现突变时,能及时、有效地恢复会计核算账套,确保会计信息安全。

会计核算账套备份,实际上是指将会计核算账套的数据按一定的程序进行压缩,将账套数据备份到指定的位置,会计核算账套备份的操作方法与步骤是:

1.以系统管理员的身份登录"系统管理",在"系统管理"界面单击"账套"菜单下的"备份"命令,系统弹出"账套输出"界面,如图 3-25 所示。

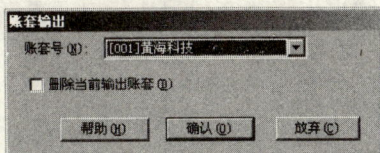

图 3-25 "账套输出"界面

2.在"账套输出"界面中,选择要备份的账套号"[001]黄海科技",如果将"删除当前输出账套"栏目前打上"√"标识,则该账套在备份的同时,源账套将被删除。这里不选择删除账套。单击"确认"按钮,系统弹出"选择备份目标"界面,如图 3-26 所示。

图 3-26 "选择备份目标"界面

在"选择备份目标"界面,指定账套备份路径,单击"确认"按钮,系统自动进行备份。备份完毕,弹出"硬盘备份完毕"提示界面,表明当前账套数据在当地硬盘备份完毕。

## 3.1.9 会计核算账套的恢复

会计核算账套的恢复是会计核算账套的备份的反向操作,恢复账套功能是指将系统外某账套的备份数据引入电算化会计信息系统中。会计核算账套的恢复操作方法与步骤是:

1. 以系统管理员的身份登录"系统管理",在"系统管理"界面单击"账套"菜单下的"恢复"命令,系统弹出"恢复账套数据"界面,如图 3-27 所示。

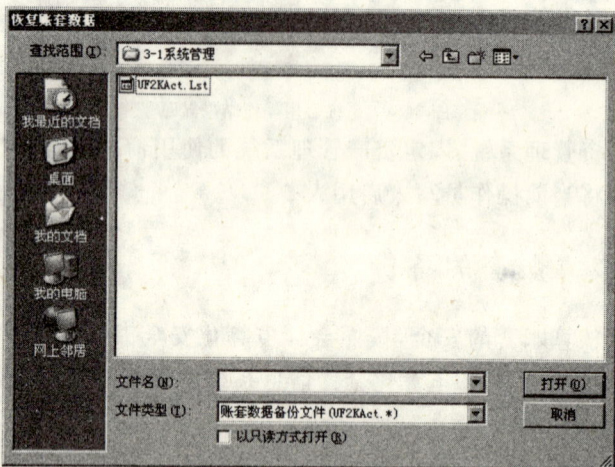

图 3-27 "恢复账套数据"界面

2. 系统管理员在"恢复账套数据"界面上选择所要引入的账套数据备份文件。账套数据备份文件是系统导出的文件,前缀名统一为 UF2KAct。单击"打开"按钮选择要引入的账套数据备份文件。系统弹出恢复账套数据选择对话界面,如图 3-28 所示。

图 3-28 恢复账套数据选择对话界面

3. 单击"是(Y)"按钮,系统自动进行恢复账套数据的操作,弹出"账套[001]恢复成功"提示界面,如图 3-29 所示。

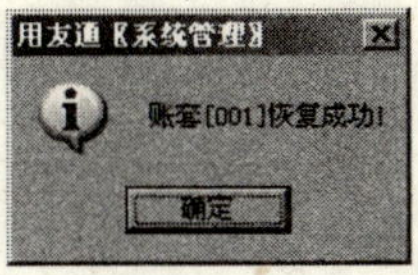

图 3-29　账套恢复成功提示界面

由于会计电算化课程的特点,学生无法在一两节课堂教学中将所有的操作实验做完,必须按章节内容进行操作实验。因此,及时备份与恢复账套数据的操作是学生必备的基本功,这部分内容必须熟练掌握。

# 3.2　总账系统初始化

## 3.2.1　总账系统初始化的基本流程

我们安装完会计软件,通过"系统管理"模块建立企业的会计核算账套,并对操作此账套的相关人员授予了不同的操作权限,但此时的会计核算账套只是一个空的账套,会计核算体系并没有全面地建立起来。当我们启用总账系统之后,还应当全面规划总账系统中的基础数据的设置,做好将手工会计数据全面移植到电算化会计信息系统前的一系列准备工作,这些工作统称为"总账系统初始化"。只有通过总账系统初始化,才能将一个通用的、商品化会计软件变成企业专用的电算化会计信息系统。

考虑到总账系统是整个电算化会计信息系统的核心部分,总账系统初始化不仅涉及总账系统内部各功能模块的操作,还涉及其他系统模块(如工资管理系统、固定资产管理系统)的初始化设置。因此,总账系统初始化并不只是会计部门的事,因为在系统运行过程中,其他相关部门也使用基础数据,所以最好的方法是在总账系统使用之前,各部门集合在一起开会讨论,定义出一套各部门认同的标准数据规范,然后依此执行。

总账系统初始化,通常是由账套主管和总账会计负责实施。总账系统初始化的主要内容是整理和设置会计科目,设置辅助核算,设置企业的基础数据,这些基础数据要依照企业的实际情况不同而进行设置。总账系统初始化通常设置如下几类数据:企业机构设置(部门档案和职员档案)、往来单位设置(客户分类、客户档案、供应商分类、供应商档案、地区分类)、存货设置(存货分类、计量单位、存货档案)、财务(会计科目、凭证类别、外币及汇率设置、期初余额)、收付结算(结算方式、付款条件、开户银行)、供应链业务(仓库档案和收发类别)等。

总账系统初始化操作内容可用图 3-30 的流程图加以表示。

从图 3-30 我们可以看出,建会计科目是整个总账系统初始化的核心环节。

## 3.2.2　总账系统初始化的前期准备工作

在实施总账系统初始化之前,应对企业的手工会计资料进行整理,进而为后续应用总账系统的各项功能做好准备。假设我们准备从 2012 年 1 月开始使用总账系统,那么,就应在 2011 年年末整理出以下会计资料:

```
┌─────────────────────┐
│   1.安装总账系统      │
└─────────────────────┘
          │
┌ ─ ─ ─ ─ ─ ─ ─ ─ ─ ─ ─ ─ ─ ─ ─ ─ ─ ─ ─ ─ ─ ─ ┐
          ↓
│  ┌─────────────────────┐      ┌──────────┐ │
   │   2.增加新账套        │      │   建账    │
│  └─────────────────────┘      └──────────┘ │
          │
│         ↓                                   │
   ┌─────────────────────┐
│  │   3.进入总账系统      │                   │
   └─────────────────────┘
│         │                                   │
          ↓
│  ┌─────────────────────┐                   │
   │   4.建会计科目        │
│  └─────────────────────┘                   │
          │
│         ↓                          N        │
      ╱────────────────╲ ────────────┐
│    ╱   若使用辅助核算    ╲           │        │
      ╲────────────────╱            │
│         │ Y                        │        │
          ↓                          │
│ ┌──────────────────────────────────┐       │
  │ 5.建立部门、个人、客户、供应商、项目目录 │
│ └──────────────────────────────────┘       │
       │        │         │
│      ↓        ↓         ↓                   │
 ┌──────────┐┌──────────┐┌──────────┐
│ │6.定义外币 ││7.录入期初 ││8.设置凭证 │        │
 │  及汇率   ││   余额   ││  类别    │
│ └──────────┘└──────────┘└──────────┘        │
                  │
└ ─ ─ ─ ─ ─ ─ ─ ─ ┼ ─ ─ ─ ─ ─ ─ ─ ─ ─ ─ ─ ─ ┘
                  ↓
```

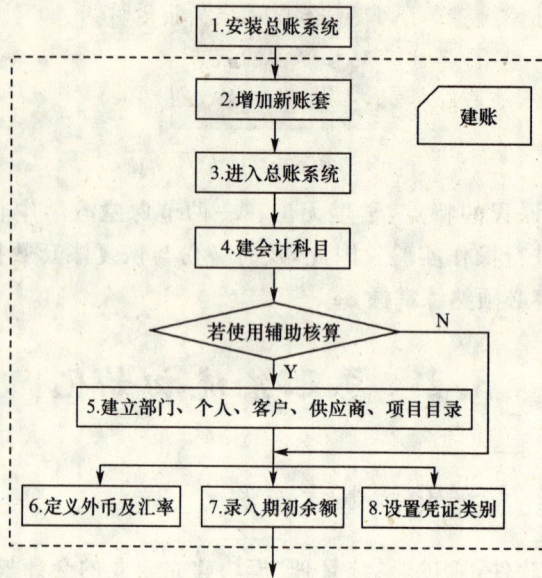

图 3-30　总账系统初始化操作的流程图

**1. 整理会计科目**

整理手工会计核算使用的会计科目,除了要采用最新的 2011 年新会计准则之外,还应根据电算化的特点对会计科目进行相应的调整。这主要是为了充分体现计算机管理的优势,通过对以往的一些会计科目结构进行调整,以充分发挥计算机的辅助核算功能。

例如,企业原来有许多往来单位、个人、部门、项目是通过设置明细科目来进行核算管理的,在使用总账系统后,最好改用辅助核算进行管理,即将这些明细科目的上级科目设为辅助核算科目,并将这些明细科目设为相应的辅助核算目录。总账系统中一共可设置十一种辅助核算,包括部门、个人、客户、供应商、项目五种辅助核算,以及部门客户、部门供应商、客户项目、供应商项目、部门项目及个人项目六种组合辅助核算。这样当一个科目设置了辅助核算后,它所发生的每一笔业务将会自动登记在辅助总账和辅助明细账上。

[例 3]　黄海科技有限公司原会计科目设置为:

| 科目编码 | 科目名称 |
| --- | --- |
| 1122 | 应收账款 |
| 112201 | 长兴电子有限公司 |
| 112202 | 奥林电子有限公司 |
| ⋮ | ⋮ |
| 1221 | 其他应收款 |
| 122101 | 应收职工借款 |
| 12210101 | 赵宗 |
| 12210102 | 王宗 |
| 12210103 | 杨出 |
| ⋮ | ⋮ |

那么,在使用总账系统进行财务核算时,可将科目设置为:

| 科目编码 | 科目名称 | 辅助核算 |
|---|---|---|
| 1122 | 应收账款 | 客户往来 |
| ⋮ | ⋮ | ⋮ |
| 1221 | 其他应收款 | |
| 122101 | 应收职工借款 | 个人往来 |
| ⋮ | ⋮ | ⋮ |

**2. 整理辅助核算目录**

只把科目设置成辅助核算属性是不够的,我们还应该将从原会计科目中去掉的明细科目设置为辅助核算目录。若启用部门核算功能,还应设置相应的部门目录;若启用个人核算功能,还应设置相应的个人目录;若启用项目核算功能,还应设置相应的项目目录;若启用客户往来核算功能,还应设置相应的客户目录;若启用供应商往来核算功能,还应设置相应的供应商目录。

［例4］ 在设置好会计科目后,还应将以前用明细科目核算的部分整理成辅助核算目录:

客户目录:

1 长兴电子有限公司

2 奥林电子有限公司

⋮

供应商目录:

1 长城电子有限公司

2 京东电子有限公司

⋮

部门目录:

1 公司管理机构

101 企业管理部

102 财务部

103 销售部

104 采购部

105 人力资源部

2 公司生产机构

201 第1生产车间

202 第2生产车间

⋮

个人目录:

1 财务部 赵宗

2 财务部 王宗

3 财务部 杨出

⋮

### 3.整理期初余额

在开始使用总账系统时,应将手工会计核算的各账户的余额和年初到启用账套时的借贷方累计发生额计算清楚。例如,某企业由 2012 年 1 月开始启用总账系统,那么,应将该企业 2011 年 12 月末各科目的期末余额及 1～12 月的累计发生额计算出来,准备作为启用系统的期初数据录入到总账系统中。若有辅助核算,还应整理各辅助项目的期初余额,以便在"期初余额"功能中录入。

### 4.确定结算方式

即确定企业收付款结算方式,如现金支票、转账支票、银行承兑汇票等。

### 5.银行对账期初余额

企业在使用现金银行系统提供的银行对账功能之前,应先对银行日记账与银行对账单进行勾对,计算出最新余额调节表,并将尚未勾对的银行日记账与银行对账单整理出来,以便在"银行对账期初"功能中进行录入。

### 6.确定凭证类别

在开始用计算机录入凭证之前,企业应在总账系统中预先设置凭证类别。例如,将企业的凭证类别设置为收款凭证、付款凭证、转账凭证三种类型。

## 3.2.3 建立部门基础档案

机构部门基础档案是企业公用的基础档案,此类基础档案应由账套主管来建立。建立机构部门基础档案的操作方法是:

1.在桌面上双击"T3-用友通标准版"图标,系统弹出"注册【控制台】"界面,如图 3-31 所示。

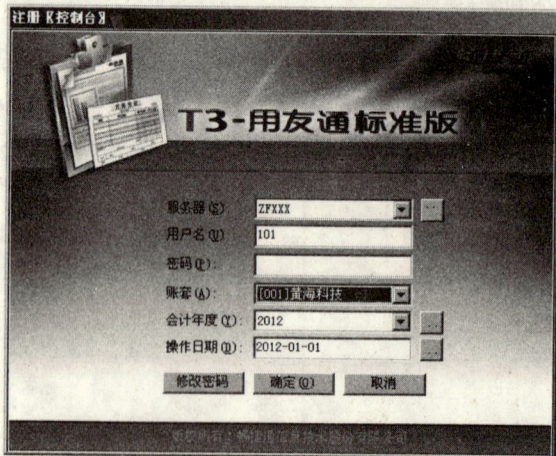

图 3-31 "注册【控制台】"界面

2.在"注册【控制台】"界面,以账套主管的身份(用户:101,密码:空)登录,选择账套(黄海科技)、会计年度(2012)、操作日期(2012-01-01),单击"确定"按钮,系统弹出"T3-用友通标准版"软件主界面,如图 3-32 所示。

3.在"T3-用友通标准版"软件主界面,单击"基础设置"菜单下"机构设置"菜单下的"部门档案"命令,系统弹出"部门档案"界面,在此界面输入部门编码、部门名称、助记码、

图 3-32　"T3-用友通标准版"软件主界面

负责人、部门属性、电话、地址、备注等信息(第 1 条信息为公司管理机构档案信息),如图 3-33 所示。

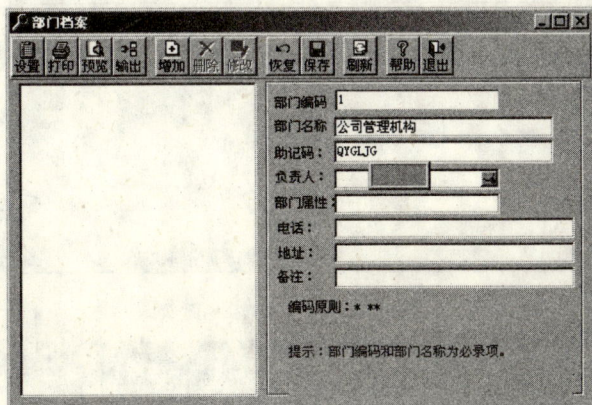

图 3-33　"部门档案"界面

4. 在"部门档案"界面输入完某部门的信息,单击"保存"按钮,依次录入财务部、销售部、采购部、生产车间等部门档案信息,最后形成企业整体的部门目录,如图 3-34 所示。

### 3.2.4　建立职员基础档案

职员基础档案是企业共用的基础档案,此类基础档案应由账套主管来建立。

建立职员基础档案的操作方法是:

1. 在"T3-用友通标准版"软件主界面,单击"基础设置"菜单下"机构设置"菜单下的"职员档案"命令,系统弹出"职员档案"界面,在此界面输入职员编号、职员名称、所属部门、职员属性、手机、E-mail 等信息(第 1 条信息为企业管理部王法的档案信息),如图 3-35 所示。

2. 在"职员档案"界面输入完某职员的信息,单击"增加"按钮,依次录入其他职员的档案信息,最后形成企业整体的职员档案信息目录,如图 3-36 所示。

图 3-34 "部门档案目录"界面

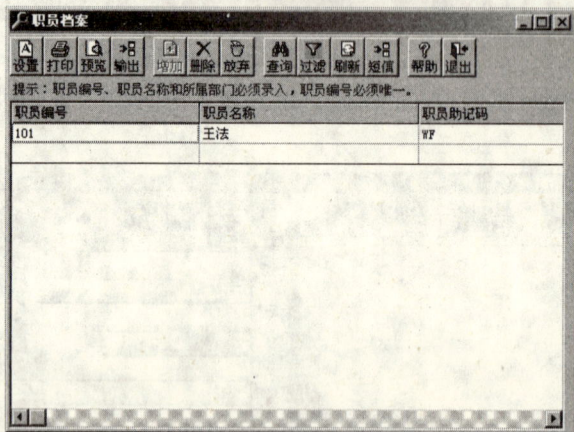

图 3-35 "职员档案"界面

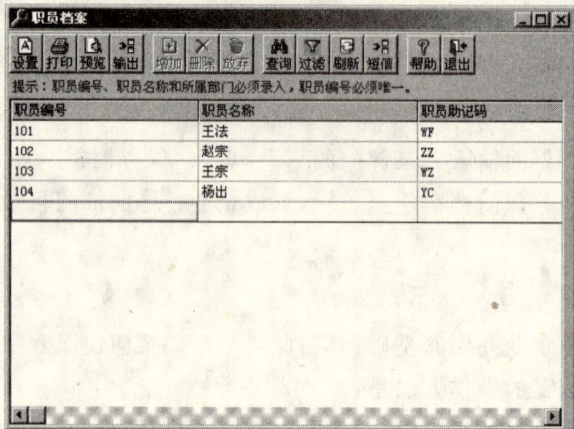

图 3-36 "职员档案目录"界面

## 3.2.5 建立客户分类与客户档案

客户档案是企业共用的基础档案,客户档案应在建立客户分类的基础上,由账套主管来建立。

建立客户分类与客户档案的操作方法是：

1.在"T3-用友通标准版"软件主界面，单击"基础设置"菜单下"往来管理"子菜单下的"客户分类"命令，系统弹出"客户分类"界面，在此界面输入类别编码、类别名称等信息（第一条信息为本地市场），单击"保存"按钮，依次增加区域市场、国内市场、亚洲市场、国际市场信息，形成客户分类目录，如图3-37所示。

图3-37　客户分类目录

2.在"T3-用友通标准版"软件主界面，单击"基础设置"菜单下"往来管理"子菜单下的"客户档案"命令，系统弹出"客户档案卡片"界面，如图3-38所示。

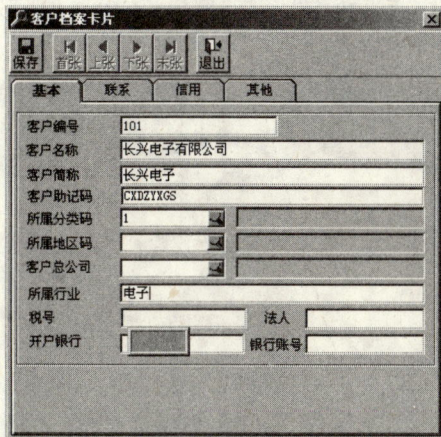

图3-38　"客户档案卡片"界面

在此界面选取客户所在的地区，单击"增加"按钮，系统弹出"客户档案卡片"界面，该界面共设"基本""联系""信用""其他"四个页签，分别输入客户的基本信息、联系信息、信用信息、其他信息等信息（第一条信息为长兴电子有限公司的信息），单击"保存"按钮，依次增加其他客户信息，形成客户档案分类汇总信息，如图3-39所示。

## 3.2.6　建立供应商分类与供应商档案

供应商档案是企业共用的基础档案，供应商档案应在建立供应商分类的基础上，由账套主管来建立。

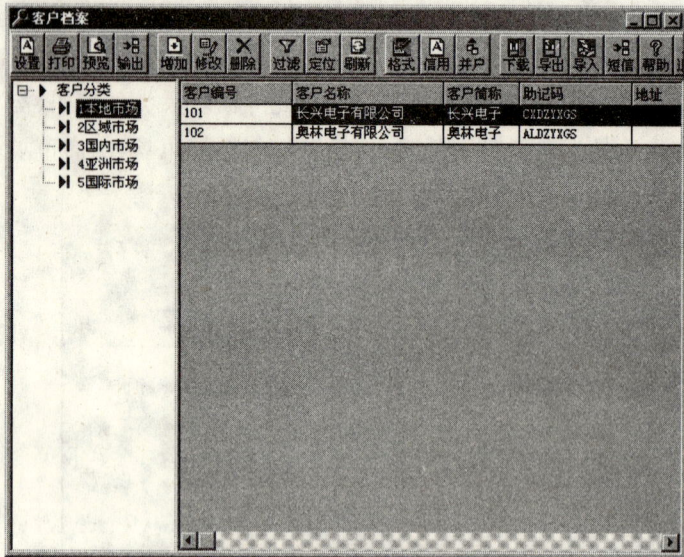

图 3-39　客户档案分类汇总信息

建立供应商分类与供应商档案的操作方法是：

1.在"T3-用友通标准版"软件主界面，单击"基础设置"菜单下"往来管理"子菜单下的"供应商分类"命令，系统弹出"供应商分类"界面，在此界面输入类别编码、类别名称等信息（第一条信息为国内供应商），单击"保存"按钮，依次增加国外供应商，形成供应商分类目录，如图 3-40 所示。

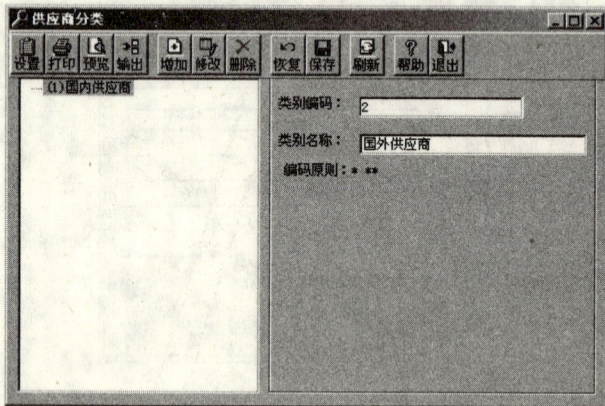

图 3-40　供应商分类目录

2.在"T3-用友通标准版"软件主界面，单击"基础设置"菜单下"往来管理"子菜单下的"供应商档案"命令，系统弹出"供应商档案"界面，在此界面选取供应商所在的地区，单击"增加"按钮，系统弹出"供应商档案卡片"界面，该界面共设"基本""联系""信用""其他"四个页签，分别输入供应商的基本信息、联系信息、信用信息、其他信息等信息（第一条信息为长城电子有限公司的信息），单击"保存"按钮，依次增加其他客户信息，形成供应商档案分类汇总信息，如图 3-41 所示。

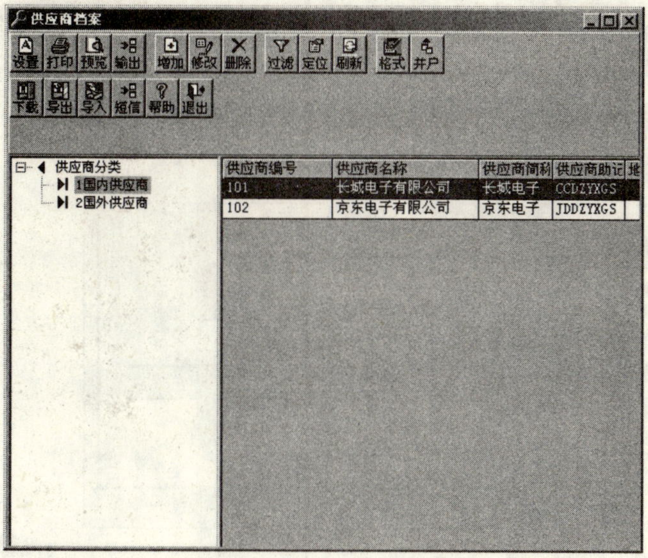

图 3-41　供应商档案分类汇总信息

## 3.2.7　建立存货分类与存货档案

存货档案是企业共用的基础档案,存货档案应在建立存货分类的基础上,由账套主管来建立。

建立存货分类与存货档案的操作方法是:

1.在"T3-用友通标准版"软件主界面,单击"基础设置"菜单下"存货"子菜单下的"存货分类"命令,系统弹出"存货分类"界面,在此界面输入类别编码、类别名称等信息(第一条信息为原料),单击"保存"按钮,依次增加产品,形成存货分类目录,如图 3-42 所示。

图 3-42　存货分类目录

2.在"T3-用友通标准版"软件主界面,单击"基础设置"菜单下"存货"子菜单下的"存货档案"命令,系统弹出"存货档案卡片"界面,在此界面选取存货类别,单击"增加"按钮,系统弹出"存货档案卡片"界面,如图 3-43 所示,该界面共设"基本""成本""控制""其他"四个页签,分别输入存货的基本信息、成本信息、控制信息、其他信息等信息(第一条信息为 R1 原料的信息），单击"保存"按钮，依次增加其他存货信息，形成存货档案分类汇总信息，如图 3-44 所示。

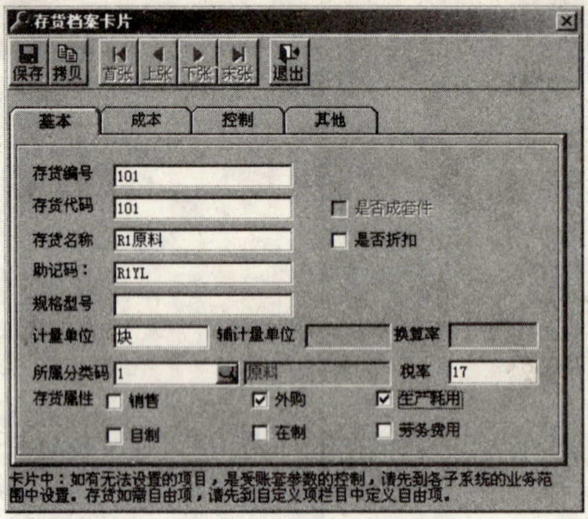

图 3-43 "存货档案卡片"界面

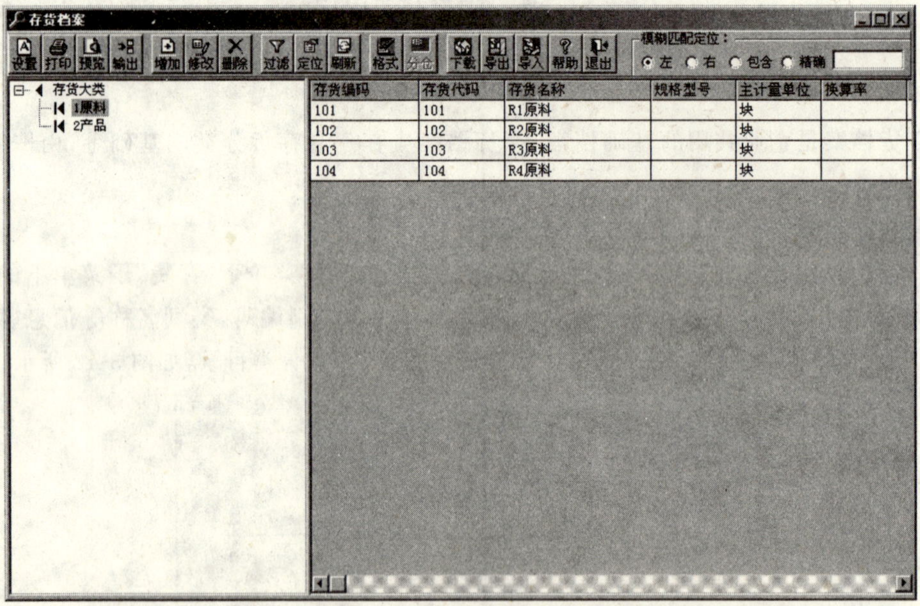

图 3-44 存货档案分类汇总信息

## 3.2.8 设置会计科目

我们在建立会计核算账套时，会计信息系统已将 1 级会计科目预置到系统中，黄海科技有限公司可根据自身会计核算的需要，增加或修改表 3-3 所示会计科目。

表 3-3 黄海科技有限公司的会计科目表

| 科目名称 | 辅助账类型 | 科目编码 |
|---|---|---|
| 中国银行存款 | 日记账 银行账 | 100201 |

（续表）

| 科目名称 | 辅助账类型 | 科目编码 |
|---|---|---|
| R1 原料 | 数量核算（块） | 140301 |
| P1 产品 | 数量核算（台） | 140501 |
| 生产用固定资产 | 金额核算 | 160101 |
| 办公用固定资产 | 金额核算 | 160102 |
| 厂房 | 金额核算 | 16010101 |
| 生产线 | 金额核算 | 16010102 |
| 应交企业所得税 | 金额核算 | 222101 |
| 应交增值税 | 金额核算 | 222102 |
| 进项税 | 金额核算 | 22210201 |
| 销项税 | 金额核算 | 22210202 |
| 未交增值税 | 金额核算 | 222103 |
| 实收资本（国有资本金） | 金额核算 | 400101 |
| 实收资本（个体资本金） | 金额核算 | 400102 |
| P1 生产成本 | 金额核算 | 500101 |
| 折旧费 | 金额核算 | 520101 |
| 设备维修费 | 金额核算 | 520102 |
| P1 销售收入 | 金额核算 | 600101 |
| P1 销售成本 | 金额核算 | 640101 |
| 广告费 | 金额核算 | 660101 |
| 工资 | 金额核算 | 660201 |
| 折旧费 | 金额核算 | 660202 |
| 新市场开拓费 | 金额核算 | 660203 |
| ISO 认证费 | 金额核算 | 660204 |
| 新产品研发费 | 金额核算 | 660205 |
| 利息 | 金额核算 | 660301 |
| 贴现息 | 金额核算 | 660302 |

［例5］ 在"银行存款"1级科目（科目编码为1002）下，增加"中国银行存款"2级科目（科目编码为100201），同时，将"应收账款"1级科目（科目编码为1122）修改为有"客户往来"辅助核算项的会计科目。

增加或修改会计科目的操作方法与步骤是：

1.在"T3-用友通标准版"软件主界面，单击"基础设置"菜单下"财务管理"子菜单下的"会计科目"命令，系统弹出"会计科目"界面，如图3-45所示。

2.在"会计科目"界面，单击"增加"按钮，进入"会计科目_新增"界面，如图3-46所示。输入科目信息（包括科目编码、科目中英文名称、账页格式等）。输入完成后，单击"确定"按钮，保存输入的会计科目信息。

图 3-45 "会计科目"界面

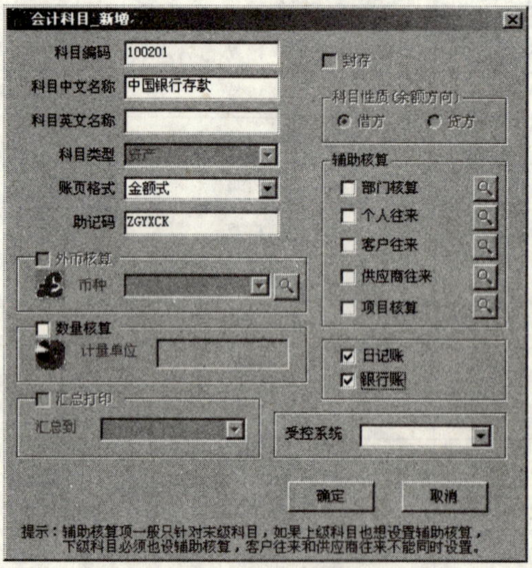

图 3-46 "会计科目_新增"界面

3.将光标移到要修改的"应收账款(科目编码为 1122)"科目上,单击"修改"按钮或双击该科目,即可进入"会计科目_修改"界面,如图 3-47 所示。

4.在"会计科目_修改"界面,单击"修改"按钮,进入修改状态,在此对需要修改的项目进行调整,在"辅助核算"栏目中的"客户往来"前打上"√"标识,"受控系统"修改为"空",修改完毕后,单击"确定"按钮即可。

### 3.2.9 设置凭证类别

许多单位为了便于管理或登账方便,一般对记账凭证进行分类编制,会计软件提供了"凭证分类"功能,我们可以按照单位会计核算的惯例对凭证进行分类。

[例 6] 黄海科技有限公司手工会计核算采用的记账凭证类别为收款凭证、付款凭证、转账凭证三类,在会计软件中按上述三个类别设置凭证类别。

图 3-47 "会计科目_修改"界面

设置凭证类别的操作方法与步骤是：

1.在"T3-用友通标准版"软件主界面,单击"基础设置"菜单下"财务"子菜单下的"凭证类别"命令,系统弹出"凭证类别预置"界面,如图 3-48 所示。

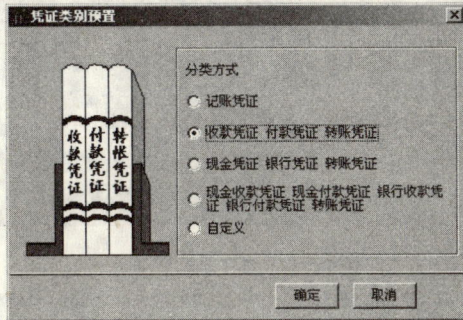

图 3-48 "凭证类别预置"界面

2.在"凭证类别预置"界面,凭证分类方式选择收款凭证、付款凭证、转账凭证三种方式,单击"确定"按钮,进入"凭证类别"界面,如图 3-49 所示。

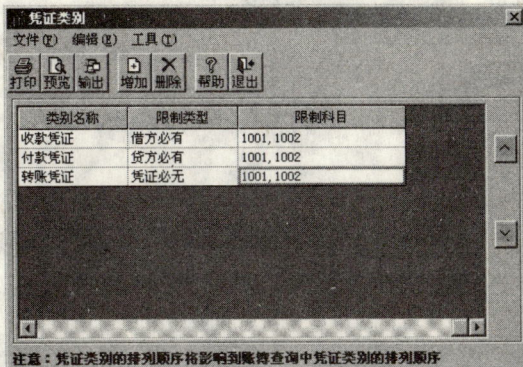

图 3-49 "凭证类别"界面

3.在"凭证类别"界面的表格中,分别设置凭证类别字、凭证类别名称并参照选择限制类型及限制科目等栏目,设置完毕,单击"退出"按钮即可。

## 3.2.10　设置结算方式

许多单位为了便于结算管理或登记凭证方便,一般对结算方式进行分类管理,会计软件提供了"设置结算方式"功能,我们可以按照单位会计核算的惯例对结算方式进行预置分类。

[例 7]　黄海科技有限公司确定企业收付款结算方式为现金支票、转账支票、银行承兑汇票三种。

在会计软件中按上述四个类别设置结算方式,其操作方法与步骤是:

1.在"T3-用友通标准版"软件主界面,单击"基础设置"菜单下"收付结算"子菜单下的"结算方式"命令,系统弹出"结算方式"界面,如图 3-50 所示。

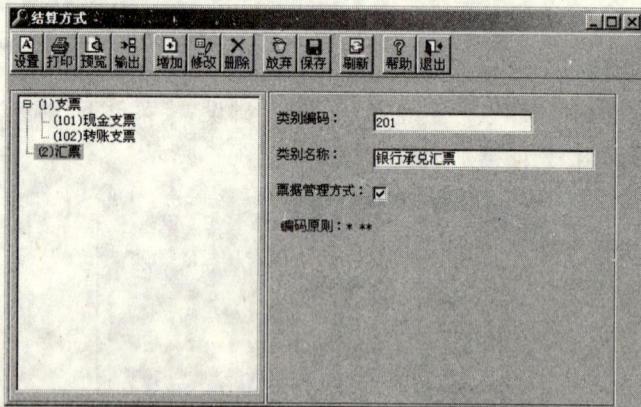

图 3-50　"结算方式"界面

2.在"结算方式"界面,分别设置"类别编码""类别名称",在"票据管理方式"后打上"√"标识,单击"保存"按钮,依次输入其他结算方式信息,形成结算方式设置汇总信息,如图 3-51 所示。设置完毕,单击"退出"按钮即可。

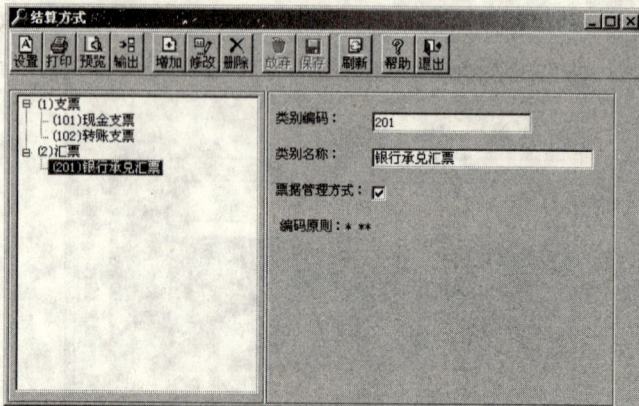

图 3-51　结算方式设置汇总信息

### 3.2.11 期初余额录入与正确性检查

第一次使用总账系统,必须录入科目期初余额并校验平衡。

[例8] 黄海科技有限公司决定于2012年1月1日建账,可以采取直接录入年初余额方式。

黄海科技有限公司2012年1月1日的科目余额如表3-4所示。

表3-4 黄海科技有限公司2012年1月1日科目余额表

| 科目名称 | 科目编码 | 余额方向 | (数量)金额 |
|---|---|---|---|
| 中国银行存款 | 100201 | 借 | 200000 |
| 应收账款(长兴电子) | 1122 | 借 | 150000 |
| R1原料 | 140301 | 借 | (3块)30000 |
| P1产品 | 140501 | 借 | (7台)140000 |
| 厂房 | 16010101 | 借 | 400000 |
| 生产线 | 16010102 | 借 | 130000 |
| 应交企业所得税 | 222101 | 贷 | 10000 |
| 长期借款 | 2501 | 贷 | 400000 |
| 实收资本(国有资本金) | 400101 | 贷 | 400000 |
| 实收资本(个体资本金) | 400102 | 贷 | 100000 |
| 盈余公积 | 4101 | 贷 | 130000 |

录入期初余额的方法与步骤是:

1.以账套主管的身份,在"T3-用友通标准版"软件主界面,单击"总账"菜单下"设置"子菜单下的"期初余额"命令,系统弹出"期初余额录入"界面,如图3-52所示。

2.在"期初余额录入"界面,选中"银行存款"科目行,双击该行的"期初余额"栏就可以录入该科目的期初余额"200000",但是"银行存款"科目有下级明细科目,则只要录入末级明细科目(100201中国银行存款)的余额"200000",而上级科目(1002银行存款科目)的余额就由系统自动汇总之后填入;依次录入原料、库存产品、长期借款、实收资本、盈余公积等科目的余额。

3.将光标移至科目设置中有辅助核算的行(如1122应收账款)处,设置带有辅助核算的期初余额。双击设置了客户往来辅助核算的科目(应收账款—长兴电子),系统弹出"客户往来期初"界面,如图3-53所示。

4.在"客户往来期初"界面,单击"增加"按钮,输入日期,参照输入"客户",将客户往来的期初数据"150000"填入表中。设置完毕,单击"退出"按钮即可。系统自动将该余额数据填入"1122应收账款"期初余额处。

5.试算平衡。为了检验我们输入上述科目期初余额数据的正确性,依据"借方余额=贷方余额"的会计平衡原理,我们可以对输入上述科目期初余额数据进行试算平衡。在"期初余额录入"界面,单击"试算"按钮,系统自动进行试算平衡,并显示试算结果,如图3-54所示。

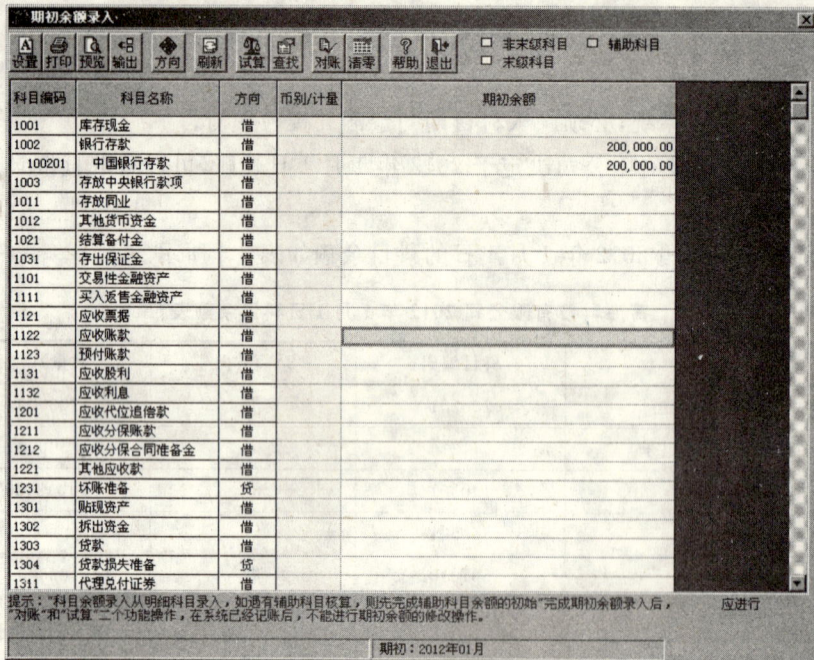

图 3-52 "期初余额录入"界面

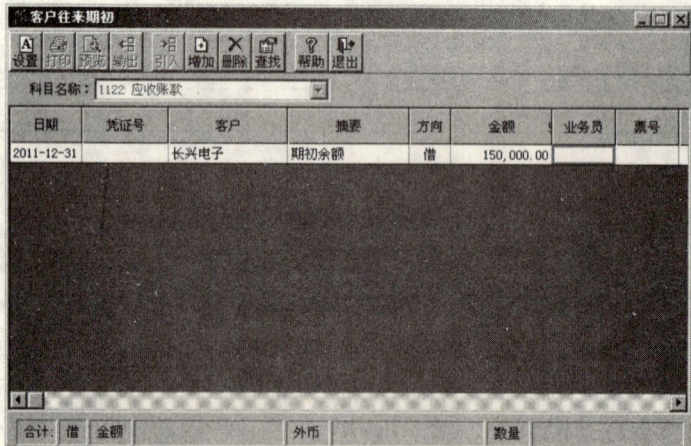

图 3-53 "客户往来期初"界面

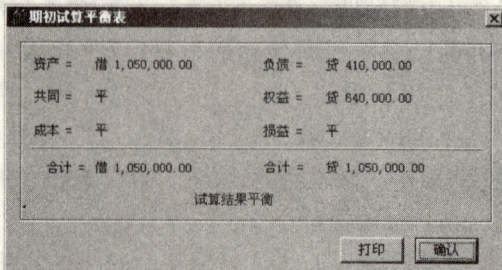

图 3-54 "期初试算平衡表"界面

如果试算不平衡,则系统会弹出不平衡的提示,此时要检查前期所录入的期初余额,经过更正后,再次运行试算功能,直到平衡为止。

6.对账。试算平衡,只是解决了会计核算数据的会计平衡问题,我们还应通过会计软件的对账功能,自动检查建账过程中总账与辅助账(或明细账)中是否存在数据错误。

对账的操作方法是:在"期初余额录入"界面,单击"对账"按钮,系统弹出"期初对账"界面,单击"开始"按钮就开始对账,如果对账成功,系统就自动弹出对账完毕的提示。如图3-55所示。否则系统给出错误信息,单击"显示对账错误"按钮,将对账中发现的问题罗列出来。

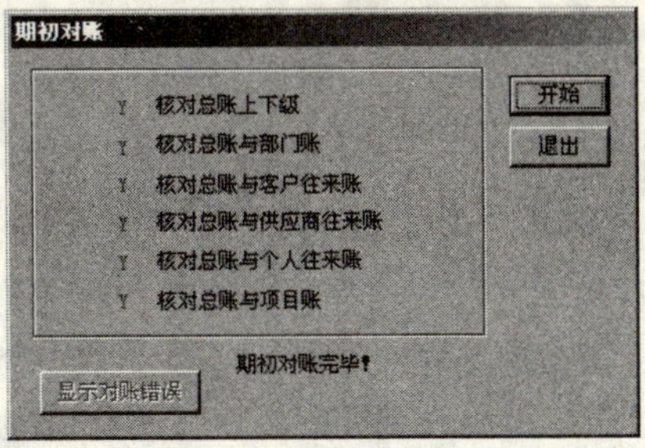

图 3-55　"期初对账"界面

至此,我们就初步完成建立会计核算体系的各项操作,下一章将进入总账系统进行会计业务处理。

## 复习思考题

1.简述会计软件安装的硬件与软件环境。

2.简述建立会计核算账套的基本操作步骤。

3.简述增加操作员与授予操作员权限的操作方法。

4.简述总账系统初始化的基本流程。

5.简述增加会计科目、修改会计科目的操作方法。

6.简述录入一级会计科目余额、辅助核算会计科目余额的操作方法。

7.简述建立部门档案、职员档案、客户分类与客户档案、供应商分类与供应商档案、存货分类与存货档案的操作方法。

8.简述设置凭证类别、结算方式类别的操作方法。

9.简述录入科目期初余额和校验平衡的操作方法。

# 第 4 章　总账系统

## 📝 本章学习目标

- 了解总账系统的概念、总账系统的业务流程和基本功能模块、基本操作过程；
- 熟练掌握填制凭证、审核凭证、科目汇总、记账等操作的基本方法；
- 掌握现金日记账、银行存款日记账、资金日报表的查询方法，掌握银行对账、编制银行存款余额调节表、核销银行账等基本操作方法；
- 掌握总账系统各类转账凭证设置，期末转账、对账、结账的操作方法。

## 📝 本章案例

黄海科技有限公司财务部的日常业务应用主要集中在总账和现金银行两个模块，电算化会计系统按照企业内部控制规范的要求，赵宗被授予了账套主管的操作权限，负责凭证审核；王宗被授予了总账会计的操作权限，负责凭证录入并负责记账；杨出则被授予了出纳的操作权限，负责收付款凭证的出纳签字和银行对账，并管理现金日记账、银行存款日记账，整个电算化会计系统按照内部控制原理开始运行。

黄海科技有限公司财务部工作主要分为以下三部分：

1.日常账务处理工作　主要包括填制凭证(王宗)、审核凭证(赵宗)、出纳签字(杨出)、记账(王宗)，其中填制和审核会计凭证作为电算化会计系统的数据入口，是日常账务处理的关键环节，至于记账环节，由于采用电算化会计系统已实现计算机的自动记账，相对来说工作量较小，数据的安全性也大大提高。

2.日常出纳工作　主要包括现金日记账、银行存款日记账查询和银行对账工作。

3.期末账务处理　主要包括设置各类转账凭证，进行期末转账、对账、结账工作。若首次启用总账系统，设置各类转账凭证是关键，和手工会计不同，期末转账、对账、结账工作由于采用计算机自动化处理技术，大大降低会计人员的工作强度，也提高了电算化会计核算的准确性。

4.总账系统在操作中发生错误时，在记账前发现凭证错误，可先行取消凭证签字，对错误凭证进行修改后再签字入账；在记账后发现凭证错误，则可采用冲销法冲销错误凭证；若记账、结账后发现严重错误，则可采用反记账和反结账操作方法。

# 4.1　总账系统概述

总账系统是电算化会计系统的核心子系统和中枢,又是基本的子系统。总账系统能综合、全面、概括地反映企业各个方面的会计工作内容,其他子系统(如工资管理、固定资产、应收应付系统)的数据都必须传输到总账系统,同时还要把总账系统中的某些数据传输给其他子系统(报表管理系统)。

一般企业的电算化会计实务工作往往都是从总账系统开始的。对于实际业务简单、数据量较少的小型企业,只使用总账系统,按照制单、审核、记账、转账、对账、结账的业务流程进行即可。对于企业业务比较复杂的大中型企业,可以使用总账系统提供的各种辅助功能进行管理,如项目、部门、个人往来、客户与供应商往来管理等。

## 4.1.1　总账系统的基本概念

在会计核算中,我们通常所说的账务处理是指会计凭证和账簿的组织、记账方法、记账程序的相互结合方式。凭证、账簿组织是指会计凭证和账簿的种类、格式以及凭证、账簿与各种账簿之间的关系。记账方法是指在会计账簿中登记经济业务的方法。记账程序是指从填制凭证、登记账簿到编制报表的整个过程的程序。我们把专门用于账务处理的计算机会计核算系统称之为总账系统。

## 4.1.2　总账系统的基本业务流程

总账系统是企业会计专门用来处理企业凭证、账簿的会计核算工具,其主要功能就是收集本系统或其他系统自动生成的会计凭证,经过审核后将凭证汇总记账,最后生成科目余额表或相应的会计账簿,所以总账系统的基本业务流程都是围绕账务处理进行的,其基本业务流程如图 4-1 所示。

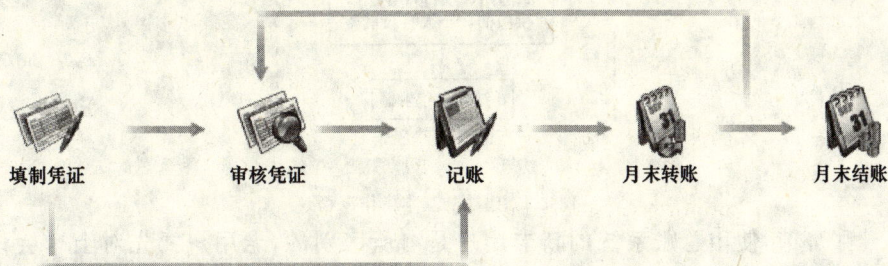

图 4-1　总账系统的基本业务流程

从图 4-1 中可以看出,单位的日常凭证处理主要包括填制凭证、审核凭证、记账,期末账务处理主要包括月末转账和结账工作。

总账系统的基本业务流程可用文字表述如下:

首先,由会计人员通过计算机填制记账凭证,总账系统还可以自动获取其他业务模块产生的机制凭证;

然后,由会计主管对有关凭证进行审核、签字,根据审核无误的凭证进行记账操作;

期末进行转账定义、转账生成、对账、结账等基本操作。

## 4.1.3　总账系统的基本功能模块

总账系统是"T3-用友通标准版"软件中的一个子系统,可与工资管理、固定资产、财务报表、财务分析等子系统协同运行,也可作为单独一个子系统独立运行。总账系统具有设置、凭证、期末、账簿四个功能模块,这四个功能模块的功能是:

1.设置模块:可以进行设置会计科目、凭证类别、常用摘要、明细账权限,录入期末余额等项操作;

2.凭证模块:可以进行凭证填制、凭证审核、出纳签字、科目汇总、记账、凭证查询与打印等基本操作,还可以进行设置常用凭证等提高工作效率的操作;

3.期末模块:可以进行转账定义、转账生成、对账、结账等基本操作;

4.账簿模块:可以进行账簿查询、打印,进行辅助账簿查询、打印。

## 4.1.4　总账系统的基本操作流程

总账系统的基本操作流程分为建账和会计核算业务处理两个基本环节,这两个环节的基本操作流程如图 4-2、图 4-3 所示。

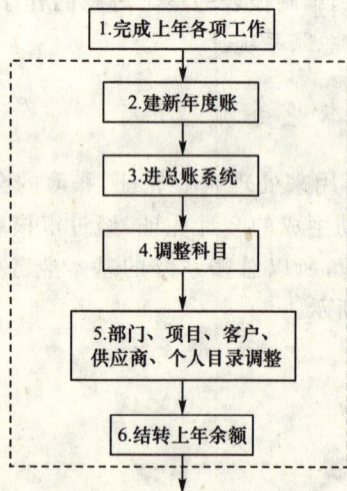

图 4-2　建账的基本操作流程

在建账环节,使用总账系统的新老用户是有所区别的,老用户要先对上个会计期间的财务进行结转,而会计科目和部门、个人、客户、供应商、项目等详细资料如没有变化或不需要修改就直接引入到下一期,如需修改则进行相应的调整再引入到下一期。新用户则是需要先启用总账系统,建立会计核算账套,然后进行包括会计科目、核算项目、凭证类别、外币种类、录入初始化数据等在内的建账过程,才能进行总账系统的操作。

但在会计核算业务处理环节,新老用户从制单、记账开始,两者的操作过程就完全一样了,也就是进入了总账的会计核算业务处理流程。

有关建账环节的操作,我们在第 3 章已作了介绍,本章将重点介绍总账系统的会计核算业务处理流程。

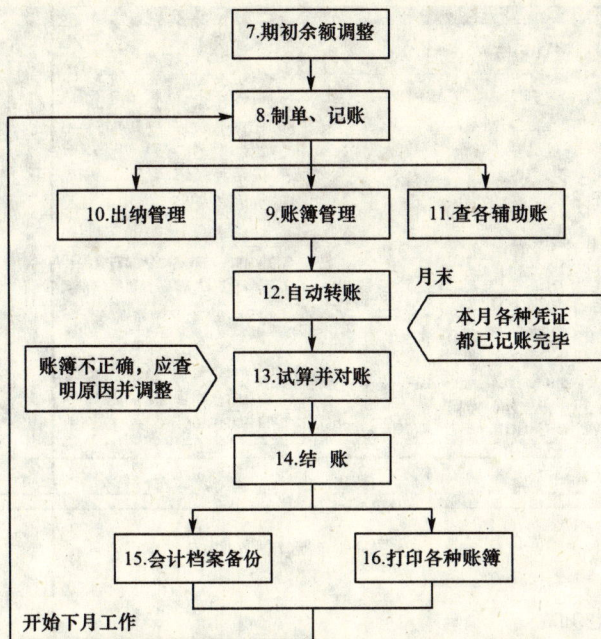

图 4-3　电算化会计核算业务处理操作流程

# 4.2　日常账务处理

在总账系统中进行日常账务处理,主要包括进行凭证填制、凭证审核、出纳签字、科目汇总、记账、凭证查询与打印等基本操作,还可以进行设置常用凭证等提高工作效率的操作。

考虑到电算化会计系统在建立新的账套后,由于具体情况需要或因企业业务变更,会发生一些账套信息与会计核算内容不符的情况,总账系统在期初进行日常账务处理之前,先要对日常账务处理的业务参数进行调整。

## 4.2.1　总账系统参数"选项"调整

总账系统在"设置模块"中设计了"选项"功能,通过此功能可进行"凭证""账簿""会计日历""其他"选项的调整和查看。

总账系统参数"选项"调整的操作方法与步骤是:

1. 以账套主管身份进入"总账系统"主界面,单击"设置"菜单下"选项"命令,系统弹出"选项"界面,如图 4-4 所示。

2. 在"选项"界面,单击"凭证""账簿""会计日历""其他"页签,即可对总账系统业务参数进行调整。其中"凭证"页签包括"制单控制""凭证控制""凭证编号方式"等选项,按图示界面进行选项调整,"账簿""会计日历""其他"采用系统默认方式,设置完毕,单击"确定"按钮,退回"总账系统"主界面。

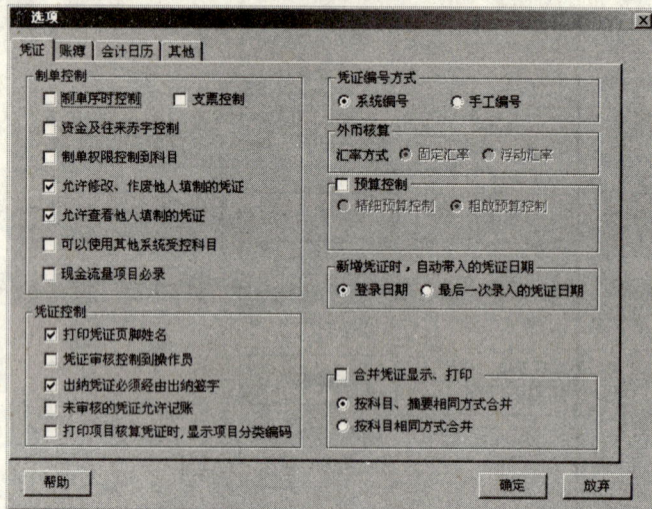

图 4-4　"选项"界面

## 4.2.2　填制凭证

记账凭证是登记账簿的依据,在实行会计电算化后,总账系统各类账簿的准确程度完全依赖于填制记账凭证。

为了确保填制记账凭证的准确完整,在实际工作中,我们可直接在计算机上根据审核无误准予报销的原始凭证填制记账凭证(即采用前台处理),也可以先由人工制单而后再集中填制会计凭证(即采用后台处理)。无论采用哪种方式都应根据企业会计核算的实际情况,一般来说,业务量不多或会计管理基础较好的用户可采用前台处理方式,而在第一年使用或仍处于人机并行阶段,则比较适合采用后台处理方式。

[例1]　2012 年 1 月 1 日,以中国银行存款(转账支票 201201001)支付本月广告费 10000 元。

借:销售费用-广告费　　　　　　　　　　　　　　　　　　　10000

　　贷:银行存款-中国银行存款　　　　　　　　　　　　　　　　10000

填制凭证的操作方法与步骤如下:

1. 以总账会计身份进入"总账系统"主界面,单击"填制凭证"功能图标,系统弹出"填制凭证"界面,如图 4-5 所示。

2. 在"填制凭证"界面,单击"增加"按钮,在"凭证类别"栏参照选择"付款凭证",确定后按[Enter]键,系统将自动生成凭证编号,并将光标定位在制单日期上。

3. 在"制单日期"处,系统自动取登录总账系统时的日期为记账凭证填制的日期,此处按参照输入"2012 年 1 月 1 日"。

4. 在"附单据数"处输入原始单据张数,输完后按[Enter]键。开始输入凭证的业务内容:每笔凭证业务分录内容由摘要、科目名称、发生金额组成:

(1)摘要:输入本笔分录的业务说明,此处输入"支付广告费";

(2)借方科目:科目必须输入末级科目。科目可以输入科目编码、中文科目名称、英文科目名称或助记码。输入科目时可在科目区中用鼠标单击或按[F2]键参照录入,此处

图4-5　"填制凭证"界面

选择"6601 销售费用"。

(3)辅助信息：根据科目属性输入相应的辅助信息。如部门、个人、项目、客户、供应商、数量、自定义项等。在这里录入的辅助信息为部门核算科目，则屏幕提示输入"部门"信息，可输入代码或部门名称，此处参照输入"销售部"。

(4)借方金额：即该笔分录的借方发生额，此处输入借方发生额"10000"。输完后按[Enter]键；系统自动增加另一行，在"摘要"栏自动取第一行的摘要内容"支付广告费"。

(5)贷方科目：科目必须输入末级科目。输入科目时可在科目区中用鼠标单击或按[F2]键参照录入，此处选择"100201 银行存款—中国银行存款"。由于此科目为银行科目，屏幕提示输入"结算方式"、"票号"及"发生日期"，如图4-6所示。

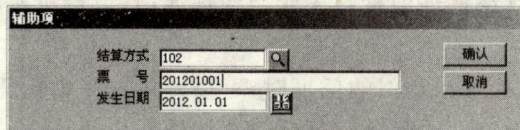

图4-6　"辅助项"填制界面

在"辅助项"填制界面，"结算方式"输入银行往来结算方式"转账支票"，"票号"应输入结算号或支票号，此处输入"201201001"，"发生日期"应输入该笔业务发生的日期"2012 年1月1日"。

(6)贷方金额：即该笔分录的贷方发生额，此处输入借方发生额"10000"。

5.当凭证全部录入完毕，按"保存"按钮或[F6]键保存这张凭证，如图4-7所示。

6.在"填制凭证"界面，按"放弃"按钮放弃当前增加的凭证。也可用鼠标单击"增加"按钮，继续填制下一张凭证。

当本月一批凭证填制完毕，用鼠标单击"退出"按钮退出"填制凭证"功能。

## 4.2.3　常用凭证的定义与生成

在日常填制凭证的过程中，我们经常遇到经济业务相类似或完全相同的凭证，为加

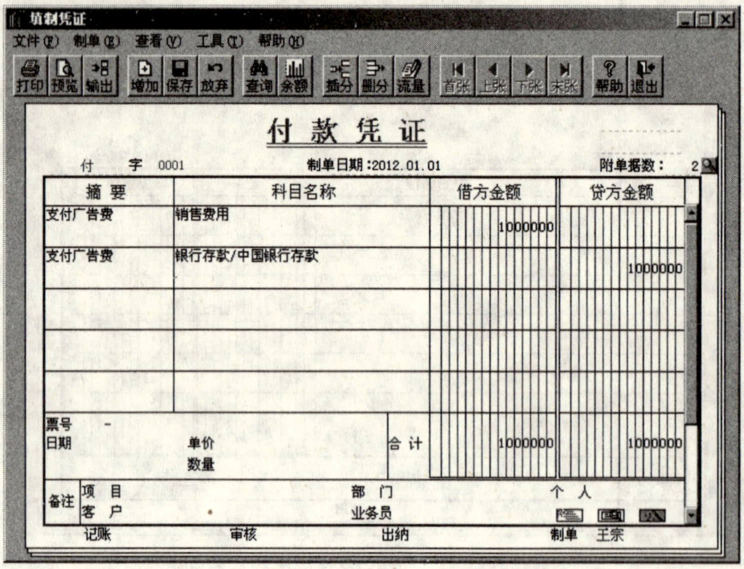

图 4-7 填制完毕的"付款凭证"界面

快此类凭证的录入速度,我们可以调用总账系统的"常用凭证"功能,定义和快速生成"常用凭证",以提高凭证处理的效率。

[例2] 以总账会计的身份,利用总账系统的"常用凭证"功能,生成"支付广告费"常用凭证。

常用凭证的定义、生成操作方法与步骤是:

1.以总账会计的身份,打开"填制凭证"界面,单击"制单"菜单下的"调用常用凭证"命令,系统弹出"常用凭证生成"提示界面,如图4-8所示。

2.在"常用凭证生成"提示界面,在"代号"栏输入"001",在"说明"栏输入"支付广告费",单击"确认"按钮,这张凭证即被存入常用凭证库中,以后可按所存代号调用这张常用凭证。

3.当我们再填制与这张相类似的凭证时,可以调用这张常用凭证,其操作方法与步骤是:在"填制凭证"界面,单击"制单"菜单下的"调用常用凭证"命令,系统弹出"调用常用凭证"提示界面,如图4-9所示。

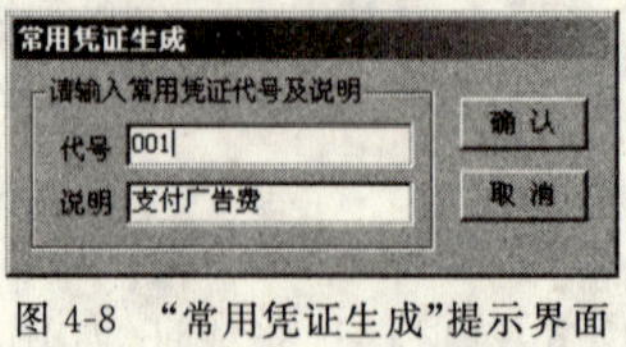

图 4-8 "常用凭证生成"提示界面 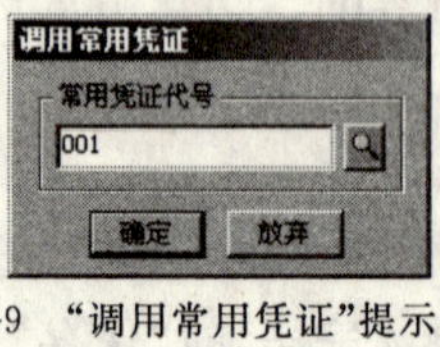     图 4-9 "调用常用凭证"提示界面

4.在"调用常用凭证"提示界面,在"常用凭证代号"栏输入"001",单击"确定"按钮。系统调出"支付广告费"的常用凭证,如图4-10所示。

5.根据凭证业务内容的不同,可修改其"制单日期""科目名称""借方金额""贷方金额"等内容,在此将借方科目由"销售费用"修改为"管理费用",修改完毕,单击"保存"按钮,即形成一张新填制的凭证。调用"常用凭证"功能可以大大加快填制凭证的速度。

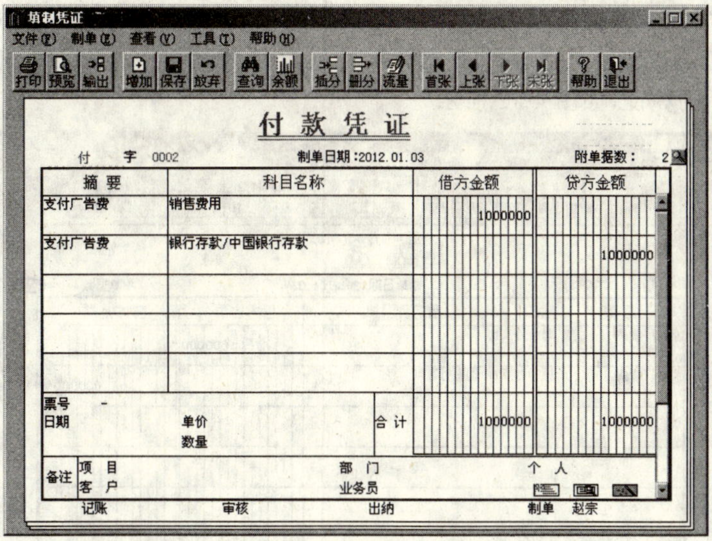

图 4-10　调用的常用凭证界面

## 4.2.4　凭证的修改、作废

当我们在填制凭证、审核凭证、记账的过程中,常常会因为填制凭证错误需要对凭证进行修改、作废、冲销处理。通常我们在填制凭证过程中发生局部错误,可采用修改凭证方式;在填制凭证过程中发生重大错误且没有汇总记账,可采用作废凭证方式;在填制凭证过程中发生重大错误且已汇总记账,可采用冲销凭证方式。

〔例3〕　以总账会计的身份,将"付0002"凭证中的借方科目由"管理费用"改为"营业外支出"。

### 1. 凭证修改的方法与步骤

在"填制凭证"界面,单击"上张"或"下张"按钮,找到所要修改的凭证,修改其中的错误,这种方法比较繁琐。

我们还可以通过"填制凭证"界面中"查看"菜单下的"查询"命令,打开"凭证查询"界面,录入查询条件,如图 4-11 所示。

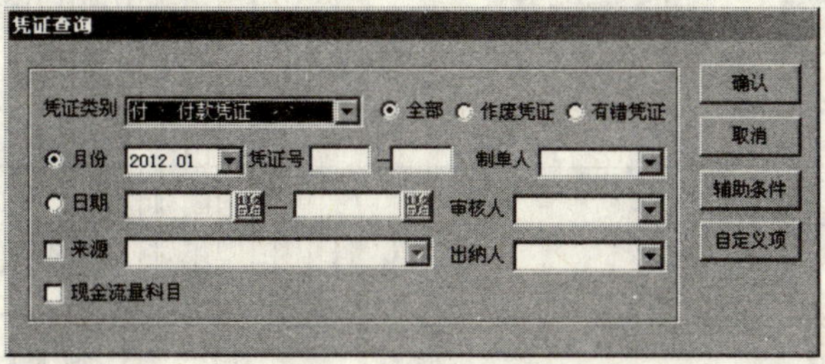

图 4-11　"凭证查询"界面

录入查询条件后,单击"确认"按钮,系统会列出所有符合条件的记录,双击需要修改的凭证,系统将该张凭证打开,即可执行修改操作,在此将借方科目由"管理费用"修改为"营业外支出"。

对于辅助项的修改,只需单击"填制凭证"界面下边的"备注"栏上就可以进行修改,将鼠标定位在要修改的辅助项上,双击即可打开"辅助项"填制界面进行修改。

单击"增加"按钮,就可以在当前光标定位的分录前新增一条分录。单击"保存"按钮,保存修改后的凭证,如图 4-12 所示。

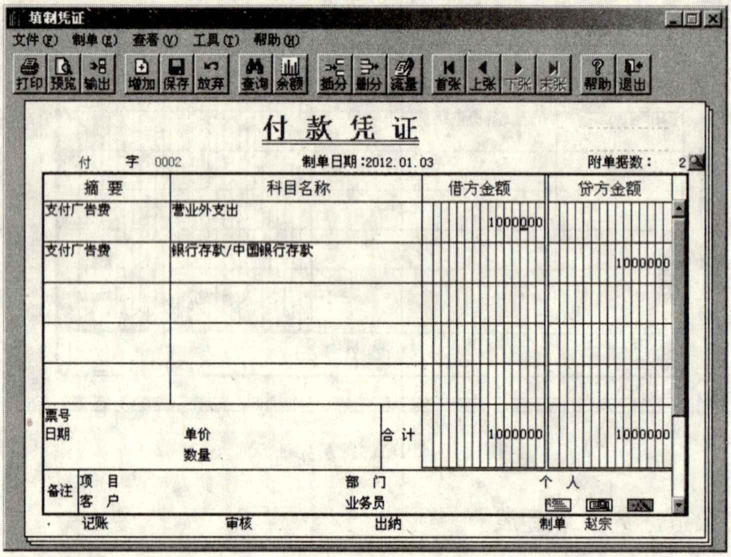

图 4-12　修改后的凭证

### 2.作废凭证的方法与步骤

在"填制凭证"界面,通过单击"首张""上张""下张""末张"按钮翻页查找或单击"查询"按钮输入查找条件,找到所要作废的凭证。单击"制单"菜单下的"作废/恢复"命令,凭证左上角显示"作废"字样,如图 4-13 所示,表示已将该凭证作废。

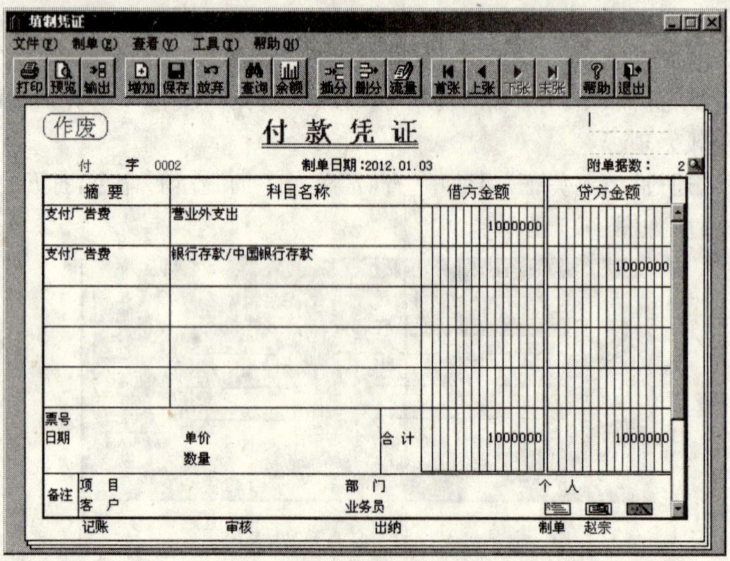

图 4-13　"作废凭证"界面

作废凭证仍保留凭证内容及凭证编号,只在凭证左上角显示"作废"字样。作废凭证不能修改,不能审核。在记账时,不对作废凭证作数据处理,仅相当于一张空凭证。对有些作废凭证不想保留,可以通过"凭证整理"功能将这些凭证彻底删除,并对未记账凭证重新编号。

## 4.2.5 指定会计科目

[例4] 以总账主管身份,将"1001库存现金"科目指定为"现金总账科目",将"1002银行存款"科目指定为"银行存款总账科目"。

指定会计科目的操作方法与步骤是:

1.以账套主管身份,在"T3-用友通标准版"主界面中,单击"基础设置"菜单下"财务"子菜单下"会计科目"命令,在"会计科目"界面,单击"编辑"菜单下的"指定科目"命令,系统弹出"指定科目"界面,在该界面选择"现金总账科目",选择"1001库存现金"作为"待选科目",单击">"按钮,将"1001库存现金"移到"已选科目"栏,单击"确认"按钮,操作结果如图4-14所示。

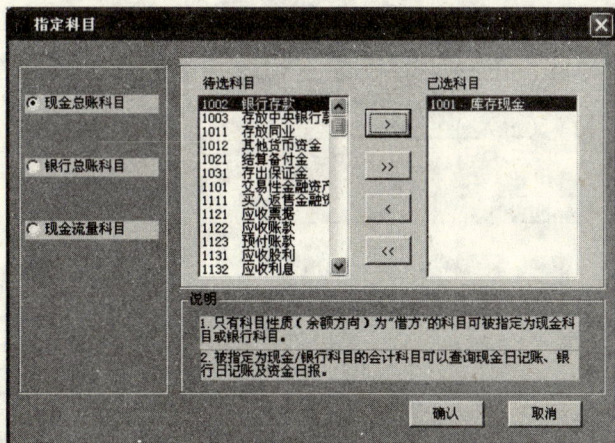

图4-14 指定现金总账科目界面

2.在"会计科目"界面,单击"编辑"菜单下的"指定科目"命令,系统弹出"指定科目"界面,在该界面选择"银行总账科目",选择"1002银行存款"作为"待选科目",单击">"按钮,将"1002银行存款"移到"已选科目"栏,单击"确认"按钮,操作结果如图4-15所示。

## 4.2.6 出纳签字

由于出纳凭证涉及企业库存现金和银行存款的收入与支出,为加强对出纳凭证(收款凭证和付款凭证)的管理,出纳人员可通过总账系统设置的"出纳签字"功能对制单员填制的带有"现金""银行存款"科目的凭证进行检查核对,主要核对出纳凭证的出纳科目的金额是否正确,审查认为错误或有异议的凭证,应交与填制员修改后再核对。

[例5] 黄海科技有限公司2012年1月1日,由出纳对出纳凭证签字。

出纳签字的操作方法与步骤是:

1.以出纳身份进入"T3-用友通标准版"主界面,单击"总账"菜单下"凭证"子菜单下的"出纳签字"命令,系统弹出"出纳签字"界面,如图4-16所示。

图 4-15 指定银行总账科目界面

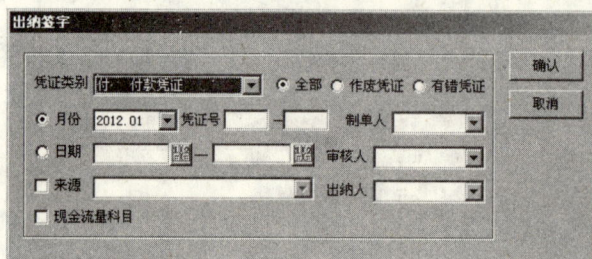

图 4-16 "出纳签字"界面

2.在"出纳签字"界面,确定出纳签字时间为"2012.01",单击"确认"按钮,系统弹出出纳签字汇总界面,如图 4-17 所示。

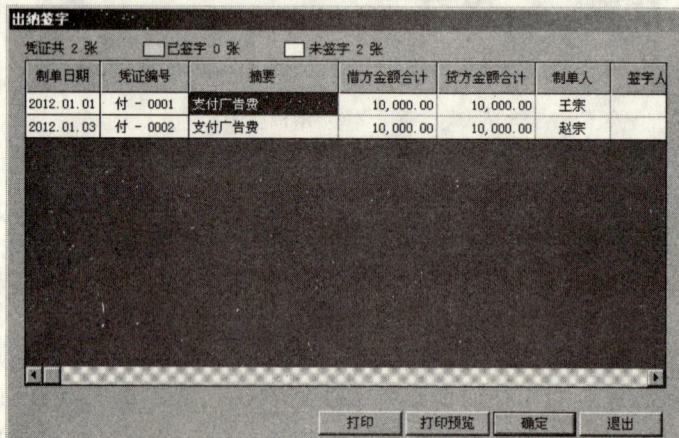

图 4-17 出纳签字汇总界面

3.在出纳签字汇总界面,选择所要签字的出纳凭证,单击"确定"按钮,系统弹出待出纳签字汇总的付款凭证界面。

4.在待出纳签字汇总的付款凭证界面,出纳在确认该张凭证正确后,单击"签字"按钮,系统自动在"出纳"处签上出纳姓名;如图 4-18 所示。若想对已签字的出纳凭证取消签字,可单击"取消"按钮取消签字。

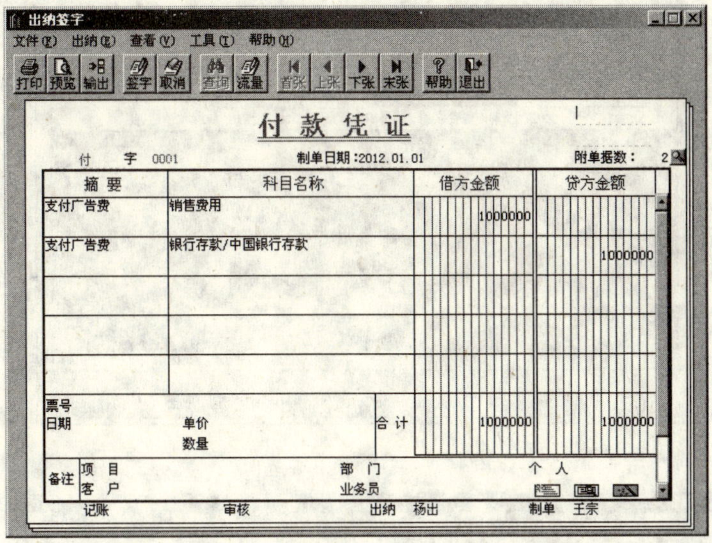

图 4-18 出纳已签字的付款凭证界面

## 4.2.7 审核凭证

审核凭证是企业审核员按照会计制度规定,对制单员填制的记账凭证进行检查核对,主要审核记账凭证是否与原始凭证相符,会计分录是否正确等。审核员认为错误或有异议的凭证,应交与制单员修改后,再审核,只有具有审核权的人才能使用本功能。

[例6] 黄海科技有限公司 2012 年 1 月 1 日,由总账会计对付款凭证审核签字。

审核凭证的操作方法与步骤是:

1. 以总账会计身份进入"总账系统"主界面,单击"审核凭证"功能图标,系统弹出"凭证审核"界面,如图 4-19 所示。

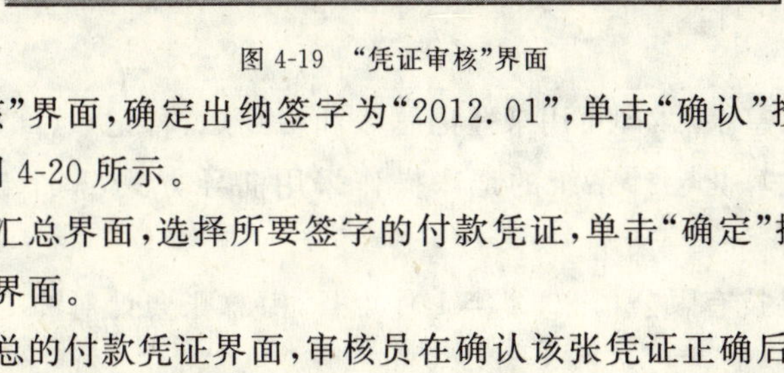

图 4-19 "凭证审核"界面

2. 在"凭证审核"界面,确定出纳签字为"2012.01",单击"确认"按钮,系统弹出凭证审核汇总界面,如图 4-20 所示。

3. 在凭证审核汇总界面,选择所要签字的付款凭证,单击"确定"按钮,系统弹出待审核汇总的付款凭证界面。

4. 在待审核汇总的付款凭证界面,审核员在确认该张凭证正确后,单击"签字"按钮,系统自动在"审核"处签上审核员姓名,如图 4-21 所示。若审核员发现该凭证有错误,可单击"标错"按钮,对凭证进行标错,以便制单员可以对其进行修改。

图 4-20　凭证审核汇总界面

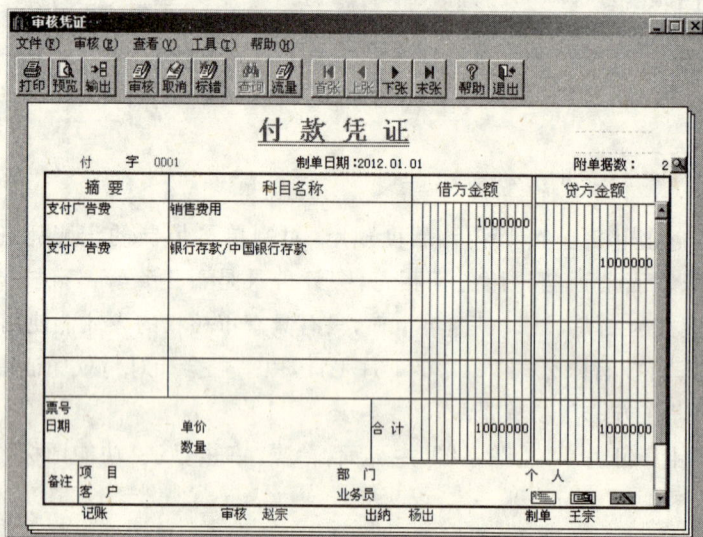

图 4-21　审核已签字的付款凭证界面

5.在审核的过程中,若想对已审核的凭证取消审核,可单击"取消"按钮取消审核。如果发现凭证有错,可单击"标错"按钮,对有错的凭证进行标错,以后再修改。如再次单击"标错"按钮,还可以取消该张凭证的标错。

## 4.2.8　记　账

记账凭证经审核签字后,即可用来登记总账和明细账、日记账、部门账、往来账、项目账以及备查账等。电算化会计系统的记账操作采用向导方式,整个记账过程实现了自动化。

[例 7]　黄海科技有限公司 2012 年 1 月 1 日,由总账会计对 2012 年 1 月份的会计凭证进行记账处理。

记账操作的方法与步骤是:

1.以总账会计身份,在总账系统单击"记账"功能图标,系统弹出记账向导 1—"选择本次记账范围"界面,如图 4-22 所示。

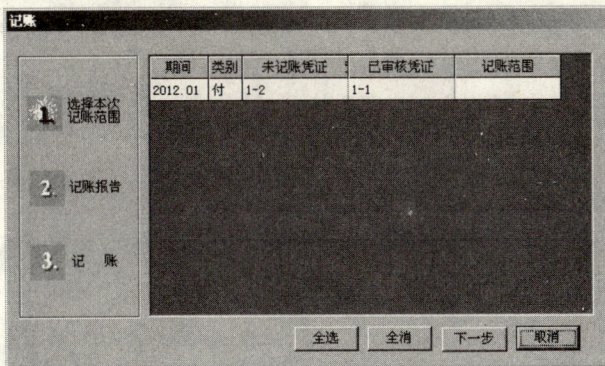

图 4-22 "选择本次记账范围"界面

2."选择本次记账范围"界面列出各期间的未记账凭证范围清单,并同时列出其中的空号与已审核凭证范围,单击"全选"按钮,再单击"下一步"按钮,系统弹出记账向导 2—"记账报告"界面,如图 4-23 所示。

图 4-23 "记账报告"界面

3.在"记账报告"界面,系统先对凭证进行合法性检查,核对无误后,单击"下一步"按钮,系统弹出记账向导 3—"记账"界面,单击"记账"按钮,系统开始登记有关的总账和明细账;登记完毕,系统弹出提示信息,如图 4-24 所示。

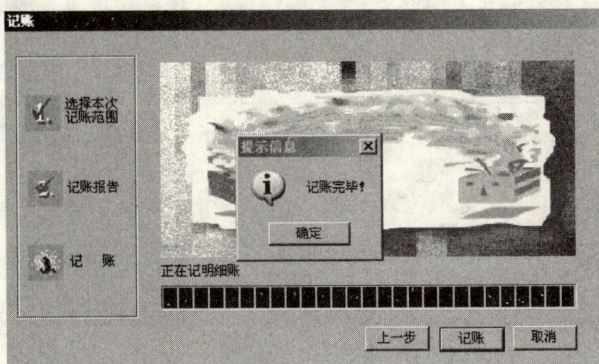

图 4-24 "记账"界面

4.在记账过程中一旦断电或其他原因造成中断后,系统将自动调用"恢复记账前状态"恢复数据,然后再重新记账。

5.在填制凭证过程中发生重大错误且已汇总记账,也可采用冲销凭证方式。

红字冲销凭证的操作方法与步骤是:

在"填制凭证"界面中,单击"制单"菜单下"冲销凭证"命令,系统弹出"冲销凭证"界面,如图 4-25 所示。

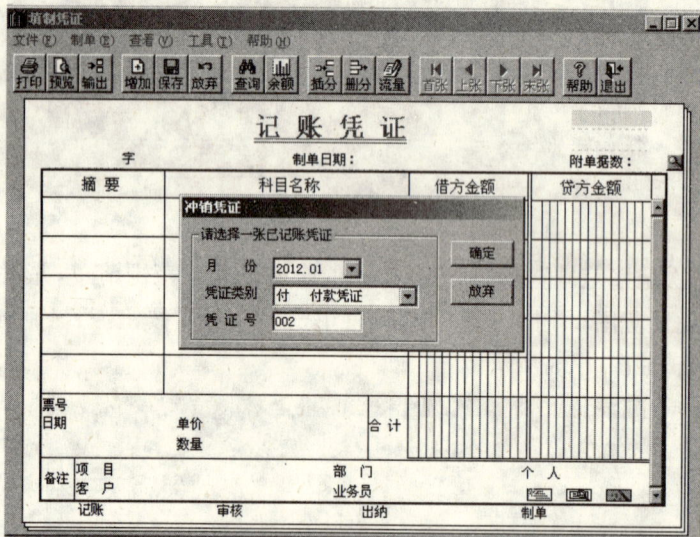

图 4-25 "冲销凭证"界面

在"冲销凭证"界面,根据系统提示录入已记账的凭证来冲销,在此录入月份"2012.01"、凭证类别"付 付款凭证"、凭证号"002"等定位条件。单击"确定"按钮,即可生成一张冲销凭证,如图 4-26 所示。

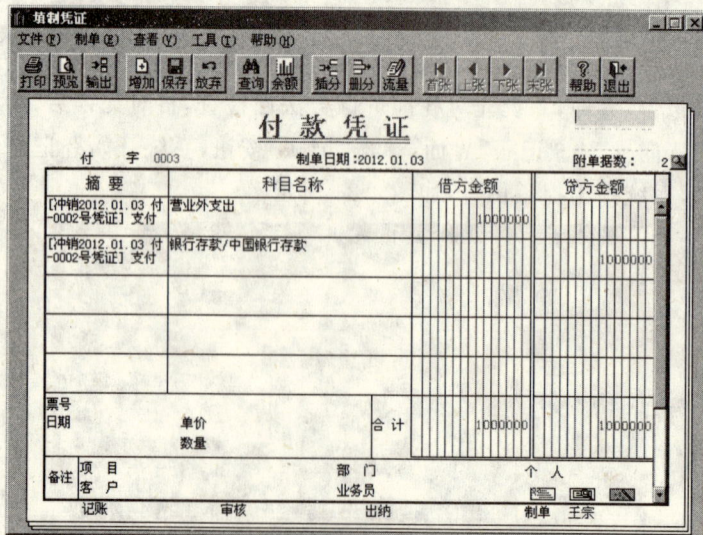

图 4-26 冲销凭证

"冲销凭证"界面实现将错误凭证冲销。通常冲销处理之后,还需要相关人员签字重新记账,并做一张正确的凭证来进行补充。这笔业务的操作方法与付款凭证的操作方法相似,也要经过填制凭证、出纳签字、凭证审核、记账等操作环节。

## 4.2.9　查询凭证与科目汇总

当我们已完成某一时段填制凭证、审核凭证并进行记账后,可启用"查询凭证"功能用于查询已记账及未记账凭证。

[例8]　黄海科技有限公司于2012年1月31日,由总账会计对2012年1月份的已记账会计凭证进行查询并生成已记账会计凭证科目汇总表。

查询凭证与科目汇总的操作方法与步骤是:

1.以总账会计身份登录总账系统,单击"总账"菜单下"凭证"子菜单下的"凭证查询"命令,进入"凭证查询"界面,如图4-27所示。

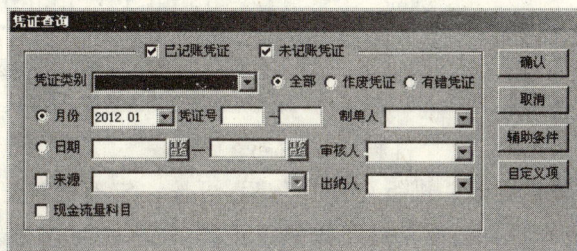

图4-27　"凭证查询"界面

2.在"凭证查询"界面,输入查询条件,如"已记账凭证""未记账凭证"(同时选中"已记账凭证"和"未记账凭证",查询所有的凭证)"凭证类别""凭证号""月份""日期"等,单击"确认"按钮,系统显示查询凭证一览表,如图4-28所示。

图4-28　查询凭证一览表界面

3.在查询凭证一览表界面,双击"付-0001"凭证,则屏幕显示此张凭证,如图4-29所示。

4.在"查询凭证"界面,单击"首张""上张""下张""末张"按钮翻页查找,或单击"查询"按钮按查询条件查找。

5.通过"查看"菜单下的"科目转换"命令查看科目编码和科目名称,用↑或↓键在分录中移动时,凭证下将显示当前分录的辅助信息。

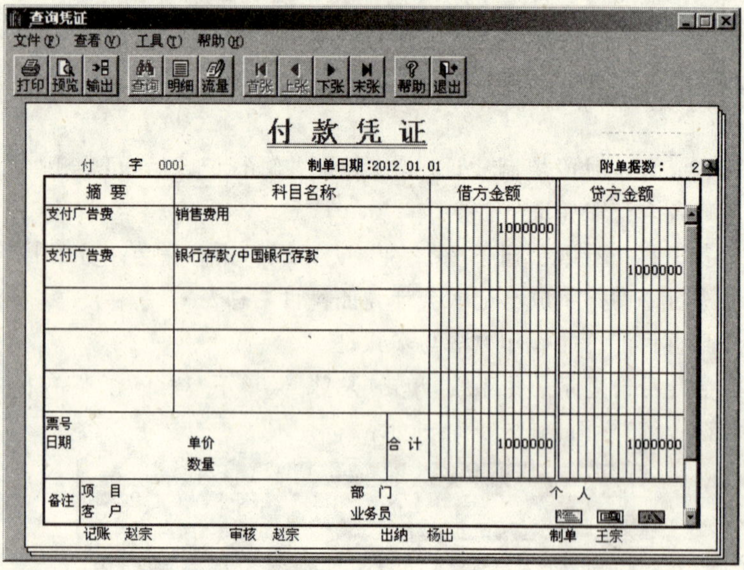

图 4-29　查询付款凭证界面

当我们填制、审核完凭证并进行记账操作后，可按一定条件对记账凭证进行汇总并生成一张科目汇总表。科目汇总条件可以是已记账凭证，也可以是未记账凭证，还可以是全部记账凭证。

［例 9］　黄海科技有限公司于 2012 年 1 月 31 日，由总账会计对 2012 年 1 月份的已记账会计凭证进行科目汇总并生成已记账会计凭证科目汇总表。

生成已记账会计凭证科目汇总表的操作方法与步骤是：

1. 以总账会计身份登录总账系统，单击"总账"菜单下"凭证"子菜单下的"科目汇总"命令，进入"科目汇总"界面，如图 4-30 所示。

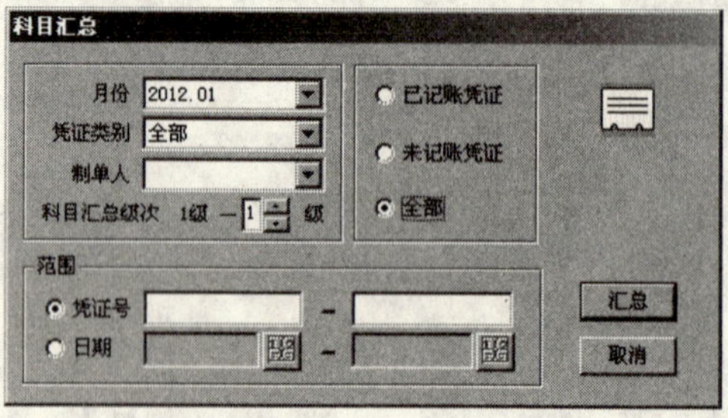

图 4-30　"科目汇总"界面

2. 在"科目汇总"界面，确定科目汇总条件如"月份"、"凭证类别"、"科目汇总级次"、"凭证号"、"日期"、凭证汇总范围（包括"未记账凭证"、"已记账凭证"、"全部"三种），输入科目汇总条件后，单击"汇总"按钮，系统显示"科目汇总表"界面，如图 4-31 所示。

3. 在"科目汇总表"界面，当光标在科目汇总表的某一科目行上时，单击"详细"按钮，则显示对应明细科目汇总表。

当我们填制、审核完凭证并进行记账操作后，可按一定条件对记账凭证进行汇总并生成一张科目汇总表，就基本上完成了日常账务处理工作。

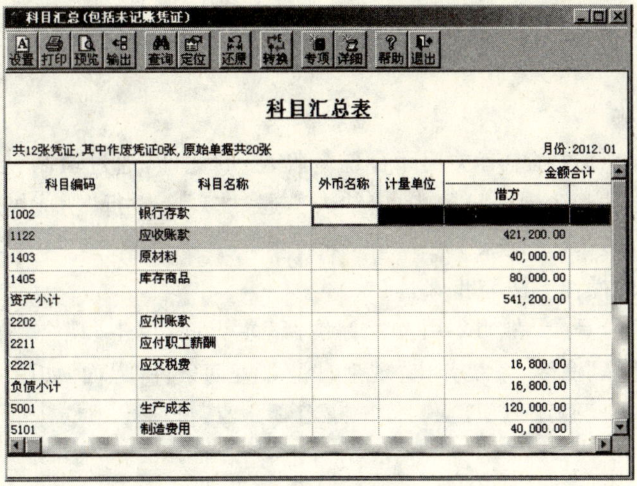

图 4-31　"科目汇总表"界面

# 4.2　出纳管理

## 4.2.1　出纳管理概述

由于货币资金(包括库存现金、银行存款、其他货币资金)管理的特殊性,为保障货币资金的安全,企业在会计核算中按内部控制的要求,实行钱、账分离的管理办法,设置出纳岗位,专门负责货币资金的管理工作。

单位在实现会计电算化后,和企业出纳岗位相对应,我们在电算化会计系统也设置了"现金银行"功能模块。"现金银行"是在电算化会计系统中出纳人员管理货币资金的一套专用工具。

"现金银行"功能模块主要进行两种专项管理工作:其一是管理现金日记账、银行日记账和资金日报表,其二是进行银行对账工作。

在日常会计核算过程中有关货币资金支付的收款、付款凭证,通过填制、出纳签字、审核、记账等环节,就能自动产生现金日记账、银行存款日记账和资金日报表;出纳人员通过"现金银行"功能模块的查询功能,就能快速查询到某日现金日记账、银行存款日记账和资金日报表的信息。

银行对账工作是企业出纳人员的最基本工作内容,由于企业之间的款项往来主要采用银行结算方式进行,要及时准确掌握银行存款的实际余额和企业实际可以动用的货币资金总额,就必须使用"银行对账"功能。"银行对账"工作主要包括录入银行对账期初余额、录入银行对账单、进行银行对账、编制银行对账余额调节表、勾对情况查询、核销银行账等,其主要业务处理流程如图 4-32 所示。

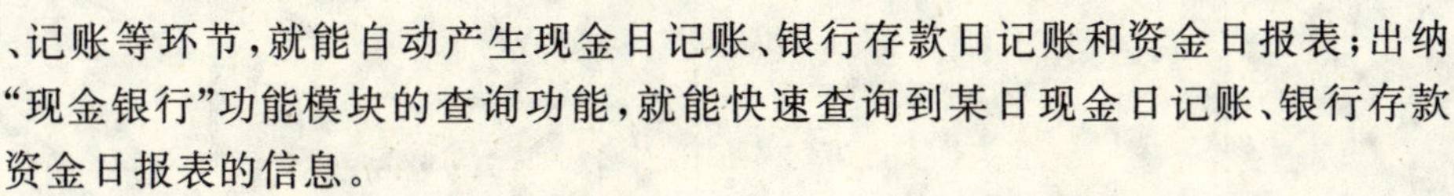

银行对账单录入　　银行对账　　余额调节表　　勾对情况查询　　核销银行账

图 4-32　银行对账的主要业务处理流程

## 4.2.2 现金日记账、银行日记账和资金日报表

**1. 现金日记账**

在日常会计核算过程中有关用库存现金收、支的凭证,通过填制、出纳签字、审核、记账等环节,就能自动产生现金日记账;出纳人员通过"现金银行"功能模块的查询功能,就能快速查询到某日现金日记账。

现金日记账的操作方法与步骤是:

(1)以出纳身份登录,在"T3-用友通标准版"主界面,单击"现金"菜单下"日记账"子菜单下"现金日记账"命令,系统弹出"现金日记账查询条件"界面,如图 4-33 所示。

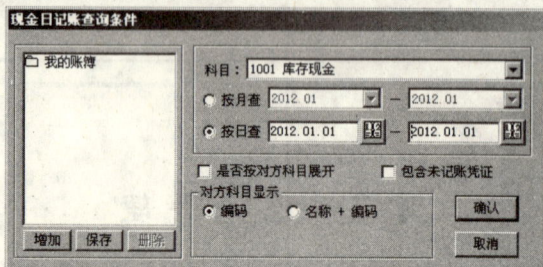

图 4-33 "现金日记账查询条件"界面

(2)在"现金日记账查询条件"界面,"科目"栏选择"1001 库存现金",然后选择查询方式,选择"按日查"方式,选择要查询的会计日期"2012.01.01";若查看包含未记账凭证的日记账,选择"包含未记账凭证"选项即可,输入查询条件后,单击"确认"按钮,系统弹出"现金日记账"查询结果界面,如图 4-34 所示。

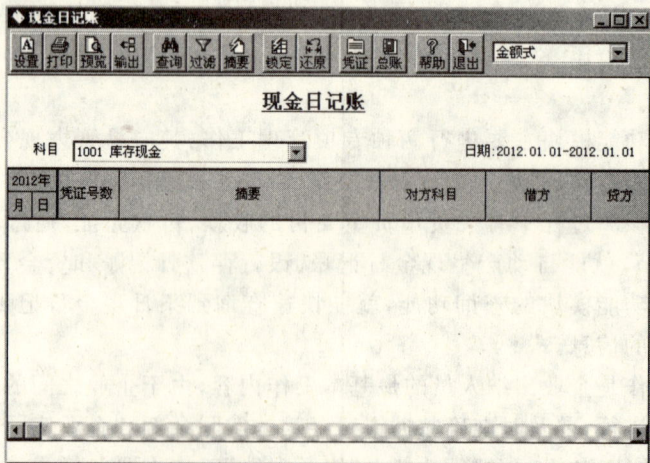

图 4-34 "现金日记账"查询结果界面

(3)在"现金日记账"查询结果界面,单击"账页格式"下拉列表框,选择需要查询的格式(此处选"金额式"),双击该行或单击"凭证"按钮,可查看相应的凭证。

**2. 银行日记账**

在日常会计核算过程中通过银行结算收、支的凭证,通过填制、出纳签字、审核、记账等环节,就能自动产生银行存款日记账;出纳人员通过"现金银行"功能模块的查询功能,

就能快速查询到某月某日的银行日记账。

银行日记账的操作方法与步骤是：

(1)以出纳身份登录,在"T3-用友通标准版"主界面,单击"现金"菜单下"日记账"子菜单下"银行日记账"命令,系统弹出"银行日记账查询条件"界面,如图4-35所示。

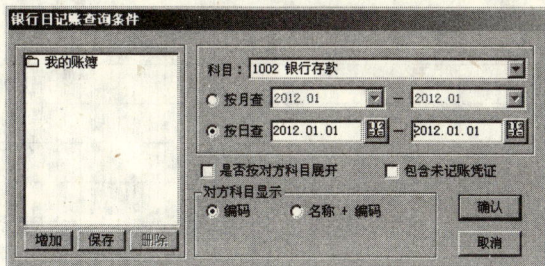

图4-35　"银行日记账查询条件"界面

(2)在"银行日记账查询条件"界面,"科目"选择"1002 银行存款",然后选择查询方式,选择"按日查"方式,选择要查询的会计日期"2012.01.01";若查看包含未记账凭证的日记账,选择"包含未记账凭证"选项即可,输入查询条件后,单击"确认"按钮,系统弹出"银行日记账"查询结果界面,如图4-36所示。

图4-36　"银行日记账"查询结果界面

(3)在"银行日记账"查询结果界面,单击"账页格式"下拉列表框,选择需要查询的格式(此处选"金额式"),如将鼠标移到"01 月 01 日"处,双击该行或单击"凭证"按钮,可查看相应的凭证,如图4-37所示。

**3. 资金日报表**

资金日报表主要用于查询输出现金、银行存款科目某日的发生额及余额情况。在手工会计核算方式下,资金日报表由出纳逐日填写,以反映当天营业终了时的现金、银行存款科目的发生额及余额情况,在电算化信息系统,由于资金日报表是由总账系统自动产生的,所以,资金日报表主要用于查询、输出或打印现金、银行存款科目当日的发生额及余额情况。

资金日报表的操作方法与步骤是：

图 4-37  通过银行日记账可查询相关银行付款凭证

（1）以出纳身份登录，在"T3-用友通标准版"主界面，单击"现金"菜单下"日记账"子菜单下"资金日报表"命令，系统弹出"资金日报表查询条件"界面，如图 4-38 所示。

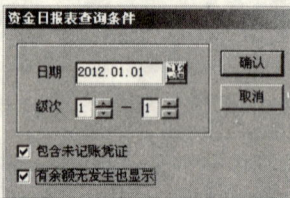

图 4-38  "资金日报表查询条件"界面

（2）在"资金日报表查询条件"界面，"日期"选择"2012.01.01"，科目"级次"选择"1级"，然后在"包含未记账凭证"前打上"√"标识，选择查询方式，输入查询条件后，单击"确认"按钮，系统弹出"资金日报表"查询结果界面，如图 4-39 所示。

图 4-39  "资金日报表"查询结果界面

（3）在"资金日报表"查询结果界面，单击"日报"按钮，可查询光标所在科目的日报单,如图 4-40 所示,单击"昨日"按钮可查看各现金、银行科目的昨日余额。

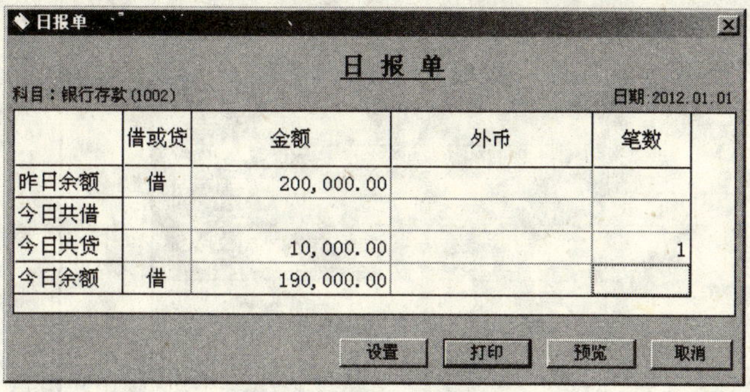

図 4-40  资金"日报单"界面

和现金日记账、银行日记账相比,资金日报表的功能更强大,反映的出纳业务信息量更大,能更加全面反映单位货币资金借方金额、贷方金额和余额及发生的业务量,单位在实现会计电算化后,资金日报表完全可以取代日记账的功能,但考虑手工会计核算条件下出纳人员的工作习惯,所以在电算化会计系统保留现金日记账、银行日记账。

## 4.2.3  银行对账

在电算化会计系统,银行对账通常采用自动对账与手工对账相结合的方式。

自动对账是电算化会计系统根据对账要求自动进行核对、勾销,对账要求根据需要选择,"方向、金额相同"是必选条件,其他可选条件为"票号相同""结算方式相同""日期在若干天之内"。对于已核对上的银行业务,系统将自动在银行日记账和银行对账单标上两清标志,并视为已达账项,对于在两清栏未写上两清符号的记录,系统则视其为未达账项。

由于自动对账是以银行日记账和银行对账单双方对账依据完全相同为条件,所以为了保证自动对账的准确,我们必须保证对账数据的规范合理性,例如,银行日记账和银行对账单的票号要统一位长,如果对账双方不能统一规范,各自为政,则电算化会计系统就无法识别。

手工对账是对自动对账的补充,当我们经过自动对账后,仍有可能存在一些特殊的已达账项没有核对出来,而被视为未达账项,为了保证对账更彻底正确,我们只能通过手工挑选相应的业务,进行强制核销。

### 1. 银行对账期初录入

为了保证银行对账的正确性,在使用"银行对账"功能进行对账之前,必须先将单位银行日记账、银行对账单未达账项录入系统中。当我们首次使用"银行对账"功能模块时,要录入银行对账期初余额,此项操作称之为"银行对账期初"。

[例10]  黄海科技有限公司 2011 年 12 月 31 日,企业银行日记账余额为 200000 元,银行对账期初余额为 190000 元,有"企业已收银行未收"的未达账(2011 年 12 月 31 日)10000 元。

录入银行日记账、对账单未达账项的操作方法与步骤是:

（1）以出纳身份登录，在"T3-用友通标准版"主界面，单击"现金"菜单下"设置"子菜单下"银行对账期初录入"命令，系统弹出"银行科目选择"界面，如图4-41所示。

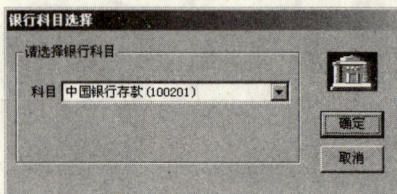

图4-41　"银行科目选择"界面

选择需要录入银行对账期初数据的科目，此处选"中国银行存款（100201）"，单击"确定"按钮，系统弹出该科目的"银行对账期初"界面，如图4-42所示。

图4-42　"银行对账期初"界面

（2）在"银行对账期初"界面，左边是单位日记账，右边是银行对账单。在单位日记账中输入"调整前余额"为"200000"，在"银行对账单"中输入"调整前余额"为"190000"。

（3）在"银行对账期初"界面，单击"日记账期初未达项"按钮进入"日记账期初未达项"录入界面（单击"对账单期初未达项"也可进入"对账单期初未达项"录入界面），如图4-43所示。

图4-43　"日记账期初未达项"录入界面

（4）在"日记账期初未达项"录入界面，单击"增加"按钮，输入记录（日期为"2011.12.31"，借方金额为"10000"），记录录入完毕，单击"保存"按钮以保存新增数据。系统将根据调整前余额及期初未达项自动计算出银行对账单与单位日记账的调整后余额。如图4-44所示。

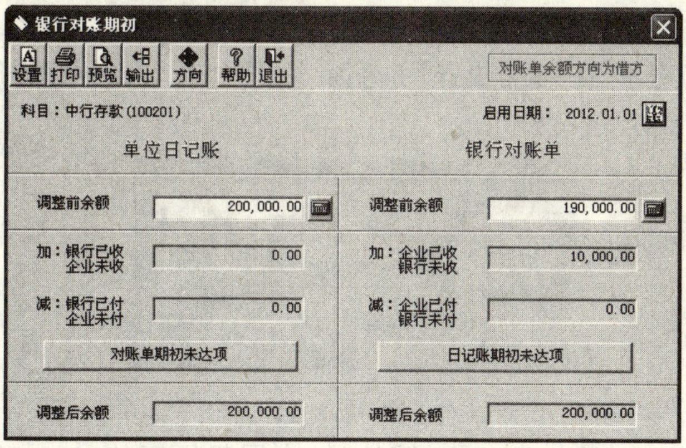

图4-44 "银行对账期初"的操作结果界面

从图4-44上我们可以看到:黄海科技有限公司在启用"银行对账"功能模块前,"单位日记账"、"银行对账单"调整后的余额均为"200000元"。

**2. 录入银行对账单**

(1)以出纳身份登录,在"现金银行"主界面,单击"银行对账单录入"功能图标,系统弹出"银行科目选择"界面,如图4-45所示。

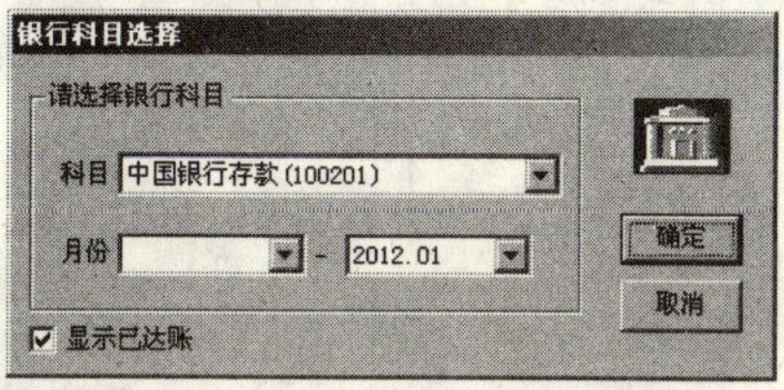

图4-45 "银行科目选择"界面

(2)在"银行科目选择"界面,"科目"选择"中国银行存款(100201)","月份"选择"2012.01",然后单击"确定"按钮,系统弹出该科目的"银行对账单"界面,在该界面单击"增加"按钮,可增加一笔银行对账单,录入银行对账单后,当录下一条记录时,自动将上一条记录的日期携带下来,并处于输入状态。如图4-46所示。

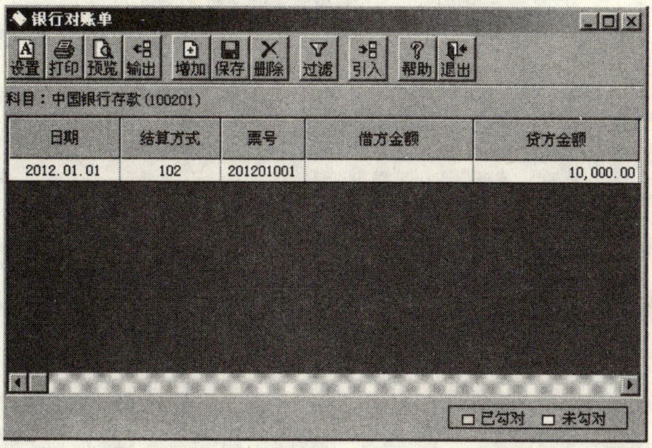

图4-46 "银行对账单"界面

单击"删除"按钮可删除一笔银行对账单,单击"过滤"按钮可按条件过滤对账单供查询。

### 3. 银行对账

(1)以出纳身份登录,在"现金银行"主界面,单击"银行对账"功能图标,系统弹出"银行科目选择"界面,如图 4-47 所示。

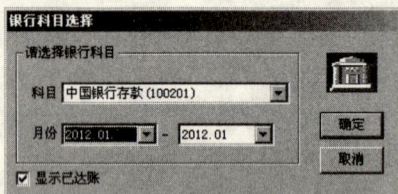

图 4-47 "银行科目选择"界面

(2)在"银行科目选择"界面,"科目"选择"中国银行存款(100201)","月份"选择"2012.01",然后单击"确定"按钮,系统弹出该科目的"银行对账"界面,如图 4-48 所示。

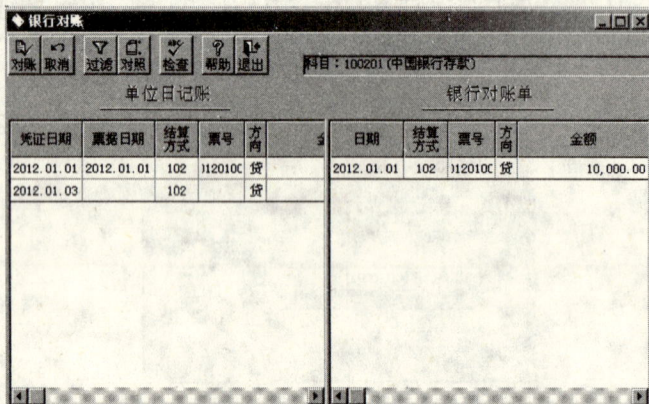

图 4-48 "银行对账"界面

(3)在"银行对账"界面,单击"对账"按钮,系统弹出"自动对账"界面,如图 4-49 所示。

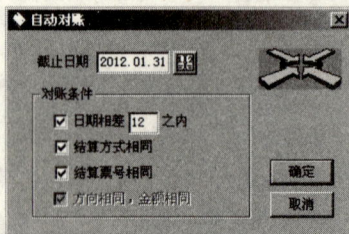

图 4-49 "自动对账"界面

(4)在"自动对账"界面,在"截止日期"栏填入对账的截止日期为"2012.01.31",选择对账条件,确认日期相差的天数为"12",选择"结算方式相同""结算票号相同",最后单击"确定"按钮,系统就会显示自动对账结果界面,如图 4-50 所示。

(5)在自动对账结果界面,对于已达账,系统会在单位日记账和银行对账单双方的"两清"栏上标上绿色标志,对于一些无法自动勾销的账项,我们可以利用手工对账功能进行勾销。分别在"两清"栏双击,打上红勾,进行手工调整。

图 4-50 自动对账结果界面

(6)对账完毕,单击"对照"按钮,界面显示的是该笔凭证在"单位日记账"和"银行对账单"核对结果。

(7)对账完毕,单击"检查"按钮,检查平衡结果,弹出"对账平衡检查"界面,如图 4-51 所示。检查完毕,单击"确认"按钮,对账完毕。

图 4-51 "对账平衡检查"界面

**4.余额调节表**

对账完毕,系统会自动更新银行存款余额调节表,此表是指先前输入截止到对账日期的余额调节表,若无对账截止日期,则为最新余额调节表。

余额调节表的操作方法与步骤是:

(1)以出纳身份登录,在"现金银行"主界面,单击"余额调节表"功能图标,系统弹出"银行存款余额调节表"界面,如图 4-52 所示。

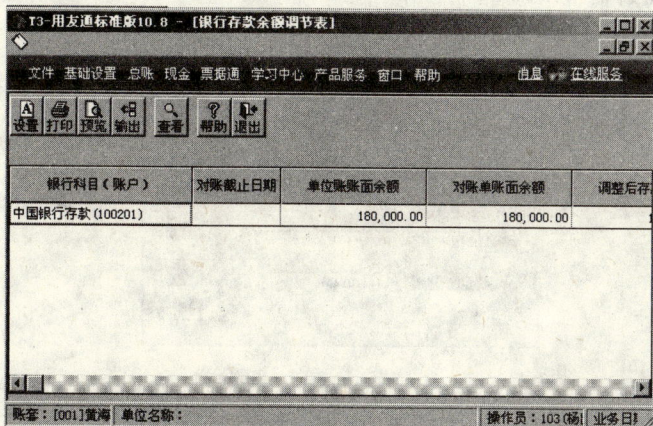

图 4-52 "银行存款余额调节表"界面

（2）在"银行存款余额调节表"界面，单击"查看"按钮，则可查看该银行账户的银行存款余额调节表，如图 4-53 所示。

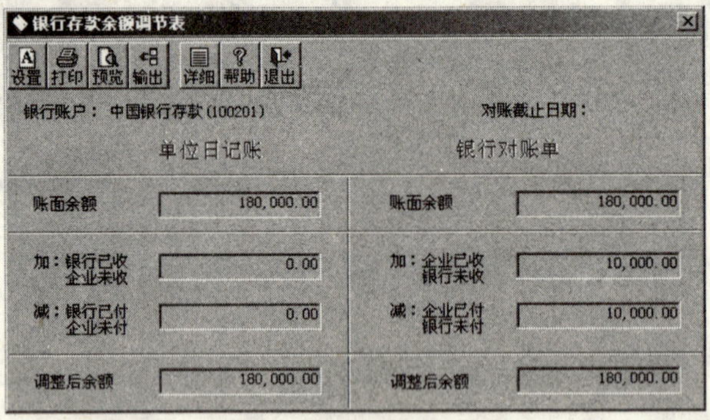

图 4-53　银行存款余额调节表

（3）在银行存款余额调节表中，单击"详细"按钮，显示当前光标所在行的详细情况，如图 4-54 所示。

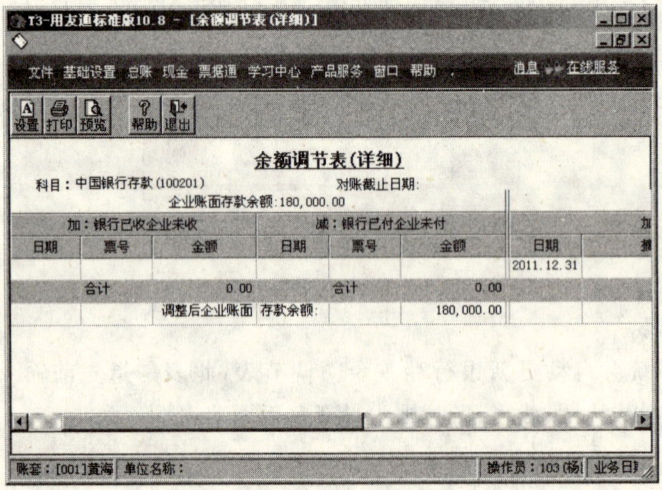

图 4-54　银行存款余额调节表（详细）

### 5. 查询银行勾对情况

查询银行勾对情况的操作方法与步骤是：

（1）以出纳身份登录，在"现金银行"主界面，单击"勾对情况查询"功能图标，系统弹出"银行科目选择"界面，如图 4-55 所示。

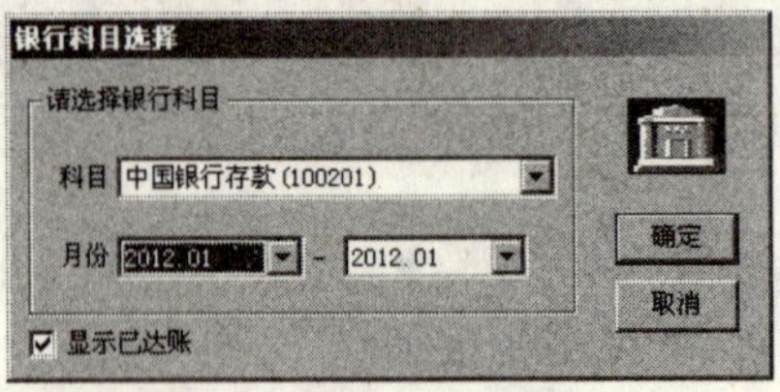

图 4-55　"银行科目选择"界面

（2）在"银行科目选择"界面，"科目"选择"中国银行存款（100201）"，"月份"选择"2012.01"，然后单击"确定"按钮，系统弹出"查询银行勾对情况"界面，如图 4-56 所示。

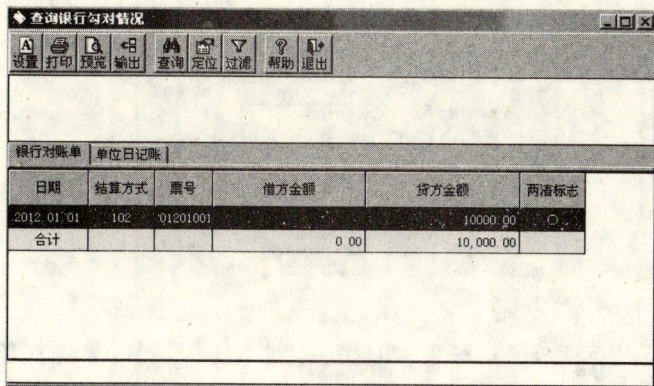

图 4-56　"查询银行勾对情况"界面

（3）在"查询银行勾对情况"界面，有两个页签，即"银行对账单"（当前显示的界面）和"单位日记账"，单击"单位日记账"页签，则可切换显示对账情况，如图 4-57 所示。

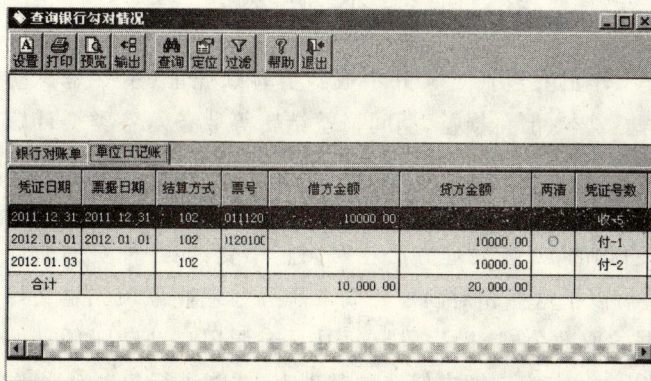

图 4-57　"单位日记账"页签显示对账情况

**6. 核销银行账**

对于那些已经正确对账的银行日记账数据，则属于已达账项数据，就无需再保留了，可通过"核销银行账"功能加以核销。

核销银行账的操作方法与步骤是：

（1）以出纳身份登录，在"现金银行"主界面，单击"核销银行账"功能图标，系统弹出"核销银行账"界面，选择需要核销的银行科目，然后单击"确定"按钮，系统出现核销银行账提示界面，如图 4-58 所示。

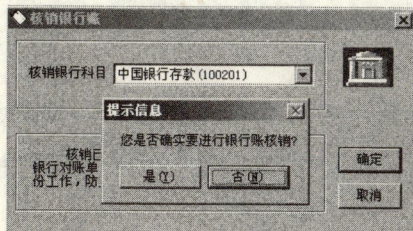

图 4-58　核销银行账提示界面

（2）在核销银行账提示界面，单击"是（Y）"按钮，系统弹出"银行账核销完毕"提示界面,如图 4-59 所示。

图 4-59　"银行账核销完毕"提示界面

应该说明的是,核销后,已达账项一旦消失,就不能再恢复,最好在核销前做好备份工作,以免误操作,但是核销不影响银行日记账的查询和打印工作。

至此,出纳系统的操作就基本完成了。

# 4.3　期末账务处理

期末账务处理工作主要包括定义并生成各类转账凭证(主要是自动完成月末分摊、计提、对应转账、销售成本、汇兑损益、期间损益结转等业务),各类会计账户的试算平衡、对账、结账等项工作。

定义并生成各类转账凭证是期末账务处理的关键,因为企业期末账务处理的业务有许多是重复性、程序化的,并且处理方法相对固定不变,如各种费用的计提、分摊方法与结转方式等。我们可以把这些相对固定的期末账务处理业务预先定义好凭证框架,并为其定义好账务数据的取数公式,以后只要每月月末调用自动转账凭证的编号,即可由计算机自动生成转账公式,在完成期末转账的基础上,才能进行各项对账、结账业务操作。

总账系统设置的自定义转账功能,主要针对"费用分配""费用分摊""税金计算""提取各项费用""部门核算""项目核算""个人核算""客户核算""供应商核算"等转账业务设置,自定义转账凭证的种类主要有:

• 自定义结转:主要完成费用分配、费用分摊、税金计算、提取各项费用、部门核算、项目核算、个人核算、客户核算、供应商核算的结转。

• 对应结转:可进行两个科目一对一结转,还可进行科目一对多结转,对应结转的科目可为上级科目,但其下级科目的科目结构必须一致(相同明细科目),如有辅助核算,则两个科目的辅助账类也必须一一对应,该结转功能只结转期末余额。

• 全月平均法销售成本结转:将月末库存商品销售数量乘以库存商品的平均单价计算各类商品销售成本并进行结转。

• 商品售价销售成本结转:提供按售价结转销售成本或调整月末成本。

• 汇兑损益结转:用于期末自动计算外币账户的汇总损益,并在转账生成中自动生成汇总损益转账凭证。

• 期间损益结转:用于在一个会计期间终了时将损益类科目的余额结转到本年利润科目中,从而及时反映企业利润的盈亏情况。主要是对于管理费用、销售费用、财务费用、销售收入、营业外收支等科目的结转。

## 4.3.1　自定义结转

自定义结转是一种最为常见的自定义转账凭证的类别,自定义结转完成费用分配、费用分摊、税金计算、提取各项费用、部门核算、项目核算、个人核算、客户核算、供应商核算的结转。

[例11]　黄海科技有限公司于2012年1月31日,由总账会计对2012年1月份发生的"应交税费－应交增值税－销项税额"贷方发生额与"应交税费－应交增值税－进项税额"借方发生额的差额作为"应交税费－应交增值税－转出未交增值税"(科目编码为22210103)科目的发生额,转入"应交税费－未交增值税"。

增值税转账的会计分录:

借:应交税费－应交增值税－转出未交增值税(科目编码为22210103)

　贷:应交税费－未交增值税(科目编码为222103)

1.以总账会计身份登录系统,单击"总账系统"主界面下的"总账"菜单下"期末"子菜单下"转账定义"命令,再选择其下级菜单中的"自定义转账",系统显示"自动转账设置"界面,如图4-60所示。

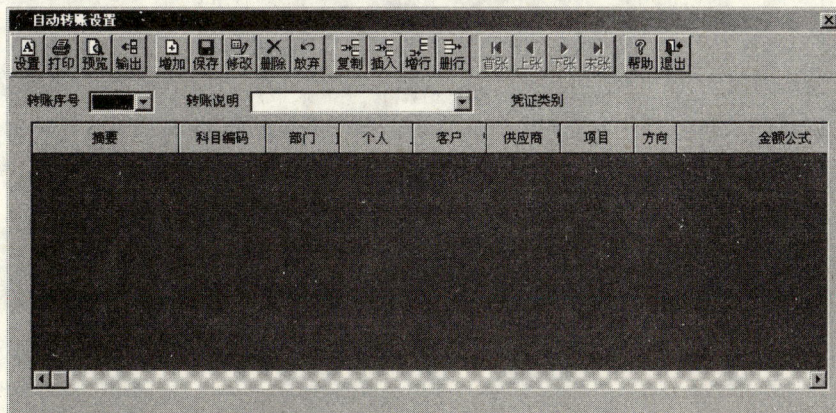

图4-60　"自动转账设置"界面

2.在"自动转账设置"界面,单击"增加"按钮,可定义一张转账凭证,系统弹出"转账目录"界面,如图4-61所示。

图4-61　"转账目录"界面

3.在"转账目录"界面,输入"转账序号""转账说明""凭证类别"等转账信息,单击"确定"按钮,弹出"自动转账设置"界面,如图4-62所示。

4.在"自动转账设置"界面,输入"摘要""科目编码""部门""项目""个人""客户""供应商""方向"等转账信息,设置转账函数公式,或参照录入计算公式向导,如图4-63所示。

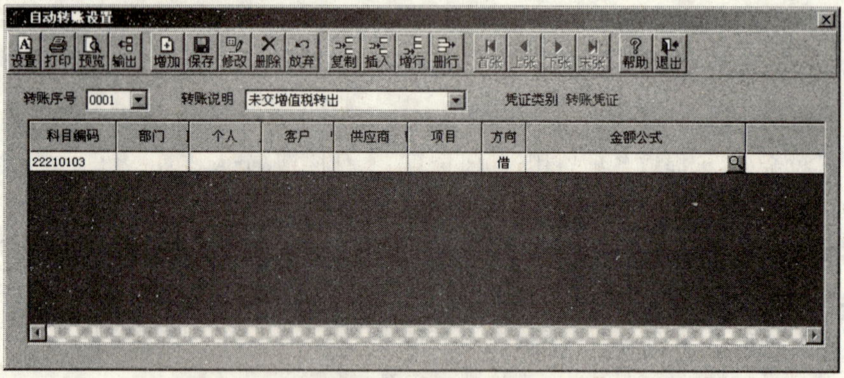

图 4-62 "自动转账设置"界面

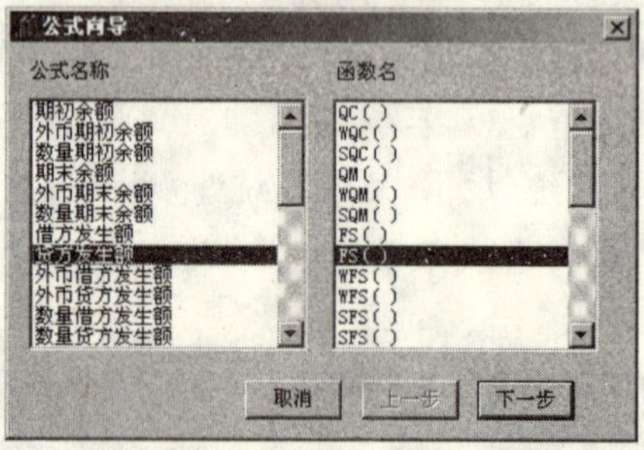

图 4-63 转账函数公式向导界面

在转账函数公式向导界面,选择公式名称和函数名(贷方发生额 FS()),选择完毕,单击"下一步"按钮,系统弹出转账函数公式设置界面,如图 4-64 所示。

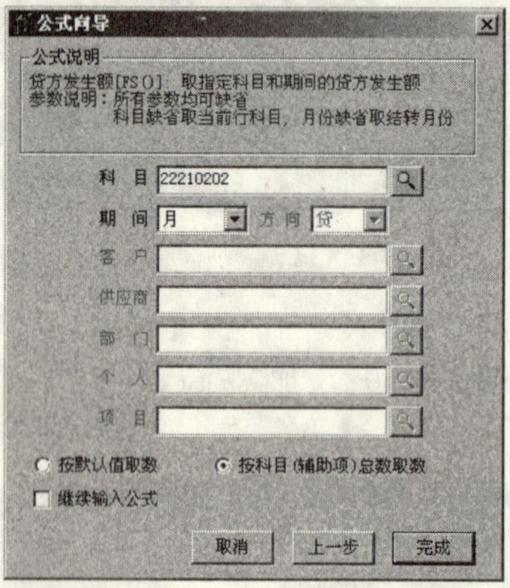

图 4-64 转账函数公式设置界面

5.在转账函数公式设置界面,输入"科目""期间"等公式设置要素,或者直接输入转账函数公式(转出未交增值税=销项税额-进项税额),公式设置完毕,单击"完成"按钮,返回"自动转账设置"界面。公式设置完毕,单击"完成"按钮,返回"自动转账设置"界面。单击"插入"按钮,可从中间插入一行。自动转账设置的结果界面,如图 4-65 所示。

对应结转设置、销售成本结转设置、汇兑损益结转设置的操作方法与自定义结转设置的操作方法基本相同,可参照设置。

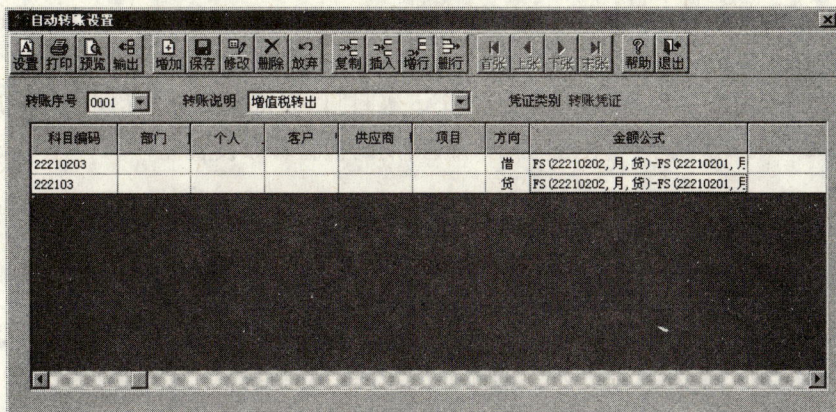

图 4-65 自动转账设置的结果界面

## 4.3.2 期间损益结转

期间损益结转是期末会计核算过程最常用的自定义转账设置类别,主要用于在一个会计期间终了时将损益类科目(如管理费用、销售费用、财务费用、销售收入、营业外收支等)的余额结转到本年利润科目中,从而及时反映企业利润的盈亏情况。

[例12] 黄海科技有限公司于 2012 年 1 月 31 日,由总账会计等将 2012 年 1 月份发生的损益类科目发生额转入"本年利润"科目中。

期间损益转账的会计分录:

借:本年利润(科目编码为 4103)

　　贷:支出类损益科目

借:收入类损益科目

　　贷:本年利润(科目编码为 4103)

期间损益结转设置的操作方法与步骤是:

1.以总账会计身份登录系统,单击"总账系统"主界面中的"总账"菜单下"期末"子菜单下"转账定义"命令,再选择其下的"期间损益",系统显示"期间损益转账设置"界面,如图 4-66 所示。

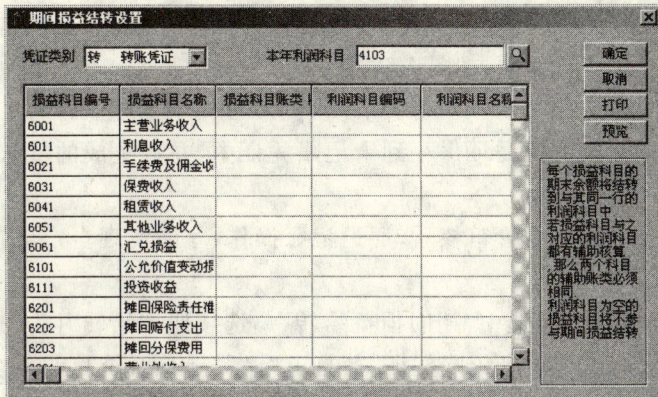

图 4-66 "期间损益转账设置"界面

2.在"期间损益转账设置"界面,确定"凭证类别"为"转账凭证","本年利润科目"为"4103",表格上方的"本年利润科目"是本年利润的入账科目,可参照录入"4103科目代码"。如果企业的本年利润科目又分为多个下级科目,则可在下面表格中录入,并与相应的损益科目对应,录入完毕,单击"确定"按钮,期间损益转账设置完毕。

### 4.3.3 生成转账凭证

企业根据自身的实际情况,在定义完转账凭证后,在每个月的月末只需执行"转账生成"功能即可快速生成转账凭证,在此生成的转账凭证将自动追加到未记账凭证中。但在生成转账凭证时要注意业务发生的先后次序,否则在计算金额时会发生错误,尤其是相关自动转账的分录。

生成转账凭证的操作方法与步骤是:

1.以总账会计身份登录系统,在"总账系统"界面,单击"期末转账"功能图标,系统弹出"转账生成"界面,如图4-67所示。

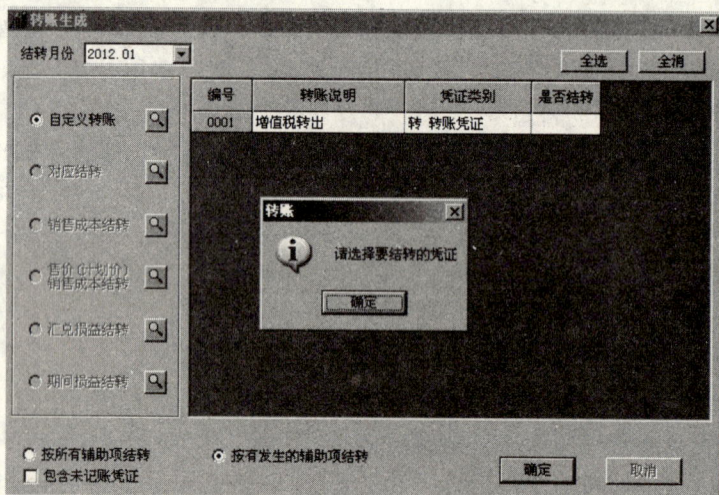

图4-67 "转账生成"界面

2.在"转账生成"界面,选中"自定义转账"单选按钮,选中要生成凭证的自定义转账分录,选中的自定义转账分录后边的"是否结转"文本框中出现"Y",单击"确定"按钮,即可弹出生成转账凭证提示界面,如图4-68所示。

3.由于本期发生有关增值税业务,则系统自动生成转账凭证,单击工具栏上的"保存"按钮,系统自动将当前的凭证保存到未记账凭证中,并在生成的转账凭证上打上"已生成"红字标志,如图4-69所示。

"已生成"凭证经会计主管审核后,通过记账操作,才能实现自定义转账科目余额的转账。

4.在"转账生成"界面,选中"期间损益结转"单选按钮,"结转月份"选择"2012.01","类型"选择"全部",在"包含未记账凭证"前打上"√"标识,系统将调入全部期间损益转账科目,如图4-70所示。

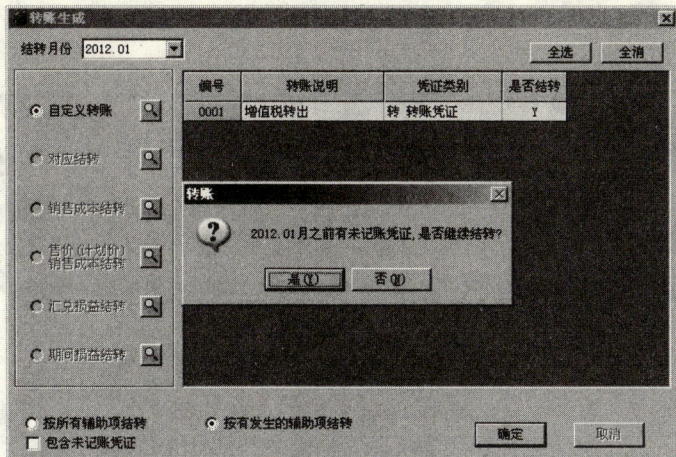

图 4-68　生成转账凭证提示界面

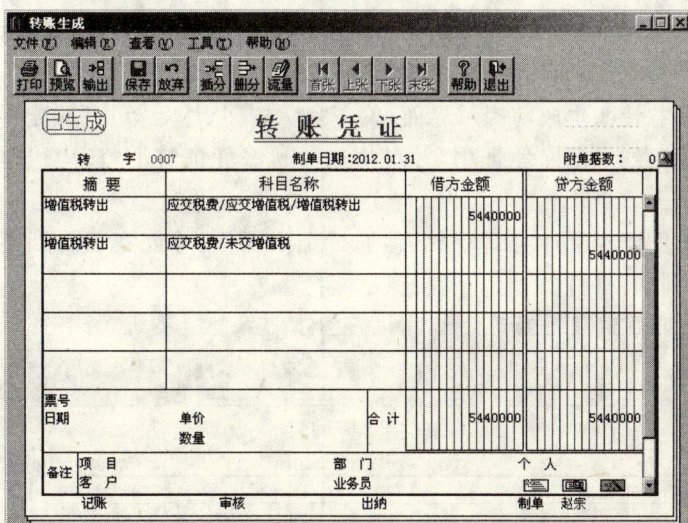

图 4-69　生成自定义结转转账凭证界面

图 4-70　调入全部期间损益转账科目

选好期间损益转账科目,单击"确定"按钮,系统提示"2012.01 月之前有未记账凭证,是否继续结转?",如图 4-71 所示。

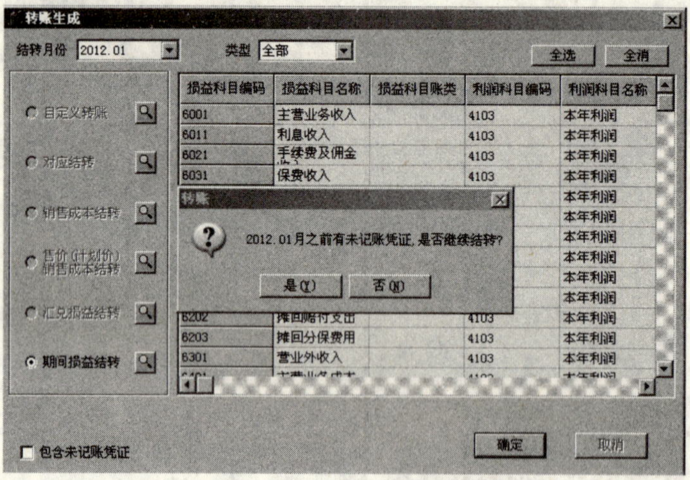

图 4-71　期间损益转账生成前提示界面

5.在期间损益转账生成前提示界面,单击"是"按钮,然后单击"确定"按钮,系统自动将当前的凭证保存到未记账凭证中,并对生成的转账凭证打上"已生成"红字标志,如图 4-72 所示。

"已生成"的凭证经会计主管审核后,通过记账操作,才能实现将期间损益类科目余额结转到"本年利润"科目中。

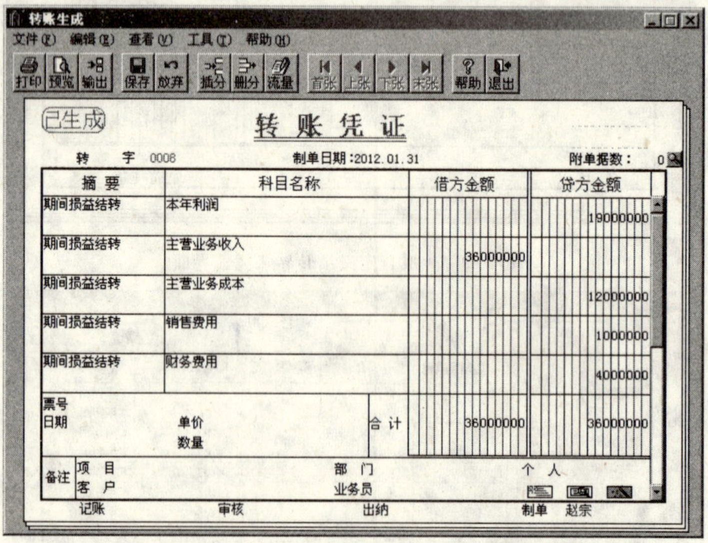

图 4-72　已生成期间损益结转转账凭证

对应结转生成、销售成本结转生成、汇兑损益结转生成的操作方法与自定义结转生成、期间损益转账生成的操作基本相同,结转时可参照生成。

## 4.3.4　期末对账

期末对账是对账簿数据进行核对,以检查记账是否正确以及账簿是否平衡。它主要是通过核对总账与明细账、总账与辅助账数据来完成账账核对。一般说来,实行计算机记账后,只要记账凭证录入正确,计算机自动记账后各种账簿都应是正确、平衡的,但由于非法操作或计算机病毒或其他原因有时可能会造成某些数据被破坏,因而引起账账不符,为了保证账证相符、账账相符,企业财务部门应经常使用"对账"功能进行对账,至少一个月一次,在月末结账前进行对账称为"期末对账"。

期末对账的操作方法和步骤是:

1.以总账会计身份登录系统,在"总账系统"主界面单击"总账"菜单下"期末"子菜单下的"对账"命令,系统弹出待对账的会计期间界面,如图 4-73 所示。

图 4-73　待对账的会计期间界面

2.在待对账的会计期间界面,双击所要进行对账月份(此处选 2012.01)的"是否对账"栏,或将光标移到要进行对账的月份,单击"选择"按钮,即可选择对账月份。"选择核对内容"栏中可选中总账与明细账、总账与辅助账(如部门账、客户往来账、供应商往来账、个人往来账、项目账等)进行核对。

3.在待对账的会计期间界面,单击"对账"按钮,系统开始自动对账。若对账结果为账账相符,则对账月份的"对账结果"栏显示"正确",如图 4-74 所示。

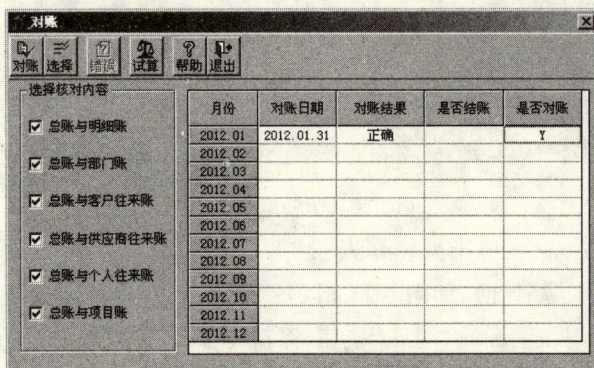

图 4-74　对账正确界面

若对账结果为账账不符,则对账月份的"对账结果"栏将显示"错误",单击"错误"按钮可查看引起账账不符的原因。

4.在对账界面,单击"试算"按钮,系统可以对各科目类别余额进行试算平衡并弹出试算平衡表,如图 4-75 所示,单击"打印"按钮,可打印试算平衡表,单击"确认"按钮,可返回对账正确界面。

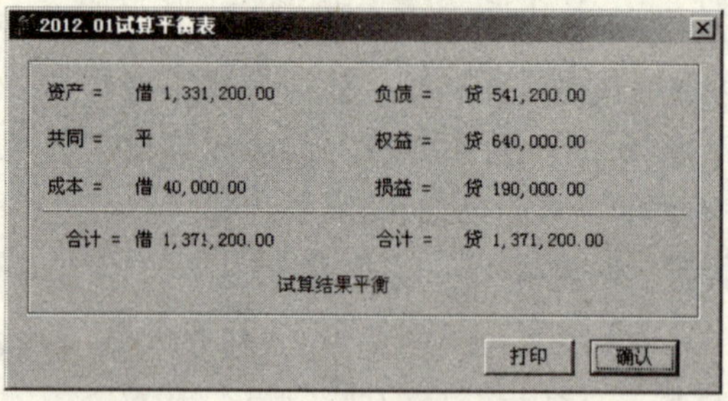

图 4-75 试算平衡表

## 4.3.5 期末结账

在手工会计核算过程中,都有结账的工作环节,在电算化会计工作环境中也设置这一环节,以符合会计制度的要求,结账是每期末都要进行的工作,结账只能每月进行一次,期末结账实际上就是计算和结转各会计科目或账簿的本期发生额和余额,并终止本期的财务处理工作。

期末结账的操作方法与步骤是:

1.以账套主管或总账会计的身份登录系统,在"总账系统"主界面下,单击"期末结账"功能图标,系统弹出结账向导1——"开始结账"界面,如图 4-76 所示。

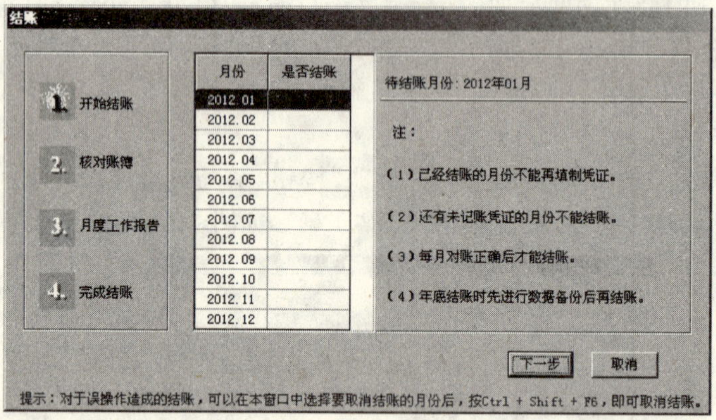

图 4-76 "开始结账"界面

2.在"开始结账"界面,单击要结账月份"2012.01",单击"下一步"按钮,系统弹出结账向导2——"核对账簿"界面,如图 4-77 所示。

3.在"核对账簿"界面,单击"对账"按钮,系统对要结账的月份进行账账核对,对账完成后,单击"下一步"按钮,系统弹出结账向导3——"月度工作报告"界面,如图 4-78 所示。

4.在"月度工作报告"界面,查看工作报告后,单击"下一步"按钮,屏幕显示结账向导4——"完成结账"界面,如图 4-79 所示。

单击"结账"按钮,若符合结账要求,系统将进行结账,否则不予结账。

结账后,我们就基本上完成本月的账务处理工作,账套主管应及时备份本月的会计数据,总账会计可依据本月的会计核算数据编制本月的会计报表。

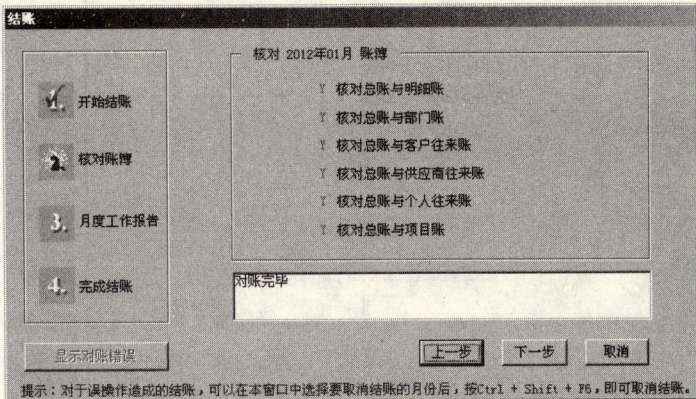

图 4-77 "核对账簿"界面

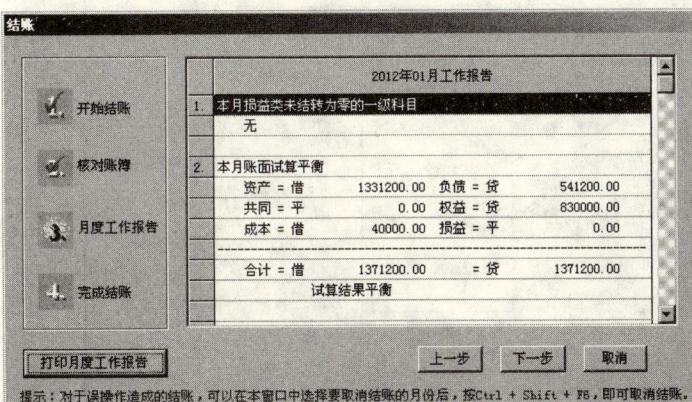

图 4-78 "月度工作报告"界面

图 4-79 "完成结账"界面

　　结账后就不能再填制凭证。如果要取消结账,可在结账向导的第一步"开始结账"界面中,选择要取消结账的月份(如 2012.01),按[Ctrl+Shift+F6]键进行反结账,系统弹出确认反结账口令界面,如图 4-80 所示(注:只有账套主管才有反结账权限)。

　　在确认反结账口令界面,录入账套主管的口令,单击"确认"按钮,系统将结账后的状态恢复到 2012 年 1 月 31 日结账前状态,如图 4-81 所示。

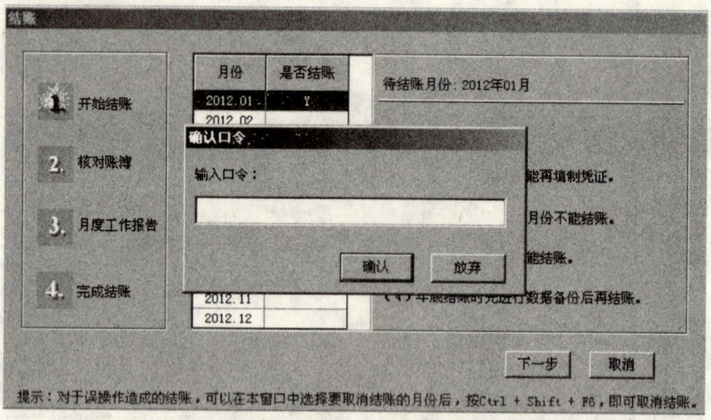

图 4-80　确认反结账口令界面

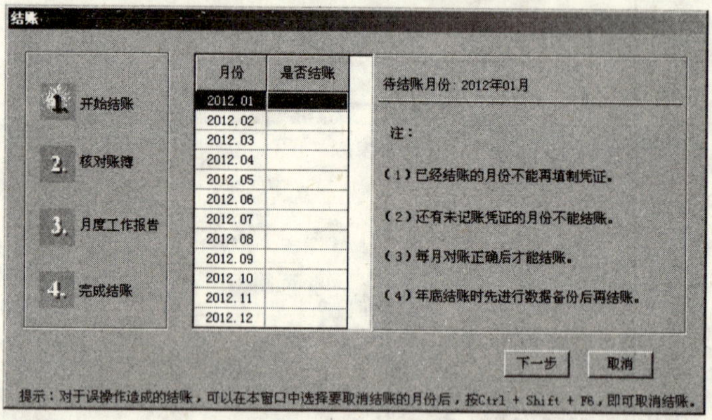

图 4-81　恢复结账前状态

## 复习思考题

1.试述总账系统的概念、总账系统的业务流程。

2.试述总账系统的基本功能模块、基本操作过程。

3.如何根据企业具体情况整理和设置相关会计科目？

4.简述录入总账会计科目和辅助核算科目的期初余额的方法与步骤。

5.简述在总账系统中如何填制凭证。

6.简述在总账系统中如何审核凭证。

7.简述在总账系统中如何进行记账操作。

8.在期末处理中如何进行自定义结转设置，生成自定义转账凭证？

9.在期末处理中如何进行结账，结账后对本月会计业务处理有何影响？

# 第5章　工资管理系统

## 本章学习目标

- 了解工资管理系统的基本概念与业务操作流程；
- 熟练工资管理系统初始化设置的基本方法；
- 熟练掌握工资管理系统日常业务处理和期末业务处理；
- 掌握工资管理系统数据查询输出的基本方法。

## 本章案例

黄海科技有限公司在完成电算化会计系统初始化、总账系统业务处理之后，于2012年1月1日启用了工资管理系统，由公司财务部负责工资管理系统专项核算工作。

黄海科技有限公司财务部工资管理系统专项核算工作过程如下：

1. 工资管理系统的初始化。赵波根据黄海科技有限公司机构设置和人员分布情况、工资核算特点，启用了工资管理系统，建立了公司的工资核算账套并进行了初始化设置，初始化设置的主要内容包括：工资项目设置、人员档案设置、人员附加信息设置、银行名称设置、人员类别设置等。经过初始化设置，一个通用的工资管理系统变成了一个符合公司工资核算要求的专用工资管理系统。

2. 工资业务处理。工资管理系统日常业务处理主要有工资变动处理、扣缴个人所得税、银行代发工资处理、工资分摊处理，月末对各项工资数据进行结转，生成记账凭证，同时生成各种工资报表数据。

由于工资既涉及每个员工的切身经济利益，又通过缴纳个人所得税方式涉及国家的利益，加上工资必须按时发放，因此，工资管理系统操作具有很强的政策性和时效性。工资管理系统的处理数据量大，财务部在进行工资管理系统初始化设置时非常慎重，因为工资管理系统的基础数据一旦设定，除非公司设定的工资项目或人员工资档案发生变动，每个月的工资数据基本上是稳定的。经过每个月末工资结账处理后，工资管理系统自动将相关历史工资数据清零，然后再开始下月工作，所以工资管理工作具有重复性特点，非常适合采用电算化会计系统进行管理和核算工作。

# 5.1 工资管理系统概述

## 5.1.1 工资管理的特点

每一个独立核算的企业、行政事业单位都必须要进行工资核算、工资发放、工资费用分摊、工资统计分析和个人所得税核算等与工资管理相关的业务处理工作，所以在会计核算单位实现会计电算化之后，在会计信息系统一般都设置一个专门进行工资核算和管理工作的功能模块，我们将此模块称为工资管理系统。

和总账业务处理不同，工资管理具有以下的特点：

1. 业务处理政策性强。工资的计算关系到职工的经济利益，各种奖金、补贴、津贴以及个人所得税扣款等，必须如实填报，并严格按照国家有关规定进行计算，既要保护职工的经济利益，又要通过计算和缴纳个人所得税保护国家的利益。

2. 及时性、准确性要求高。工资的发放有较强的时间性要求，必须严格按照规定的时间完成计算和发放工作，并保证工资的计算结果准确无误，期末必须按时结转工资数据，以便为人工费用核算和总账系统结账创造条件。

3. 处理业务重复性强，数据计算涉及各个部门。工资管理的方法较固定，每个职工工资的计算方法总是重复同样的程序，但每一职工的工资组成项目较多，增减金额计算繁琐，处理工作量较大，比较适合采用信息系统进行批量、自动化处理。

4. 工资管理涉及面广。工资管理涉及面广，体现在它所涉及各部门及系统，如职工个人、人事劳资部门、职工所在部门等，此外代发工资时还涉及银行，交纳个人所得税时涉及税务部门，交纳住房公积金时涉及公积金管理部门，交纳医疗保险、养老保险时涉及社保部门等。

## 5.1.2 工资管理系统的基本业务流程

工资管理系统是电算化会计系统的重要组成部分，工资管理系统基本业务流程分为三部分，第一部分是工资管理系统初始化设置，第二部分是工资管理系统日常与期末业务处理，这是工资管理系统的基本业务部分，第三部分是工资管理系统的数据查询部分。工资管理系统的基本业务流程如图5-1所示。

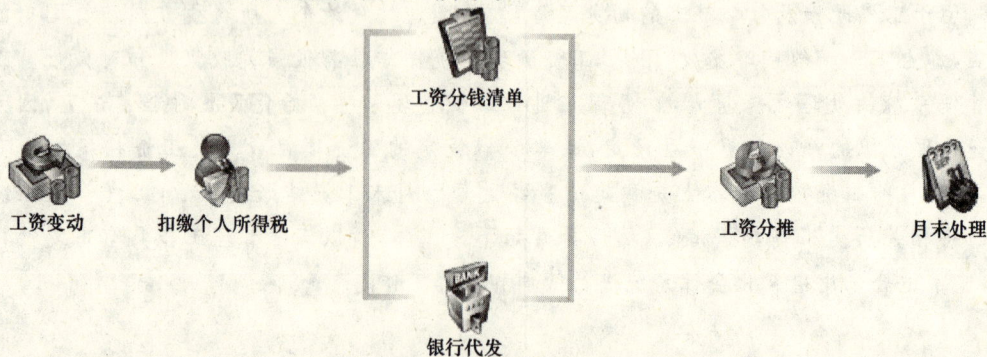

图 5-1 工资管理系统的基本业务流程

从工资管理系统的基本业务流程可以看出，完成系统初始化设置后，通过工资管理系统，我们可以管理独立核算单位所有人员的工资数据。每个月初对工资变动（包括人员的变动、工资项目的变动）进行业务处理，自动更新工资数据。根据更新后的工资数据，自动扣缴个人所得税；根据工资的发放形式进行扣零处理并向工资代发银行传输工资的数据（不采用银行代发工资而采用发放现金方式的，则产生工资分钱单）；自动汇总计算工资数据；可自动进行工资分摊计提相关费用，直接生成凭证传递到总账系统。

## 5.1.3 工资管理系统的基本操作过程

工资管理系统的操作要按正确的顺序调用系统的各项功能模块，只有这样，才能保证工资数据的正确性，工资管理系统的基本操作过程如图 5-2 所示。

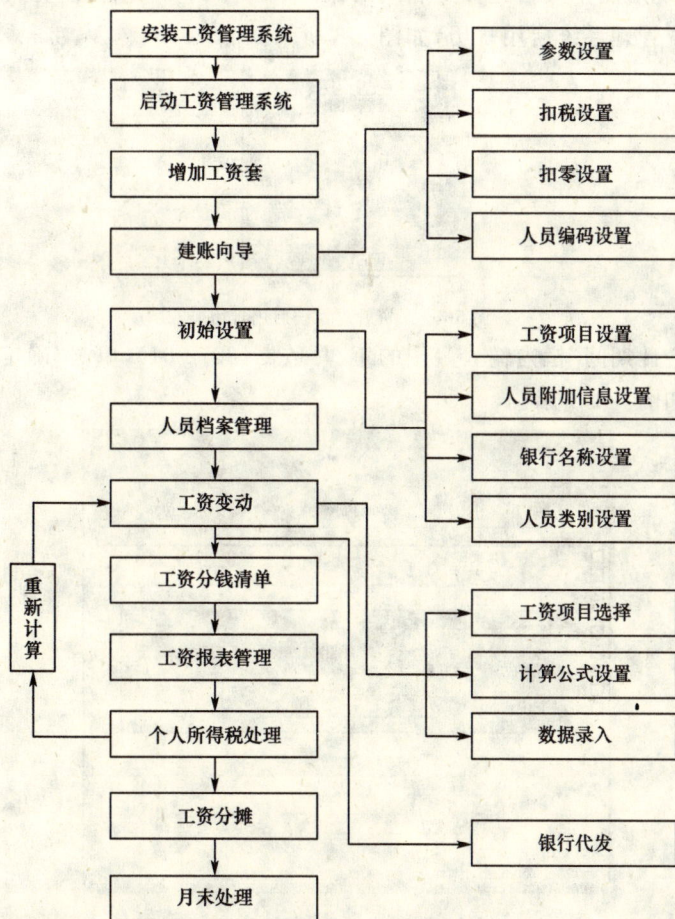

图 5-2　工资管理系统的基本操作过程

图 5-2 所示是一个新用户采用单类别工资核算的基本操作过程，这一过程是以安装工资管理系统作为操作起点，然后是建立工资账套（内容包括参数、扣税、扣零、人员编码设置）、初始设置（内容包括工资项目设置、人员附加信息设置、银行名称设置、人员类别设置）、录入人员档案、进行工资变动处理、个人所得税处理、工资分摊、月末处理等。

# 5.2 工资管理系统初始化

## 5.2.1 启用工资管理系统

我们在使用工资管理系统进行工资业务处理之前，必须以账套主管（demo，口令"demo"）的身份进入"系统管理"，进行工资管理系统启用的设置。

工资管理系统启用的操作方法与步骤是：

1. 以账套主管的身份登录系统，在"系统管理"主界面中单击"账套"菜单下"启用"命令，系统弹出"系统启用"界面，选择要启用的系统，在"WA 工资管理"方框内打上"√"标识，系统弹出工资管理系统启用日历，如图 5-3 所示。

图 5-3　工资管理系统启用日历

2. 在"启用会计期间"栏内输入启用的年、月数据（2012-01），单击"确定"按钮，系统弹出"提示信息"，如图 5-4 所示。

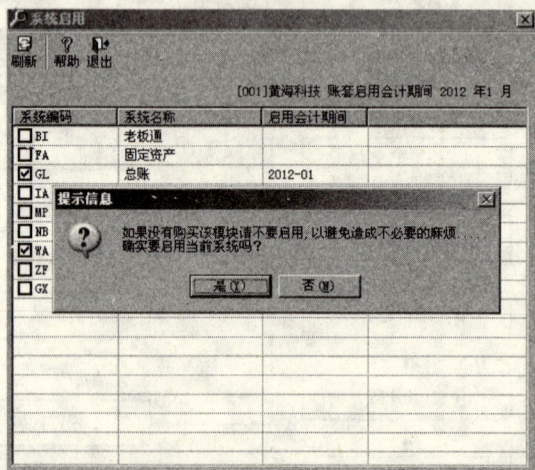

图 5-4　工资管理系统启用提示界面

3. 单击"是（Y）"按钮后，保存此次的启用信息，启用"工资管理"等模块后，系统将当前操作员写入启用人，操作结果如图 5-5 所示。

## 5.2.2 建立工资核算账套

以账套主管的身份登录系统，在"T3-用友通标准版"的主界面，双击左面的"工资管

图 5-5 工资管理系统启用操作结果界面

理"功能菜单,第一次进入工资管理系统,系统自动打开"建立工资套"界面,如图 5-6 所示。

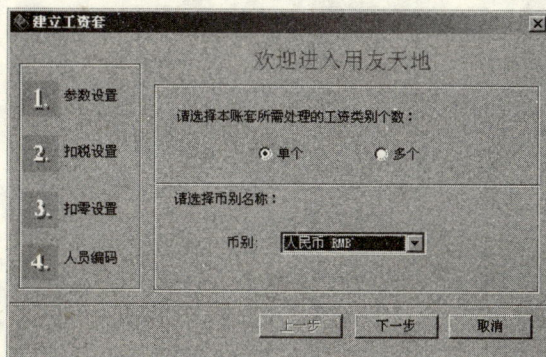

图 5-6 "建立工资套"界面

1.在"建立工资套"界面,第一步是"参数设置"。在该界面选择要在本账套中处理的工资类别个数为"单个",选择工资计算的币别为"人民币 RMB"。单击"下一步"按钮。进入"扣税设置"界面,如图 5-7 所示。

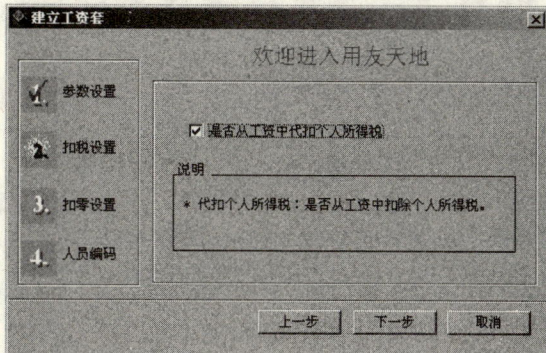

图 5-7 "扣税设置"界面

2.在"扣税设置"界面,在"是否从工资中代扣个人所得税"选项前打上"√"标识,则系统自动根据所设定的所得税基数和所得税扣除方法计算。单击"下一步"按钮。进入"扣零设置"界面,如图 5-8 所示。

图 5-8 "扣零设置"界面

3.在"扣零设置"界面,在"扣零"前打上"√"标识,扣零设置是把工资的零头扣下,累积起来以后再发,此处选择"扣零至元"。单击"下一步"按钮,进入"人员编码"界面,如图 5-9 所示。

图 5-9 "人员编码"界面

4.在"人员编码"界面,选择"人员编码长度"为"6 位",单击"完成"按钮,系统弹出工资管理系统启用日期界面,如图 5-10 所示。

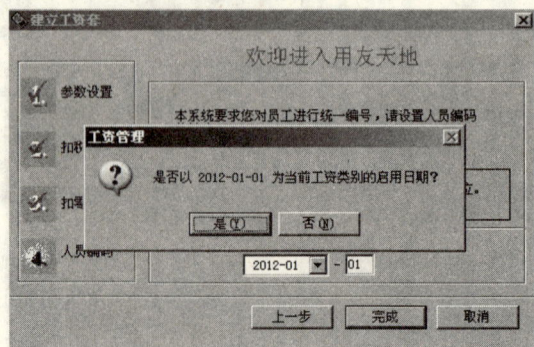

图 5-10 工资管理系统启用日期界面

5.在工资管理系统启用日期界面,单击"是(Y)"按钮,系统进入"工资管理系统"主界面,如图 5-11 所示。

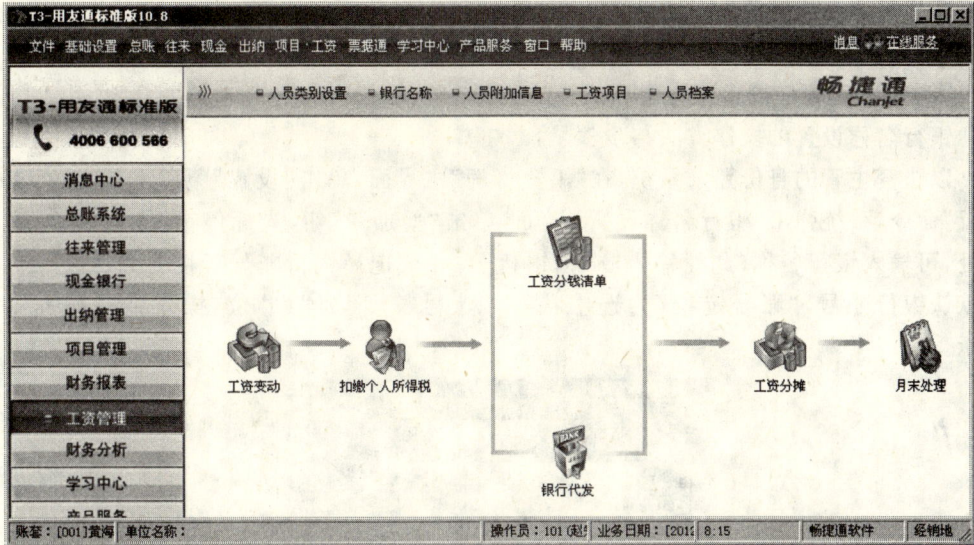

图 5-11 "工资管理系统"主界面

## 5.2.3 工资管理系统初始化设置

工资管理系统初始化设置就是在系统未进行业务处理前,针对工资数据、信息处理规则进行的一系列设置,这些设置包括:人员类别设置、银行名称设置、人员附加信息设置、工资项目设置、人员档案录入等。

**1. 人员类别设置**

利用"人员类别设置"功能可设置人员类别的名称,以便于按人员类别进行工资汇总计算。

[例1] 黄海科技有限公司将企业人员类别设置为公司管理人员、车间管理人员、车间生产人员三个类别。

人员类别设置的操作方法与步骤是:

以账套主管的身份登录系统,在"工资管理"主界面,单击"设置"菜单下的"类别设置"命令,系统弹出"类别设置"界面,单击"增加"按钮,光标停在类别栏处,可输入本账套管理的公司管理人员、车间管理人员、车间生产人员三个类别。新增人员类别名称将在人员类别名称栏内显示,如图 5-12 所示。增加完毕,单击"返回"按钮,确认本次操作的结果,返回工资管理系统主界面。

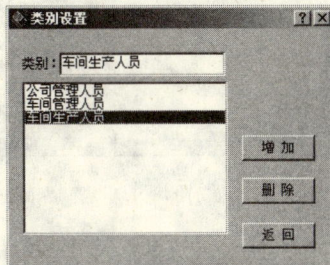

图 5-12 "类别设置"界面

**2.银行名称设置**

银行名称的设置可根据企业发放工资的需要,设置一个或多个发放工资的银行。

[例 2] 设置中国银行为发放工资的银行。

银行名称设置的操作方法与步骤是:

以账套主管的身份登录系统,在"工资管理"主界面,单击"设置"菜单下的"银行名称设置"命令,系统弹出"银行名称设置"界面,单击"增加"按钮,光标停在"银行名称"文本框处,可输入银行名称(此处输入"中国银行"),并可选择银行账号长度是否为定长。系统默认银行账号,"账号定长"为选中状态,"账号长度"为"11"位,操作结果如图 5-13所示。

图 5-13 "银行名称设置"界面

操作完毕,单击"返回"按钮,即返回工资管理系统主界面。

**3.人员附加信息设置**

利用"人员附加信息设置"功能,可增加工资管理系统人员信息,丰富人员档案的内容,便于对人员进行更加有效的管理。例如,我们可增设人员的性别、民族、婚否等附加信息。

人员附加信息设置的操作方法与步骤是:

在"工资管理"主界面,单击上方的"人员附加信息设置"功能图标,即进入"人员附加信息设置"界面,单击"增加"按钮,光标停在"信息名称"文本框处,可输入人员附加信息名称如性别、职称、手机号等,操作结果如图 5-14 所示。操作完毕,单击"返回"按钮,即返回工资管理系统主界面。

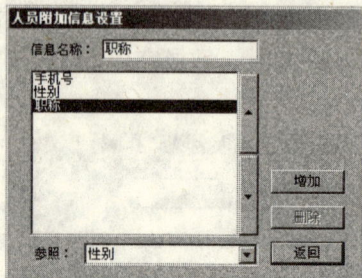

图 5-14 "人员附加信息设置"界面

**4.工资项目设置**

工资项目是计算工资的基础载体,工资项目设置就是定义工资项目的名称、类型、宽度,单位可根据工资核算与管理的需要自由设置。

[例3]　黄海科技有限公司的工资项目中有"基本工资""岗位工资""浮动工资""奖金"等项，如表5-1所示，在建立工资项目时，按表5-1提供的信息进行设置：

**表 5-1　　　　　　　　　黄海科技有限公司的工资项目设置表**

| 项目名称 | 类型 | 长度 | 小数位数 | 工资增减项 |
|---|---|---|---|---|
| 应发合计 | 数字 | 10 | 2 | 增项 |
| 扣款合计 | 数字 | 10 | 2 | 减项 |
| 实发合计 | 数字 | 10 | 2 | 增项 |
| 基本工资 | 数字 | 10 | 2 | 增项 |
| 岗位工资 | 数字 | 8 | 2 | 增项 |
| 浮动工资 | 数字 | 8 | 2 | 增项 |
| 奖金 | 数字 | 8 | 2 | 增项 |
| 病假扣款 | 数字 | 8 | 2 | 减项 |
| 病假天数 | 数字 | 2 | 0 | 其他 |
| 事假扣款 | 数字 | 8 | 2 | 减项 |
| 事假天数 | 数字 | 2 | 0 | 其他 |
| 代扣税 | 数字 | 10 | 2 | 减项 |

工资项目设置的操作方法与步骤是：

(1)以账套主管的身份登录系统，在"工资管理"主界面，单击"设置"菜单下的"工资项目设置"命令，系统弹出"工资项目设置"界面，如图5-15所示。

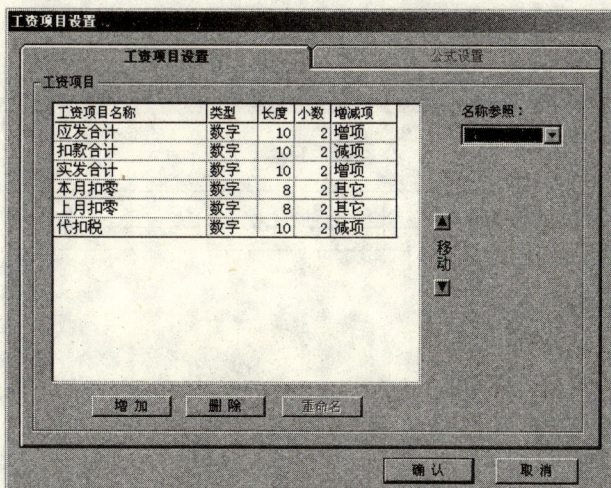

图 5-15　"工资项目设置"界面

(2)在"工资项目设置"界面，单击"增加"按钮，系统自动在"工资项目"处增加一行，即可设置工资项目。系统提供若干常用工资项目供参考，可选择输入。单击"增加"按钮，可继续设置新的工资项目。

按照表5-1提供的工资项目设置方案，依次设置工资项目的名称、类型、长度、小数位数和工资增减项，新增工资项目将在"工资项目"栏内显示，如图5-16所示。可单击界面上的向上箭头、向下箭头，调整工资项目的排列顺序。增加完毕，单击"确认"按钮，确认本次操作的结果，单击"返回"按钮，返回工资管理系统主界面。

图 5-16　工资项目设置结果界面

### 5.人员档案录入

在工资管理系统中必须设置用于登记工资发放人员的姓名、职工编号、所在部门、人员类别等信息的人员档案，这里的人员档案不能与总账系统中的职员档案共享，必须单独设置。

人员档案录入的操作方法与步骤是：

(1)以账套主管的身份登录系统，在"工资管理"主界面，单击"设置"菜单下的"人员档案"命令，系统弹出"人员档案"界面，如图 5-17 所示。

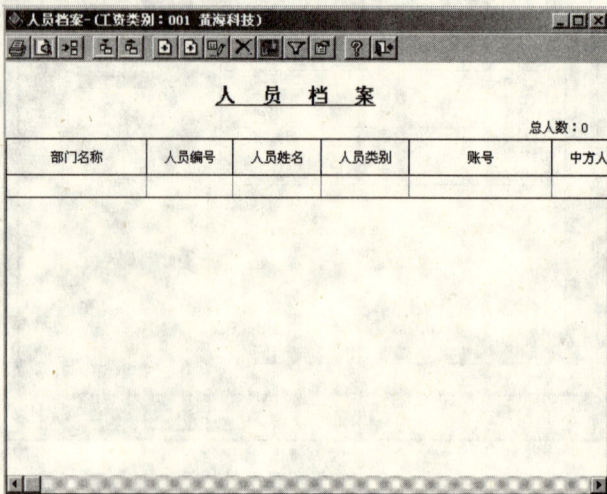

图 5-17　"人员档案"界面

(2)在"人员档案"界面，单击"增加"按钮，系统弹出人员档案录入界面，在此依次录入新增的人员档案信息，如图 5-18 所示。每增加一条人员档案，单击"确认"按钮，系统自动保存所录入的人员档案。依次录入企业管理部、财务部其他人员档案信息，操作结果如图 5-19 所示。

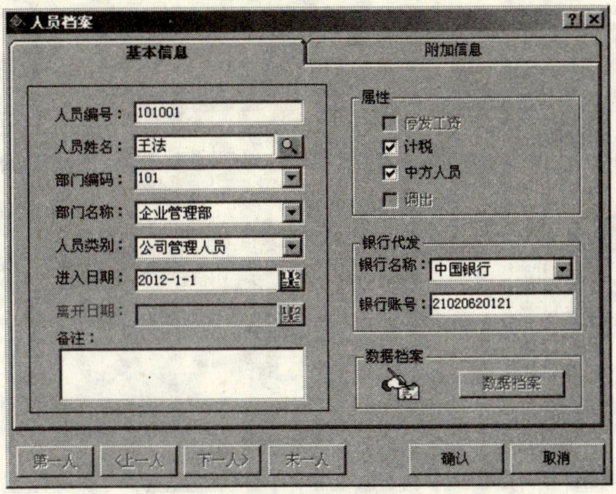

图 5-18 人员档案录入界面

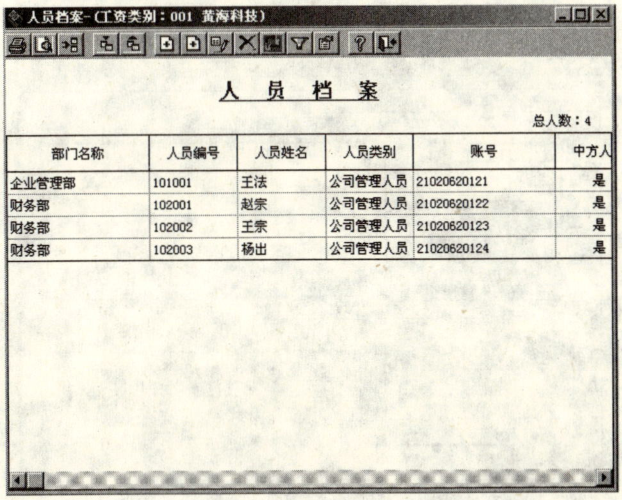

图 5-19 人员档案录入结果界面

**6.设置工资计算公式**

我们在设置工资项目时,还应设置这些工资项目的计算公式,但此时"工资项目设置"界面中"公式设置"页签显示为灰色,无法打开,这是因为还没有设置人员档案。当我们录入人员档案后,即可进入设置工资计算公式的界面。

[例4] 黄海科技有限公司的工资计算公式为

应发合计＝基本工资＋浮动工资＋奖金＋岗位工资

扣款合计＝代扣税＋事假扣款 ＋病假扣款

实发合计＝应发合计－扣款合计

设置工资计算公式的操作方法与步骤是:

(1)以账套主管的身份登录系统,在"工资管理"主界面,单击"设置"菜单下的"工资项目设置"命令,系统弹出"工资项目设置"界面,如图 5-20 所示。

(2)此时"公式设置"页签显示为深色,表示此项功能按钮可以打开,单击"公式设置"页签,系统弹出"公式设置"界面,如图 5-21 所示。

图 5-20　录完人员档案后的工资项目设置界面

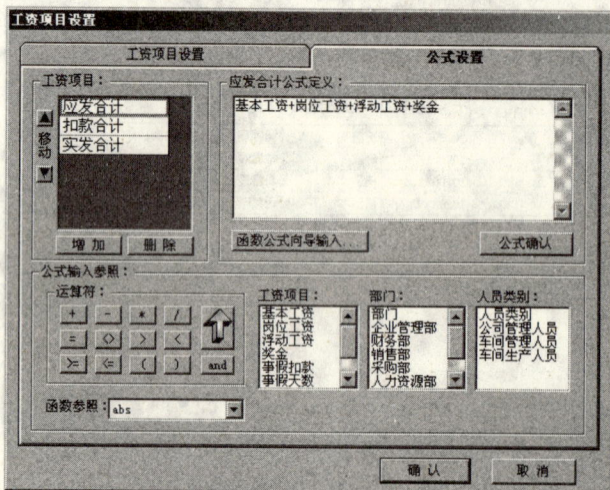

图 5-21　"公式设置"界面

（3）在"公式设置"界面，单击"增加"按钮，新增一个工资项目后，在右边的"应发合计公式定义"栏中设置计算公式，计算公式中的工资项目、部门和人员类别需在系统提供的"工资项目"、"部门"和"人员类别"浏览窗中选取，也可用函数来定义公式。公式设置完毕，单击"公式确认"按钮，保存所设置的公式，最后单击"确认"按钮退出。

至此，我们就基本上完成工资管理系统的初始化设置操作，下一步可以进行工资管理系统的业务处理操作。

# 5.3　日常工资管理与月末处理

完成系统初始化设置后，通过工资管理系统，我们可以管理独立核算单位所有人员的工资数据。每个月初对工资变动（包括人员的变动、工资项目的变动）进行业务处理，自动更新工资数据。根据更新后的工资数据，自动扣缴个人所得税；根据工资的发放形式进行扣零处理并向工资代发银行传输工资的数据(不采用银行代发工资而采用发放现金方式的,则产生工资分钱单);自动汇总计算工资数据,可自动进行工资分摊、计提相关费用,直接生成凭证传递到总账系统。

当工资业务处理完毕,工资管理系统自动生成各类工资报表数据,我们可以进行查询或打印输出操作。

## 5.3.1　工资类别管理

工资管理系统是按照工资类别来管理工资的,每个工资类别的内容都有人员档案、工资变动、工资数据、扣税处理、银行代发等。由于我们在建立工资账套时采用"单个"账套选项,所以在此无需再选择工资类别,直接进入工资日常处理操作。

## 5.3.2　工资变动管理

工资日常处理第一项工作就是工资变动管理。

[例5]　黄海科技有限公司2012年1月的工资变动数据如表5-2所示。

表5-2　　　　黄海科技有限公司2012年1月的工资变动数据

| 职员编号 | 人员姓名 | 所属部门 | 人员类别 | 银行代发账号 | 基本工资 | 岗位工资 | 奖金 |
|---|---|---|---|---|---|---|---|
| 101001 | 王法 | 企管部 | 企管人员 | 21020620121 | 3000 | 10000 | 1000 |
| 102001 | 赵宗 | 财务部 | 企管人员 | 21020620122 | 2000 | 7000 | 1000 |
| 102002 | 王宗 | 财务部 | 企管人员 | 21020620123 | 1500 | 6500 | 1000 |
| 102003 | 杨出 | 财务部 | 企管人员 | 21020620124 | 1000 | 5000 | 1000 |
| 201001 | 杨楚明 | 第1车间 | 生产人员 | 21020620125 | 生产人员工资在总账系统核算 | | |

工资变动管理的操作方法与步骤是:

1. 以工资核算员的身份登录系统,在"工资管理系统"主界面,单击"工资变动"功能图标,系统弹出"工资变动"界面,如图5-22所示。

2. 在"工资变动"界面,首次使用工资管理系统,要录入各部门员工的工资数据,录入时只录入最基础的工资数据,如基本工资、岗位工资等,系统会根据已设置的工资项目计算公式自动计算各工资项目组成部分的金额和"应发合计""扣款合计""实发合计"等数据。

3. 录入各部门员工的工资数据后,将光标移到某员工的记录行,单击"页编辑"按钮,系统弹出"页编辑"界面,如图5-23所示。

在"页编辑"界面可对单个员工的个人工资数据进行变动处理。编辑完成,单击"确认"按钮,再单击"下一人"按钮,处理下一个员工的个人工资数据。

4. 在人员信息比较多的情况下,我们可以采用"数据筛选"方式,先筛选,再进行页编辑。具体的操作步骤是:单击"筛选"按钮进行过滤,系统弹出"数据筛选"界面,如图5-24所示。

5. 在"数据筛选"界面,"工资项目"处选择"人员类别","值"处选择"公司管理人员",也可采用多项目、多数值筛选方法,选择完毕,单击"确认"按钮,系统弹出"筛选"结果,如

图 5-22 "工资变动"界面

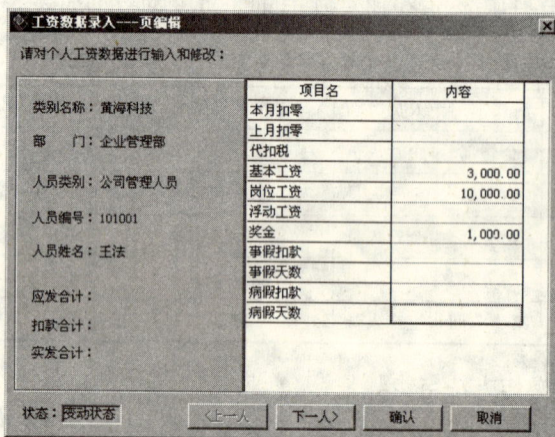

图 5-23 "页编辑"界面

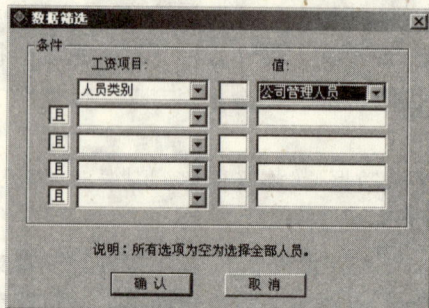

图 5-24 "数据筛选"界面

图 5-25 所示。将光标移到某员工的记录行,再单击"页编辑"按钮进行编辑。

6.如对某部门或全体员工进行工资变动处理,则可采用"替换"方式进行变动处理。如将"部门"是"财务部"的员工的"奖金"替换为"浮动工资"。

替换的操作方法与步骤是:

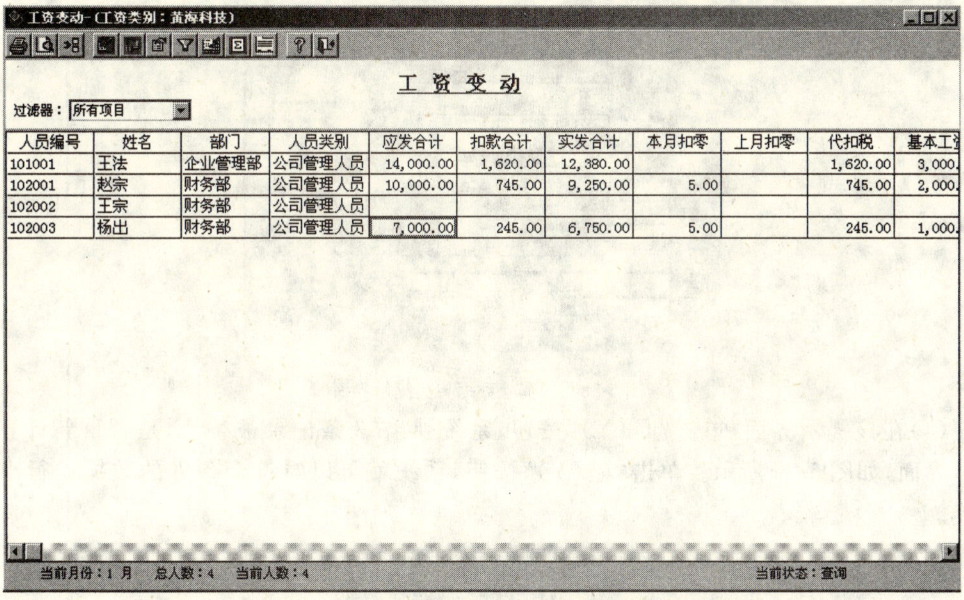

图 5-25 工资数据筛选结果界面

（1）在"工资变动"界面，单击"替换"按钮，系统弹出"工资项数据替换"界面，如图
5-26 所示。

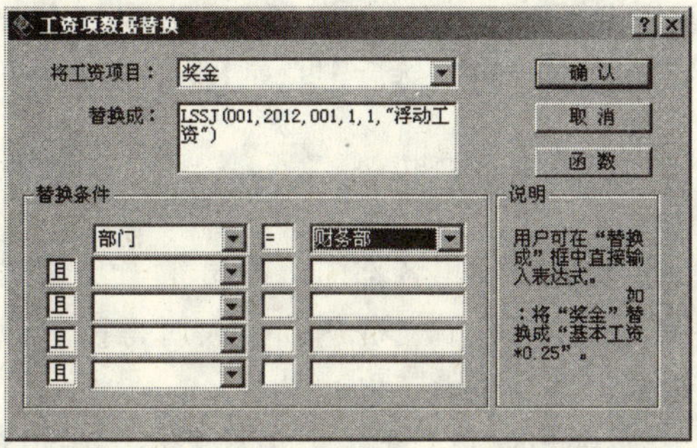

图 5-26 "工资项数据替换"界面

（2）在"工资项数据替换"界面，将工资项目"奖金"替换成"浮动工资"，单击"函数"按
钮，系统弹出"系统函数"界面，如图 5-27 所示。

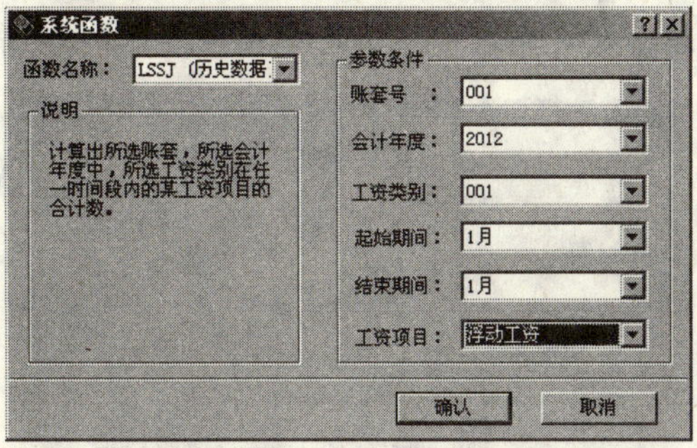

图 5-27 "系统函数"界面

（3）设置好"系统函数"的"参数条件"，单击"确认"按钮，再设置好"替换条件"，单击

"确认"按钮,系统弹出"数据替换后将不可恢复,是否继续?"提示界面,如图5-28所示。

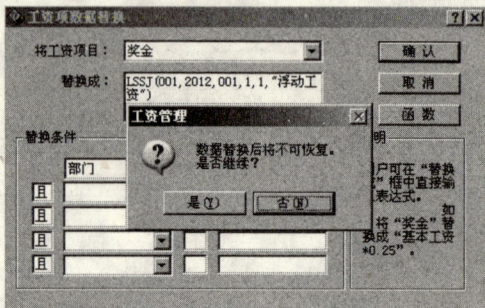

图 5-28　工资项数据替换提示界面

(4)在该提示界面,单击"是(Y)"按钮,系统弹出"3条记录被替换,是否重新计算?"提示界面,如图5-29所示。单击"是(Y)"按钮,系统就可以对符合条件的数据进行整体替换。

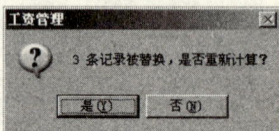

图 5-29　工资项数据替换后是否重新计算提示界面

7.本月的各项工资变动处理完毕,在"工资变动"界面,最后单击"计算"和"汇总"按钮,自动将刚才所修改的数据重新计算,然后汇总,以保证数据的正确性。

## 5.3.3　个人所得税计算和申报

当我们通过"工资变动"功能计算出各部门每个员工当月的工资数据后,根据国家有关个人所得税征缴的法律规定,当员工工资达到个人所得税起征点后,要计算每个员工应交所得税并于当月的实发工资总额中予以扣缴。

在工资管理系统中,系统能根据我们预先设置好的个人所得税的计算规则自动计算个人所得税。

扣缴个人所得税的操作方法与步骤是:

1.以工资核算员的身份登录系统,在"工资管理系统"主界面,单击"扣缴个人所得税"功能图标,系统弹出扣缴个人所得税栏目选择界面,如图5-30所示。

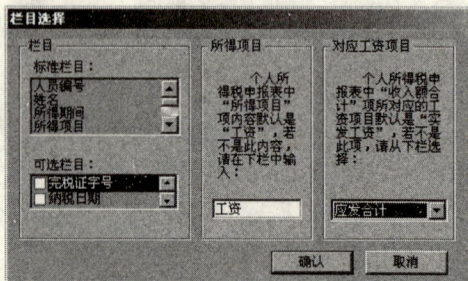

图 5-30　扣缴个人所得税栏目选择界面

2.在扣缴个人所得税栏目选择界面,选择"标准栏目""所得项目""对应工资项目"

(此处选“应发合计”)等,选择完毕,单击“确认”按钮,系统自动弹出“个人所得税扣缴申报表”界面,如图 5-31 所示。

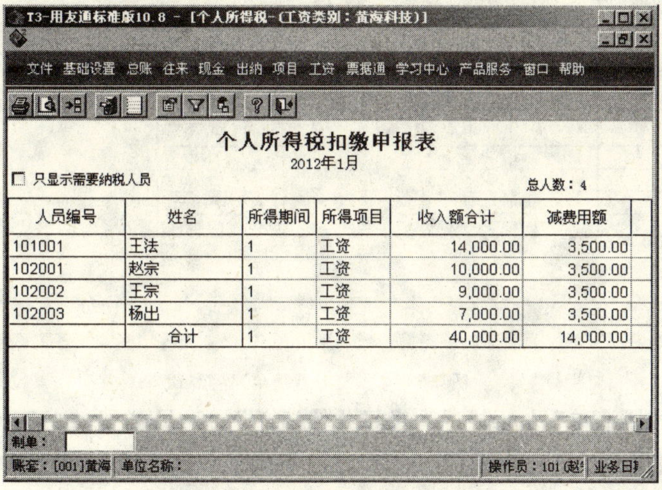


| 人员编号 | 姓名 | 所得期间 | 所得项目 | 收入额合计 | 减费用额 |
|---|---|---|---|---|---|
| 101001 | 王法 | 1 | 工资 | 14,000.00 | 3,500.00 |
| 102001 | 赵宗 | 1 | 工资 | 10,000.00 | 3,500.00 |
| 102002 | 王宗 | 1 | 工资 | 9,000.00 | 3,500.00 |
| 102003 | 杨出 | 1 | 工资 | 7,000.00 | 3,500.00 |
| | 合计 | 1 | 工资 | 40,000.00 | 14,000.00 |

图 5-31　“个人所得税扣缴申报表”界面

3. 在“个人所得税扣缴申报表”界面,若查看国家出台的个人所得税率调整政策,可在此界面单击“税率”按钮,系统弹出“个人所得税申报表——税率表”界面,如图 5-32 所示。单击“增加”按钮,进行税率调整设置,设置完毕,单击“确认”按钮加以保存。

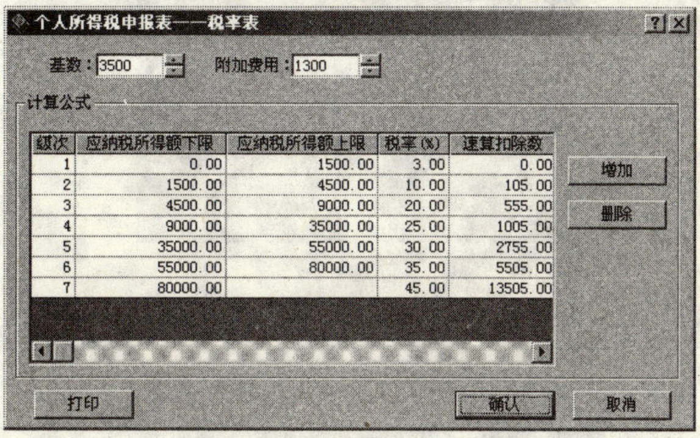


| 级次 | 应纳税所得额下限 | 应纳税所得额上限 | 税率(%) | 速算扣除数 |
|---|---|---|---|---|
| 1 | 0.00 | 1500.00 | 3.00 | 0.00 |
| 2 | 1500.00 | 4500.00 | 10.00 | 105.00 |
| 3 | 4500.00 | 9000.00 | 20.00 | 555.00 |
| 4 | 9000.00 | 35000.00 | 25.00 | 1005.00 |
| 5 | 35000.00 | 55000.00 | 30.00 | 2755.00 |
| 6 | 55000.00 | 80000.00 | 35.00 | 5505.00 |
| 7 | 80000.00 | | 45.00 | 13505.00 |

图 5-32　“个人所得税申报表——税率表”界面

## 5.3.4　工资分钱清单

当我们完成“工资变动”处理和“扣缴个人所得税”操作之后,即可进行工资的发放工作。工资的发放方式有两种:一种是由核算单位以现金方式发放,一种是由银行代发工资。

采用现金方式发放工资的核算单位,需要根据实发工资数据产生工资分钱单。

工资分钱清单是指那些采用现金方式发放工资的核算单位,在进行了工资计算后,设置工资发放时的分钱票面额清单。

工资分钱清单的操作方法与步骤是:

1. 以工资核算员的身份登录系统,在“工资管理系统”主界面,单击“工资分钱清单”功能图标,系统弹出“工资分钱清单”界面,如图 5-33 所示。

图 5-33 "工资分钱清单"界面

2.在"工资分钱清单"界面中,有"部门分钱清单"、"人员分钱清单"和"工资发放取款单"三个页签。单击"部门分钱清单"页签,进行不同的查询。在该界面单击"设置"按钮,系统弹出"票面额设置"界面,如图 5-34 所示。设置完毕,单击"确定"按钮,保存设置结果。

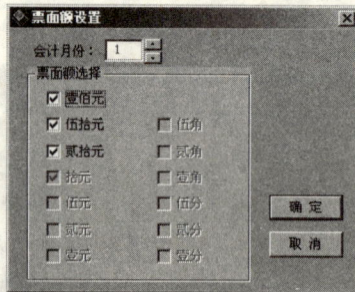

图 5-34 "票面额设置"界面

单击"人员分钱清单"页签,系统弹出"人员分钱清单"界面,如图 5-35 所示,系统可进行不同的查询,如可查询员工的分钱清单。

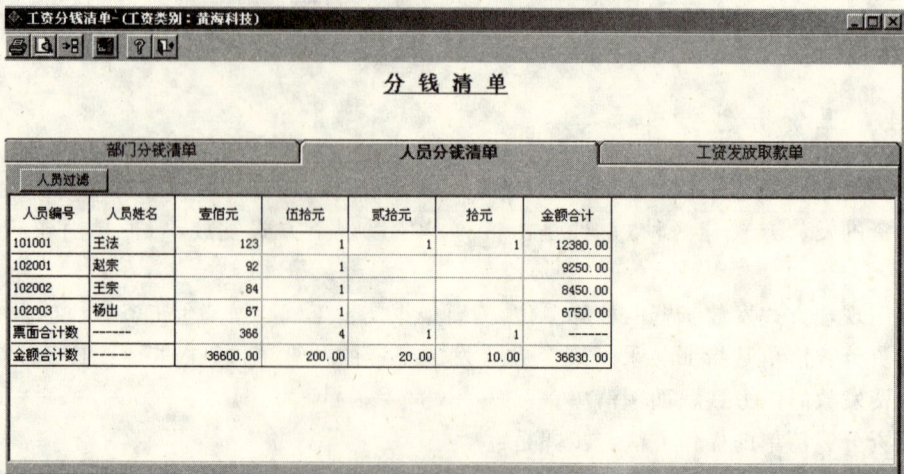

图 5-35 "人员分钱清单"界面

## 5.3.5 银行代发工资

现在绝大多数企业发放工资都是由银行代发,银行代发是指企业在月底将工资报表输入成银行所要求的数据格式,然后把数据直接传给银行,由指定的银行直接将工资发放到人员档案中预设好的银行账号中。

银行代发工资的操作方法和步骤是:

1.以工资核算员的身份登录系统,在"工资管理系统"主界面,单击"银行代发"功能图标,系统弹出"银行文件格式设置"界面,如图 5-36 所示。

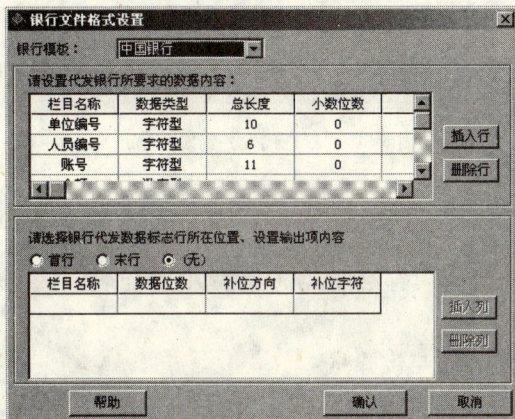

图 5-36 "银行文件格式设置"界面

2.在"银行文件格式设置"界面,选择银行模板为"中国银行",银行模板在工资管理系统的基础设置中是预先设置好了的,在此处可单击"插入行"或"删除行"按钮进行格式修改。修改完毕,单击"确认"按钮,保存设置结果。

3.在"银行文件格式设置"界面,单击"高级"页签,可对文件的格式进行进一步设置。如图 5-37 所示。在该界面中,单击"确认"按钮,系统记录下生成磁盘文件的格式,并返回"银行代发一览表"主界面,如图 5-38 所示。

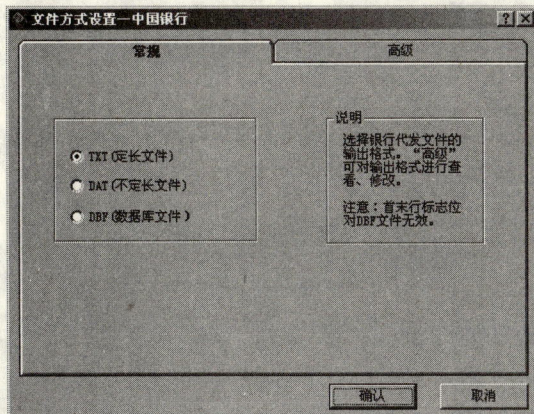

图 5-37 "文件方式设置"界面

4.在"银行代发一览表"界面,单击"传输"按钮,输入文件名称、选择磁盘和存储路径后,单击"保存"按钮保存文件。

图 5-38　"银行代发一览表"界面

### 5.3.6　工资费用分摊

每个月末,企业的会计部门都会根据工资费用分配表,将工资费用根据用途进行分摊。

工资费用分摊的操作方法与步骤是:

1.以工资核算员的身份登录系统,在"工资管理系统"主界面,单击"工资分摊"功能图标,系统弹出"工资分摊"界面,如图 5-39 所示。

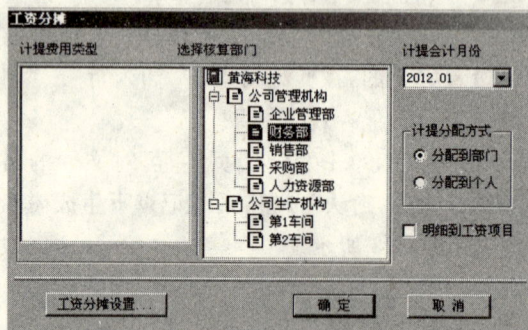

图 5-39　"工资分摊"界面

2.在"工资分摊"界面,选择计提会计月份为"2012.01"后,单击"工资分摊设置"按钮,弹出"分摊类型设置"界面,如图 5-40 所示。

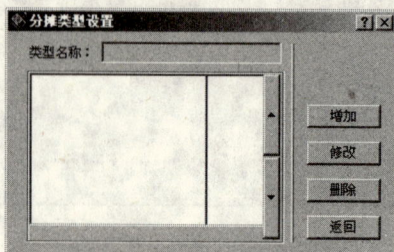

图 5-40　"分摊类型设置"界面

3.在"分摊类型设置"界面单击"增加"按钮,系统弹出"分摊计提比例设置"界面,如图 5-41 所示。

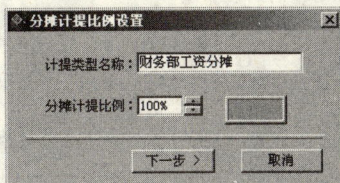

图 5-41 "分摊计提比例设置"界面

4.在"分摊计提比例设置"界面的"计提类型名称"文本框中输入"财务部工资分摊","分摊计提比例"设置为"100%",设置完毕,单击"下一步"按钮。系统弹出"分摊构成设置"界面,如图 5-42 所示。

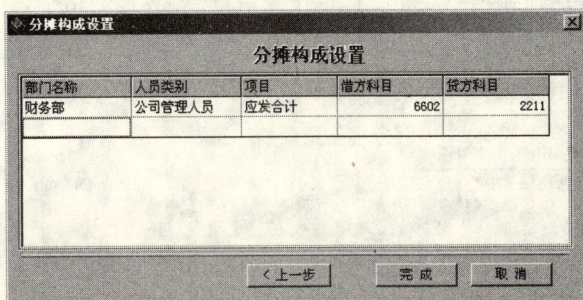

图 5-42 "分摊构成设置"界面

5.在"分摊构成设置"界面,根据企业实际情况设置工资分摊类型,如将财务部员工作为"公司管理人员","项目"为"应发合计","借方科目"为"6602 管理费用","贷方科目"为"2211 应付职工薪酬",设置完毕,单击"完成"按钮,返回"工资分摊"界面。根据企业实际情况设置工资分摊类型,返回"工资分摊"界面再进行新的"分摊构成设置"操作,设置结果如图 5-43 所示。

图 5-43 工资分摊设置结果界面

## 5.3.7 工资费用分摊制单业务处理

每个月末,企业的会计部门都会根据工资费用分配表,将工资费用根据用途进行分摊,并编制转账凭证,以便总账系统进行账务处理。

工资费用分摊制单业务的操作方法与步骤是:

1.以工资核算员的身份登录系统,在"工资管理系统"主界面,单击"工资分摊"功能图标,系统弹出"工资分摊"界面,如图 5-44 所示。

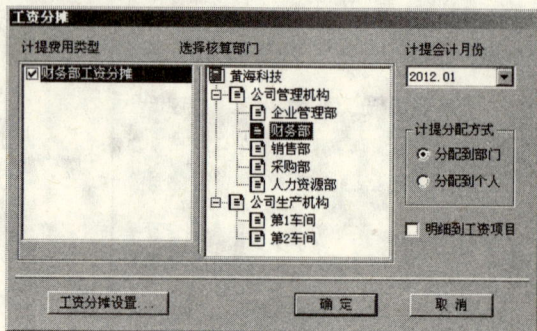

图 5-44 "工资分摊"界面

2.在"工资分摊"界面中,在"计提费用类型"栏中的"财务部工资分摊"前打上"√"标识,单击"确定"按钮,系统弹出"财务部工资分摊一览表"界面,如图 5-45 所示。

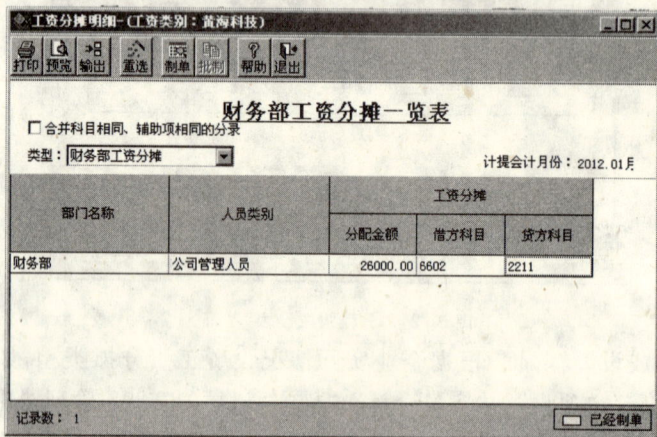

图 5-45 "财务部工资分摊一览表"界面

3.在"财务部工资分摊一览表"界面中,系统自动带出"部门名称""人员类别""分配金额",在"工资分摊"栏目中,"借方科目"为"6602 管理费用","贷方科目"为"2211 应付职工薪酬",设置完毕,单击"制单"按钮,系统弹出"填制凭证"界面,在该界面选择凭证类别为"转账凭证",选择完毕,单击"保存"按钮,系统自动生成一张工资分摊转账凭证界面,如图 5-46 所示。

4.这张自动生成的机制凭证,自动转入电算化会计系统的总账系统,经有关人员审核签字后即可记账。

## 5.3.8 月末结转

月末结转是将当月的工资数据经过处理后结转至下月。每月工资数据处理完毕后均可进行月末结转。由于在工资项目中,有的项目是变动的,即每月的数据均不相同,在每月工资处理时,均需将其数据清零,而后输入当月的数据,此类项目即为清零项目。

月末结转的操作方法与步骤是:

1.以工资核算员的身份登录系统,在"工资管理系统"主界面,单击"月末处理"功能图标,系统弹出"月末处理"界面,如图 5-47 所示。

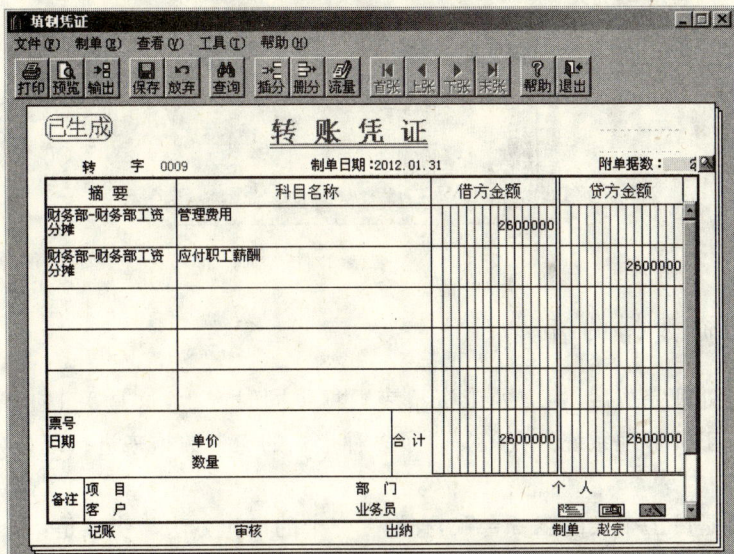

图 5-46　工资分摊转账凭证界面

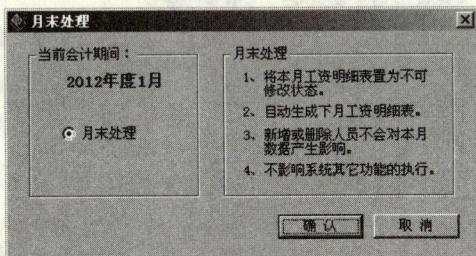

图 5-47　"月末处理"界面

2. 在"月末处理"界面，系统提示"当前会计期间是 2012 年度 1 月"，并对"月末处理"后的系统状态进行提示，在仔细阅读提示后，单击"确认"按钮，系统弹出月末处理提示界面，如图 5-48 所示。

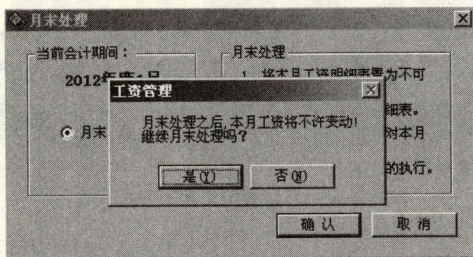

图 5-48　月末处理提示界面

3. 在月末处理提示界面，单击"是（Y）"按钮，系统将提示是否进行清零工作，如果选择"是"，系统弹出"选择清零项目"界面，如图 5-49 所示。

4. 在"选择清零项目"界面，选择清零项目为"应发合计""扣款合计""实发合计"三项，选择完毕，单击"确认"按钮，最终系统提示"月末处理结束"。

月末处理结束后，就不能再处理当月工资业务了，但可以查询当月的各类工资数据。

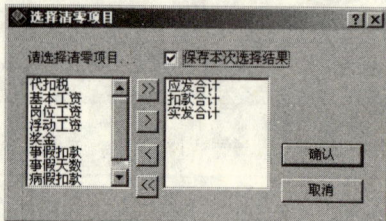

图 5-49  "选择清零项目"界面

### 5.3.9  工资数据的查询

工资业务处理完成后,相应的工资报表数据也同时产生,这是手工工资业务处理所无法比拟的。工资管理系统为我们提供了多种形式的工资数据来进行统计分析工作。

**1. 工资卡**

工资卡就是员工个人的工资台账,查询工资卡的操作方法与步骤是:

(1)以工资核算员的身份登录系统,在"工资管理系统"主界面,单击查询区域的"工资卡"功能图标,系统弹出"工资卡"界面,如图 5-50 所示。

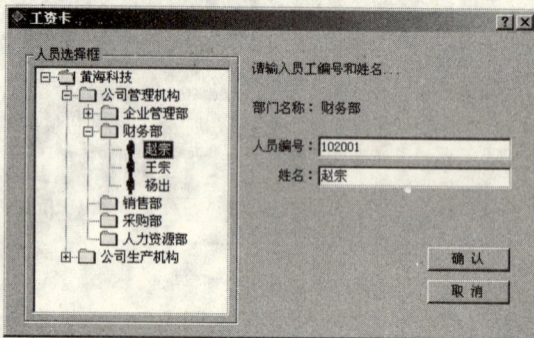

图 5-50  "工资卡"界面

(2)在"工资卡"界面的"人员选择框"中选择"财务部",在"姓名"文本框中输入"赵宗",单击"确认"按钮,系统弹出"员工工资台账"界面,如图 5-51 所示。

图 5-51  "员工工资台账"界面

（3）在"员工工资台账"界面,可查询员工个人各个月份的工资数据,查询完毕,单击"退出"按钮,退出工资账表查询。

**2. 部门工资汇总表**

部门工资汇总表就是按部门汇总的工资数据。查询部门工资汇总表的操作方法与步骤是:

（1）以工资核算员的身份登录系统,在"工资管理系统"主界面,单击查询区域的"部门工资汇总表"功能图标,系统弹出"部门工资汇总表"界面,如图 5-52 所示。

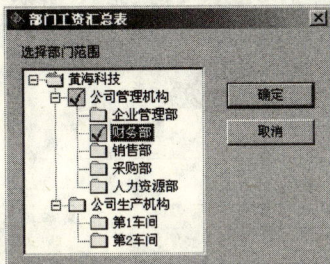

图 5-52 "部门工资汇总表"界面

（2）在"部门工资汇总表"界面,"选择部门范围"为"财务部",单击"确定"按钮,系统弹出"部门工资汇总表"界面,如图 5-53 所示。

图 5-53 "部门工资汇总表"界面

（3）在"部门工资汇总表"界面中,可查询各部门工资汇总数据,查询完毕,单击"退出"按钮,退出工资账表查询。

**3. 工资发放签名表**

工资发放签名表主要用于单位工资发放时员工签名。在采用由银行代发工资的会计核算单位,主要用于员工工资发放的备查使用。查询工资发放签名表的操作方法与步骤是:

（1）以工资核算员的身份登录系统,在"工资管理系统"主界面,单击查询区域的"工资发放签名表"功能图标,系统弹出"工资发放签名表"界面,如图 5-54 所示。

（2）在"工资发放签名表"界面,选择部门范围为"财务部",单击"确认"按钮,系统弹出"工资发放签名表"界面,如图 5-55 所示。

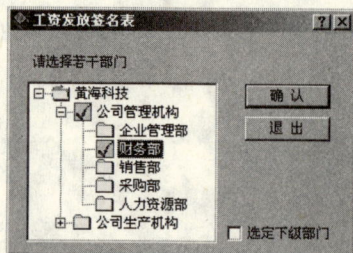

图 5-54 "工资发放签名表"界面

图 5-55 "工资发放签名表"界面

(3)在"工资发放签名表"界面中,可打印输出各部门工资发放签名表,查询完毕,单击"退出"按钮,退出工资账表查询。

**4.工资发放条**

工资发放条主要用于单位员工核对工资。查询工资发放条的操作方法与步骤是:

(1)以工资核算员的身份登录系统,在"工资管理系统"主界面,单击查询区域的"工资发放条"功能图标,系统弹出"工资发放条"界面,如图 5-56 所示。

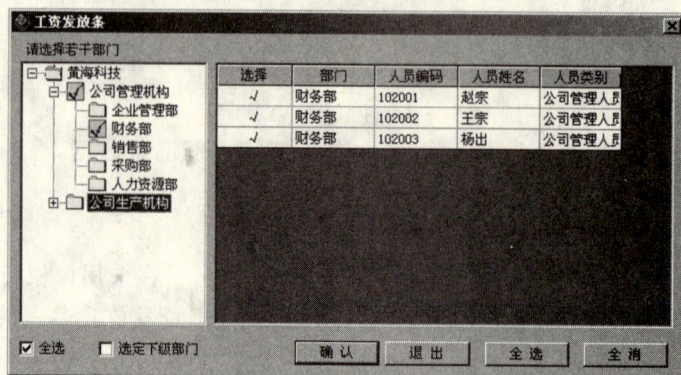

图 5-56 "工资发放条"界面

(2)在"工资发放条"界面,选择部门范围为"财务部",选择财务部的全体人员(选中"全选"),单击"确认"按钮,系统弹出"工资发放条"界面,如图 5-57 所示。

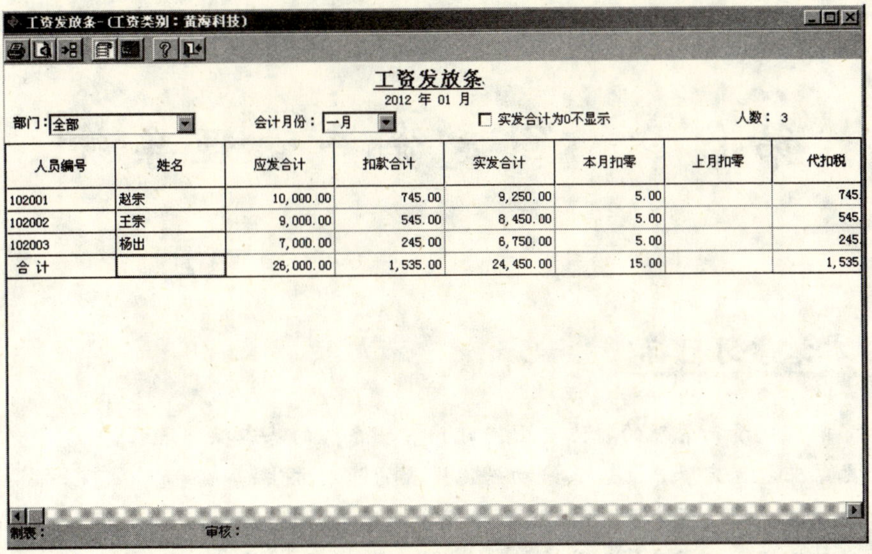

图 5-57 "工资发放条"界面

（3）在"工资发放条"界面中，可打印输出各部门的工资发放条，查询完毕，单击"退出"按钮，退出工资账表查询。

至此，我们就完成了工资管理系统的全部操作。

## 复习思考题

1. 简述工资管理的特点。

2. 简述工资管理系统中的基本操作过程。

3. 简述建立工资核算账套的操作方法与步骤

4. 简述工资管理系统中的初始化设置的方法和步骤。

5. 如何设置工资项目和工资计算公式？

6. 如何进行工资变动管理？

7. 如何进行工资分摊处理？

8. 如何查询工资卡、工资部门汇总表、工资发放签名表、工资发放条？

# 第6章 固定资产管理系统

## 本章学习目标

- 了解固定资产管理的特点与固定资产管理系统的基本操作过程；
- 熟练掌握固定资产管理系统初始化设置的基本方法；
- 熟练掌握固定资产卡片管理、增减处理与变动处理的基本方法；
- 熟练掌握固定资产管理系统折旧计提、制单处理、对账及结账等期末业务处理；
- 掌握固定资产数据查询、输出的基本方法。

## 本章案例

黄海科技有限公司在完成电算化会计系统初始化、总账系统业务处理、工资管理系统业务处理之后，于2012年1月1日启用了固定资产管理系统，由公司财务部负责固定资产管理系统专项核算工作。

黄海科技有限公司财务部固定资产管理系统专项核算工作过程如下：

1. 固定资产管理系统的初始化。根据黄海科技有限公司机构设置、固定资产设备分布情况和固定资产核算特点，启用固定资产管理系统，建立了公司的固定资产核算账套并进行了初始化设置，初始化设置的主要内容包括：选项设置、部门档案设置、部门对应科目设置、资产类别、增加方式、使用状况、折旧方法设置等，经过初始化设置，将一个通用的固定资产管理系统变成了一个符合黄海科技有限公司管理要求的专用固定资产管理系统。

2. 固定资产业务处理。固定资产管理系统日常业务处理主要包括固定资产卡片管理、固定资产增加和减少业务处理、固定资产变动处理，月末由财务部对各项固定资产数据进行期末处理，包括计提折旧、生成记账凭证，固定资产对账、结账，同时生成各种固定资产报表文件。

固定资产管理是电算化会计系统的一个子系统，其初始化工作既需要电算化会计系统的基础信息（如部门机构信息），也需要在固定资产管理系统中设置。在初始化设置过程中，固定资产原始卡片的录入量较大，若企业的固定资产管理工作比较规范，可以将企业的原固定资产卡片资料通过数据接口批量导入固定资产管理系统，这样可以大大减轻基础设置的工作量。此外，对各类固定资产计提折旧和固定资产增减变动处理，并进行相应的制单处理，也是固定资产核算的一项重要内容，所以固定资产管理和核算工作具有重复性特点，也非常适合采用电算化会计系统进行管理和核算工作。

# 6.1　固定资产管理系统概述

## 6.1.1　固定资产管理系统的概念与特点

**1. 固定资产管理系统的概念与功能**

固定资产管理系统是专门用于企业、事业单位对固定资产核算与管理的软件,固定资产管理系统主要功能是完成企业固定资产日常业务的管理,生成固定资产卡片,按月反映固定资产的增加、减少、原值变化及其他变动,并输出相应的增减变动明细账,按月自动计提折旧,生成折旧分配凭证,同时输出一些相关的报表和账簿。

**2. 固定资产管理系统的特点**

固定资产管理系统与总账系统、工资管理系统等相比,有三个明显的特点:

(1)数据存储量大。在一般企业中,固定资产不仅价值高,而且数量也比较多,同时反映每一项资产的信息项目也比较多,根据管理的需要为每项固定资产建立卡片,所以数据存储量大。

(2)日常输入数据少。固定资产管理系统投入运行之后,一般只有在固定资产发生购入以及内部调动等情况下需要输入新数据。除此之外,需要输入的数据一般很少。这对于固定资产管理系统来说,大大减少了出错的可能性。

(3)输出数据多。在固定资产管理系统中,系统日常输出的数据比日常输入的数据要多。由于使用的目的不同,往往同一项固定资产数据要反映在不同的账表上。在手工方式上,这种账表编制的工作量不仅很大,而且受手工条件的限制,容易出现数据不一致的差错。采用计算机处理后,输出的速度不但能够提高,且可以避免数据的不一致现象。

## 6.1.2　固定资产管理系统的基本功能模块

固定资产管理系统的基本任务是完成企业的固定资产日常业务的核算和管理,生成固定资产卡片,按月反映企业固定资产的各种变动情况,并输出相应的增减变动明细账,在动态管理固定资产的同时,还能自动计提折旧,生成折旧分配凭证,输出与设备管理相关的报表、账簿,分析企业资产的利用效果。

固定资产管理系统的基本任务主要通过以下功能模块(如图 6-1 所示)来实现:

**1. 固定资产管理系统初始设置**

要想运行固定资产管理系统账套,必须要进行系统的初始设置工作,初始设置工作主要包括:初始化设置、部门设置、类别设置、使用状况定义、折旧方法定义、增减方式定义、卡片项目定义、卡片样式定义等。这是固定资产管理系统有效运转的基础。

**2. 固定资产卡片管理**

固定资产管理在企业中常分为两部分:一部分是固定资产卡片台账管理,另一部分是固定资产的会计处理。固定资产管理系统既考虑了使用者的习惯,又兼顾了管理的科学性,系统从卡片、变动单和资产评估三个方面来实现卡片的管理。卡片中记录原始卡片、卡片修改、卡片删除、资产增加及资产减少等信息,既实现了固定资产的文字资料管

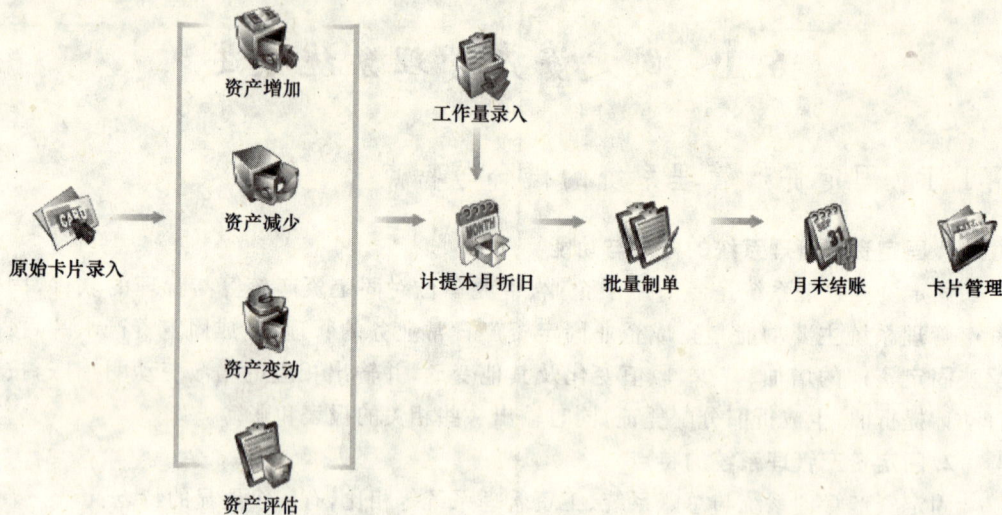

图 6-1　固定资产管理系统的基本功能模块

理,又实现了固定资产的图片管理;变动单中记录固定资产的各种变动信息。

**3. 固定资产的折旧管理**

自动计提折旧形成折旧费用清单和折旧费用分配表,按折旧费用分配表自动制作记账凭证再传送到总账系统中,在固定资产管理系统中可以对此凭证修改、删除、查询。

**4. 月末结账、对账**

月末,按系统初始设置与总账系统接口,自动与总账系统进行对账,并根据对账结果和初始设置决定是否结账。

**5. 固定资产的账表查询**

通过"我的账表"功能图标可以对系统提供的全部固定资产账表进行管理,资产的管理部门也可以随时查询各种账表,如固定资产分析表、统计表、固定资产账簿和折旧表等,以便提高管理效率。

## 6.1.3　固定资产管理系统的基本操作过程

企业会计制度中要求,不同性质的企业固定资产的会计处理方法不同,在固定资产管理系统中提供了企业和行政事业单位两种应用方案,两者的差别是行政事业单位不计提折旧,也就是所有与折旧有关的操作在行政事业单位的操作流程中都不体现。如图 6-2 所示的就是以新的企业单位应用方案为例的固定资产管理系统的基本操作过程。

从图 6-2 可知,固定资产管理系统操作过程主要分为三个阶段,即固定资产管理系统初始化、固定资产日常业务处理、固定资产期末业务处理。

**1. 固定资产管理系统初始化**

在初始化前必须先启动固定资产管理系统,进行系统的初始设置工作:卡片项目定义、卡片样式定义、折旧方法定义、资产类别设置、部门设置、使用状况设置、增减方式设置等。通过初始化设置,将一个通用的固定资产管理系统转化成符合企业固定资产核算和管理需要的专用固定资产管理系统。

系统初始化

基础设置

| 卡片项目定义 | 卡片样式定义 | 折旧方法定义 | 资产类别设置 | 部门设置 | 使用状况设置 | 增减方式设置 |
|---|---|---|---|---|---|---|

日常操作

原始卡片录入

| 资产增加 | 卡片修改 | 资产减少 | 卡片删除 |
|---|---|---|---|

| 原值变动 | 部门转移 | 使用状况变动 | 折旧方法调整 | 使用年限调整 | 累计折旧调整 | 工作总量调整 | 净残值调整 | 类别调整 | 资产评估 |
|---|---|---|---|---|---|---|---|---|---|

期末处理

折旧计提 → 批量制单 → 对账 → 月末结账

打印账表

时间=12　是　转入下年　否

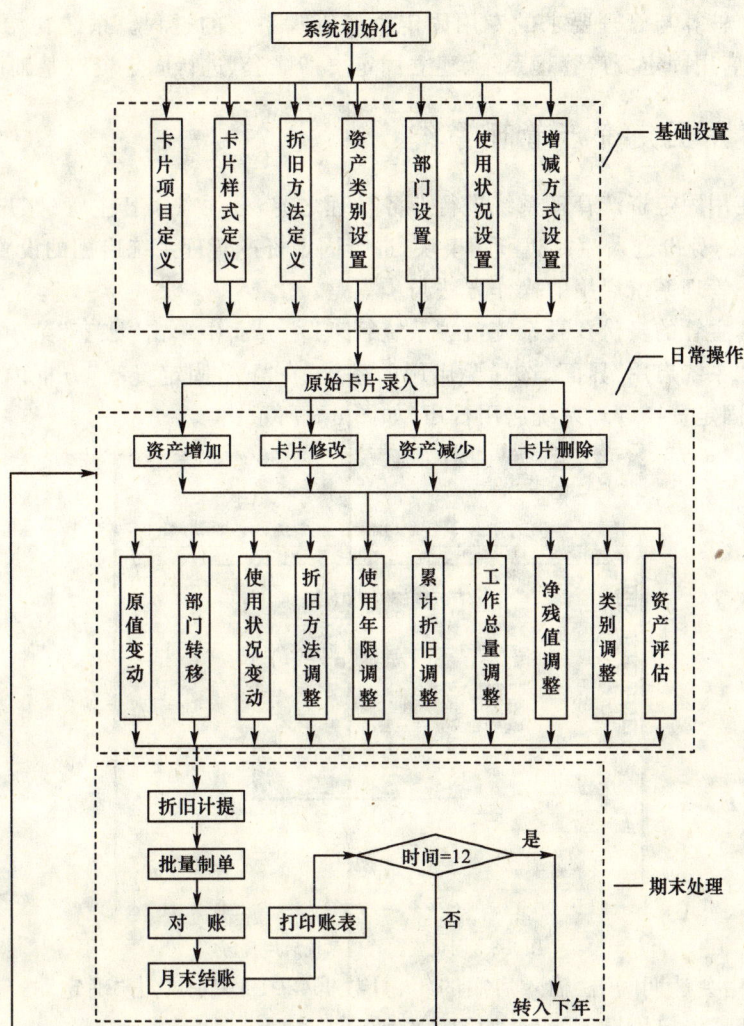

图 6-2　固定资产管理系统基本操作过程

**2. 固定资产日常业务处理**

固定资产日常业务处理分为两部分:一部分是固定资产卡片台账管理,另一部分是固定资产的会计处理。固定资产卡片台账从卡片修改、删除两个方面来实现卡片的管理,通过资产增加、资产减少、资产变动进行相应的会计核算处理,实现自动制作记账凭证并传送到总账系统的最终目的。

**3. 固定资产期末业务处理**

固定资产期末处理主要是在月末对各类固定资产计提折旧,通过折旧分配表自动产生折旧费用分摊凭证进行转账处理;月末进行固定资产管理系统对账、结账,并查询固定资产相关账表。

# 6.2　固定资产管理系统初始化

固定资产管理系统初始化,就是把一个通用的商品化固定资产软件,变成一个符合企业固定资产核算与管理要求的专用固定资产管理系统的过程。系统初始化设置的内容主要包括:启用固定资产管理系统、建立固定资产账套、进行固定资产基础设置。

## 6.2.1　启用固定资产管理系统

我们在使用固定资产管理系统进行业务处理之前,必须以账套主管(账户名"demo",口令"demo")的身份进入"系统管理"模块,进行固定资产管理系统启用的设置。

固定资产管理系统启用的操作方法与步骤是:

1.以账套主管的身份登录系统,在"系统管理"主界面中单击"账套"菜单下"启用"命令,系统弹出"系统启用"界面,选择要启用的系统,在"FA 固定资产"方框内打上"√"标识,系统弹出固定资产管理系统启用日历,如图 6-3 所示。

图 6-3　固定资产管理系统启用日历

2.在"启用会计期间"栏输入启用的年、月数据(2012-01),单击"确定"按钮,系统弹出固定资产管理系统启用提示信息,如图 6-4 所示。

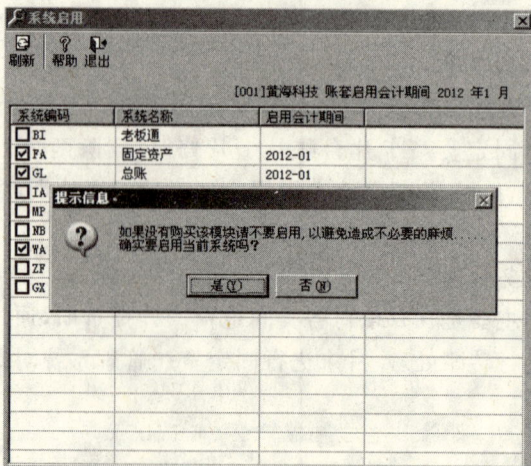

图 6-4　固定资产管理系统启用提示信息

3.单击"是(Y)"按钮,保存此次的启用信息,启用"固定资产"功能模块后,系统将当前操作员写入启用人,操作结果如图 6-5 所示。

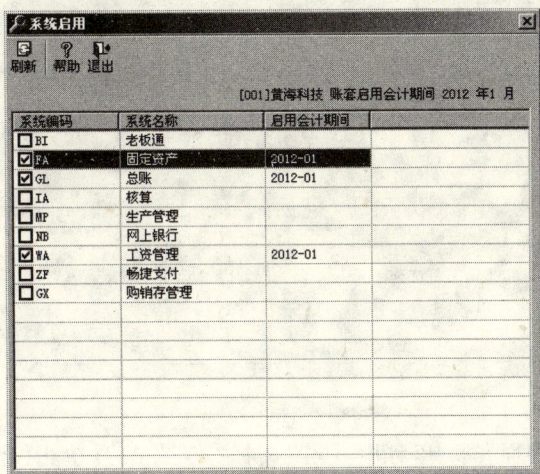

图 6-5　固定资产管理系统启用操作结果界面

## 6.2.2　建立固定资产账套

建立固定资产账套的操作方法与步骤是:

1.以账套主管身份登录"T3-用友通标准版"主界面,单击"固定资产"功能图标,由于是第一次进入"固定资产"模块,系统将弹出初始化提示界面,如图 6-6 所示。

图 6-6　固定资产管理系统初始化提示界面

2.在固定资产管理系统初始化提示界面,单击"是(Y)"按钮,系统进入固定资产初始化向导1——"约定及说明"界面,如图 6-7 所示。

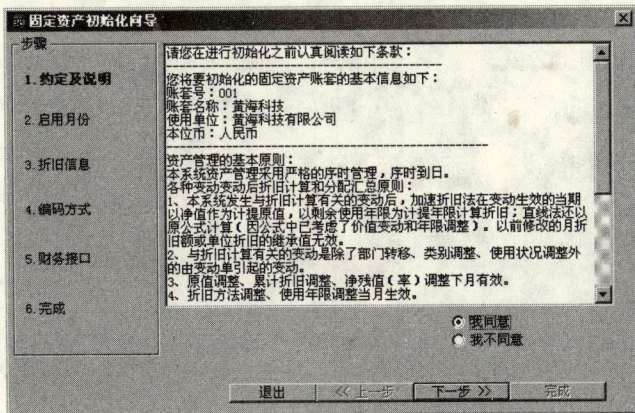

图 6-7　"约定及说明"界面

3.在"约定及说明"界面,选中"我同意"单选按钮,单击"下一步"按钮,系统进入"启用月份"界面,如图 6-8 所示。

图6-8　"启用月份"界面

4.在"启用月份"界面,"账套启用月份"选择"2012.01",单击"下一步"按钮,系统进入"折旧信息"界面,如图6-9所示。

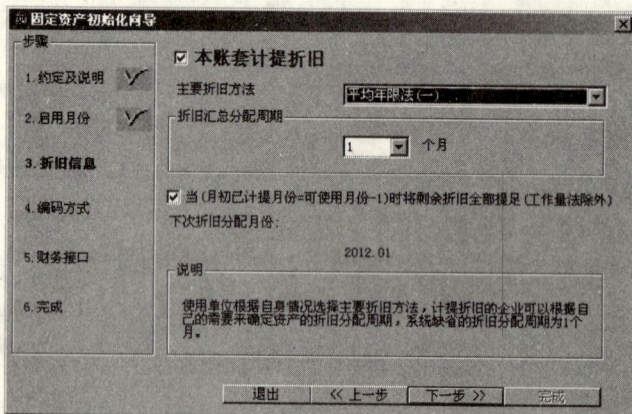

图6-9　"折旧信息"界面

5.在"折旧信息"界面,"主要折旧方法"选择"平均年限法(一)",单击"下一步"按钮,系统进入"编码方式"界面,如图6-10所示。

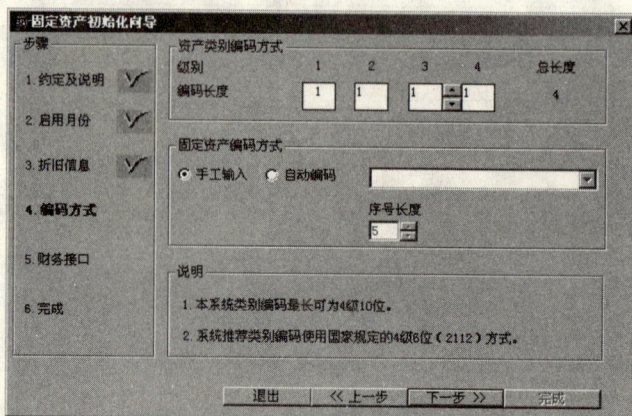

图6-10　"编码方式"界面

6.在"编码方式"界面,"资产类别编码方式"选择为"1111","固定资产编码方式"选择"手工输入"后，单击"下一步"按钮，系统进入"财务接口"界面，如图6-11所示。

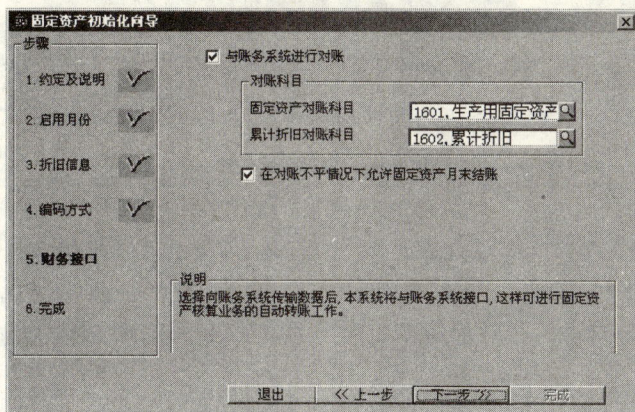

图 6-11 "财务接口"界面

7.在"财务接口"界面，选中"与账务系统进行对账"，"固定资产对账科目"选择"1601 生产用固定资产"，"累计折旧对账科目"选择"1602 累计折旧"，选中"在对账不平情况下允许固定资产月末结账"，单击"下一步"按钮，系统进入"完成"界面，如图 6-12 所示。

图 6-12 "完成"界面

8.在"完成"界面，系统把固定资产账套的主要参数都显示出来，如设置不正确，可单击"上一步"按钮退回进行修改；如设置正确，单击"完成"按钮，系统弹出是否保存对新账套的所有设置提示界面，如图6-13所示。

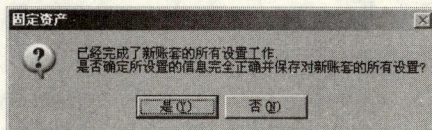

图 6-13 固定资产账套设置提示界面

9.在固定资产账套设置提示界面，单击"是（Y）"按钮，系统弹出"已成功初始化本固定资产账套"提示界面，如图 6-14 所示。

10.在"已成功初始化本固定资产账套"提示界面，单击"是（Y）"按钮，完成固定资产账套的初始化操作。

图 6-14 "已成功初始化本固定资产账套"提示界面

## 6.2.3 进行固定资产基础设置

在启用固定资产管理系统进行业务处理之前,必须对固定资产管理系统进行设置,包括选项、卡片项目、卡片样式、折旧方法、部门档案、资产分类、使用状况、增减方式等设置,这些设置是使用固定资产管理系统进行资产管理和核算的基础,所以我们称之为基础设置。

**1.选项设置**

选项设置包括了账套初始化设置的参数和其他一些账套在运行中用到的一些参数。

我们在建立固定资产账套过程中设置过一些规则参数,在选项设置时可对一些参数做适当的修改。选项设置的操作方法与步骤是:

(1)以账套主管的身份登录系统,在"T3-用友通标准版"主界面,单击"固定资产"菜单下"设置"子菜单的"选项"命令,系统弹出"选项"界面,如图 6-15 所示。

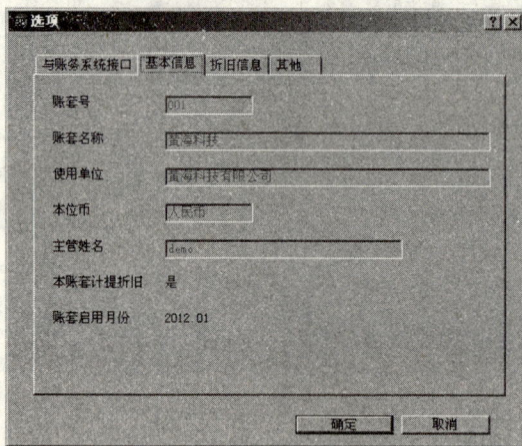

图 6-15 "选项"界面

(2)在"选项"界面,显示的是固定资产的基本信息,该界面有"与账务系统接口""基本信息""折旧信息""其他"四个页签。

单击"折旧信息"页签,系统弹出固定资产管理系统"折旧信息"界面,如图 6-16 所示。

单击"与账务系统接口"页签,系统弹出"与财务系统接口"界面,如图 6-17 所示。

(3)"与账务系统接口"界面,采用系统默认的设置参数,"固定资产对账科目"选择"1601 固定资产","累计折旧对账科目"选择"1602 累计折旧"。设置完毕,单击"确定"按钮,保存设置。其他页签的参数设置采用图示的设置参数。

**2.部门档案设置**

以账套主管的身份登录系统,在"T3-用友通标准版"主界面,单击"固定资产"菜单下"设置"子菜单的"部门档案"命令,系统弹出"部门档案"界面,如图 6-18 所示。

图 6-16 "折旧信息"界面

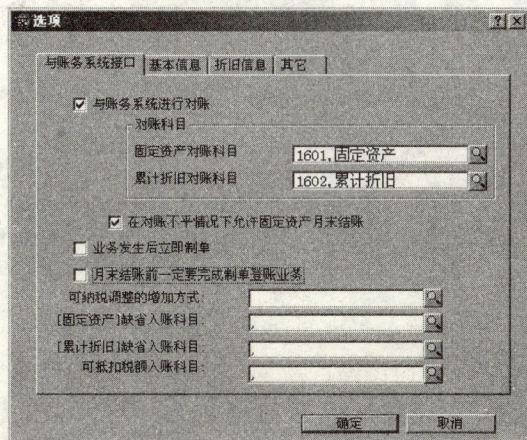

图 6-17 "与账务系统接口"界面

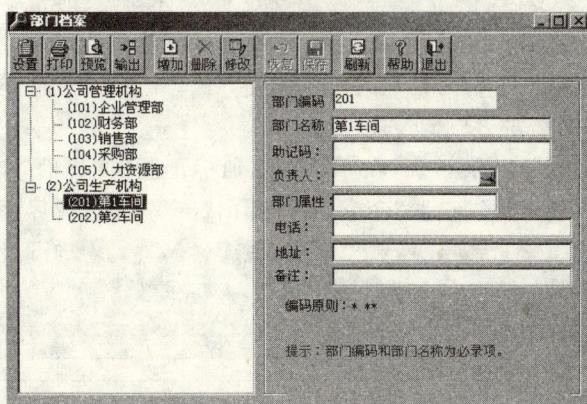

图 6-18 "部门档案"界面

　　我们在此可以对企业的各部门进行分类和描述,以便于确定资产的归属。由于我们在电算化会计软件中的"基础设置"中已经录入,固定资产管理系统的"部门档案"与"基础设置"中的"部门档案"是共享的,我们可直接引用或加以修改。

**3. 部门对应折旧科目设置**

固定资产计提折旧后必须把折旧归入成本或费用,根据不同使用者的具体情况按部门或按类别归集。某一部门所属的固定资产折旧费用将归集到一个比较固定的科目,所以部门对应折旧科目设置就是给部门选择一个折旧科目,录入卡片时,该科目自动显示在卡片中,不必一个一个输入,这样可提高工作效率。然后在生成部门折旧分配表时每一部门按折旧科目汇总,生成记账凭证。

例如,将第1车间固定资产对应折旧科目设置为"5101 制造费用"。

部门对应折旧科目设置的操作方法与步骤是:

(1)以账套主管的身份登录系统,在"T3-用友通标准版"主界面,单击"固定资产"菜单下"设置"子菜单的"部门对应折旧科目"命令,系统弹出部门对应折旧科目界面,如图 6-19 所示。

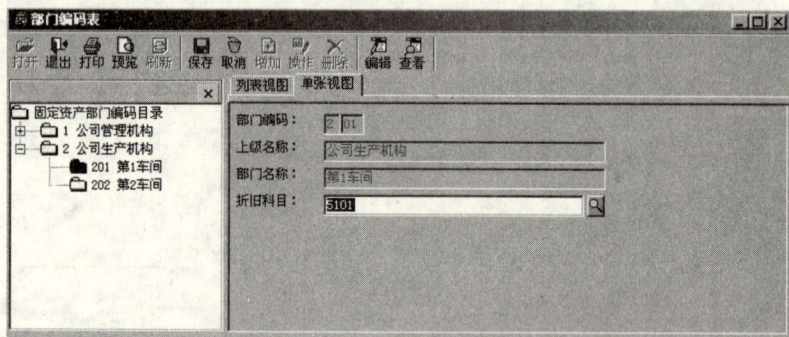

图 6-19　部门对应折旧科目界面

(2)在该界面的"固定资产部门编码目录"中选择"第1车间",设置好该部门相对应的折旧科目为"5101 制造费用"。设置完成,单击"保存"按钮。

**4. 资产类别设置**

固定资产的种类繁多,规格不一,要强化固定资产管理,及时准确做好固定资产核算,必须建立科学的固定资产分类体系,为核算和统计管理提供依据。企业可根据自身的特点和管理要求,确定一个较为合理的资产分类方法。

资产类别设置的操作方法与步骤是:

(1)以账套主管的身份登录系统,在"T3-用友通标准版"主界面,单击"固定资产"菜单下"设置"子菜单的"资产类别设置"命令,系统弹出资产分类设置界面,如图 6-20 所示。

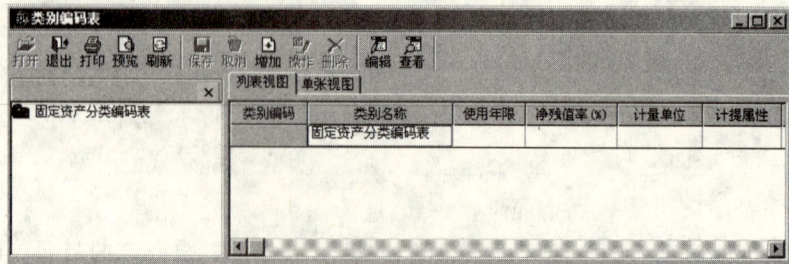

图 6-20　资产分类设置界面

(2)单击"增加"按钮,可增加新的资产类别(在此增加生产用固定资产和办公用固定资产,在生产用固定资产下分别增加厂房、生产线),增加完毕,单击"保存"按钮,保存新增类别数据。操作完成,形成固定资产类别编码表,如图 6-21 所示。

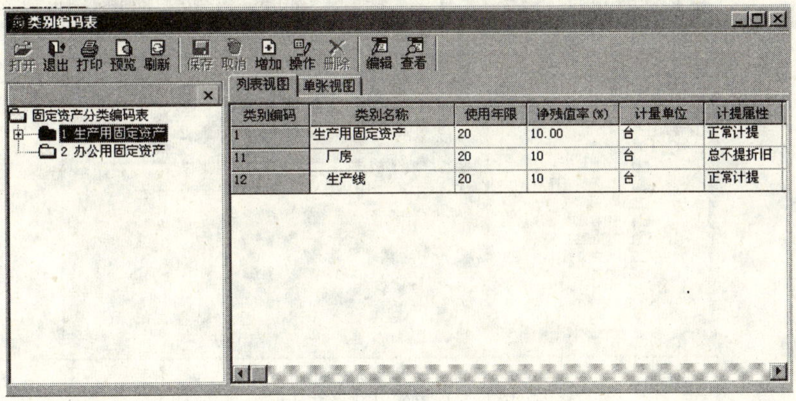

图 6-21　固定资产类别编码表

### 5. 增减方式设置

固定资产增减方式包括增加方式和减少方式两大类。资产增加或减少方式用以确定资产计价和处理原则,同时明确资产的增加和减少的方式,可以便于进行固定资产增减汇总管理。

固定资产增减方式设置的操作方法与步骤是:

(1)以账套主管的身份登录系统,在"T3-用友通标准版"主界面,单击"固定资产"菜单下"设置"子菜单的"增减方式"命令,系统弹出"增减方式"界面,如图 6-22 所示。

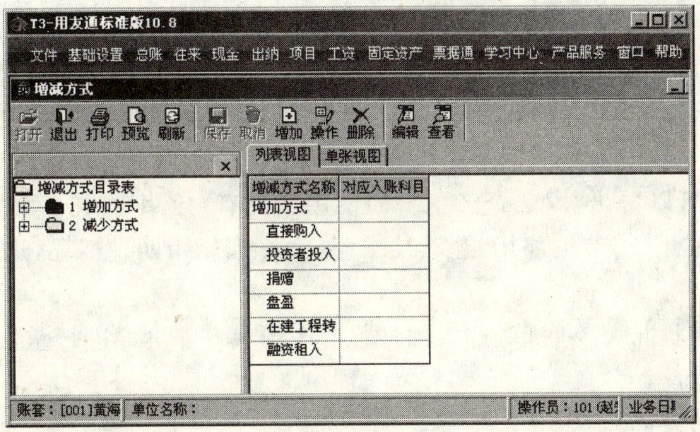

图 6-22　"增减方式"界面

(2)在"增减方式"界面的"增加方式"中选择"直接购入",单击"编辑"按钮,输入以直接购入方式增加的资产的对应入账科目为"100201 中行存款",如图 6-23 所示。

(3)设置完毕,单击"保存"按钮以保存设置。依次设置其他增加方式,再设置减少方式。

### 6. 使用状况设置

从固定资产核算和管理的角度来看,必须明确资产的使用状况,一方面可以正确地计提折旧,另一方面也便于统计固定资产的使用情况,提高资产的利用率。

固定资产使用状况设置的操作方法与步骤是:

(1)以账套主管的身份登录系统,在"T3-用友通标准版"主界面,单击"固定资产"菜

图 6-23　增减方式设置界面

单下"设置"子菜单的"使用状况"命令，系统弹出"使用状况"界面，如图 6-24 所示。

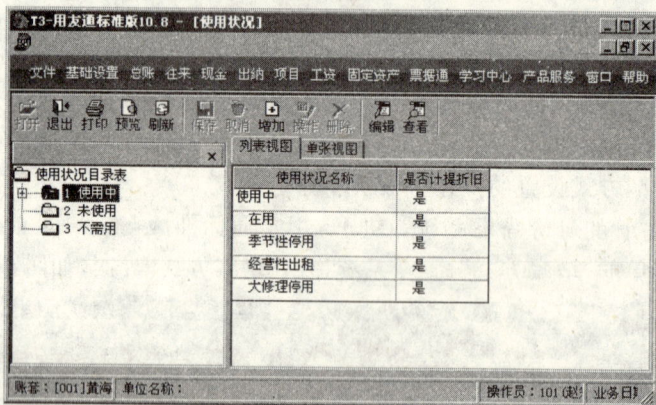

图 6-24　"使用状况"界面

从图 6-24 可以看出，固定资产主要的使用状况有：使用中、未使用、不需用三大类，"使用中"包括在用、季节性停用、经营性出租、大修理停用四种情况，这四种情况均需计提折旧。

在选定使用状况大项后单击"增加""操作""删除"按钮可进行重新设置，然后单击"保存"按钮保存设置。

**7. 折旧方法设置**

要使固定资产管理系统自动计算折旧，必须设置折旧方法。系统给出了六种常用的方法：不提折旧、平均年限法（一）、平均年限法（二）、工作量法、年数总和法、双倍余额递减法，并列出了它们的折旧计算公式。这几种方法是系统缺省的折旧方法，只能选用，不能删除和修改。

折旧方法设置的操作方法与步骤是：

(1)以账套主管的身份登录系统，在"T3-用友通标准版"主界面，单击"固定资产"菜单下"设置"子菜单的"折旧方法"命令，系统弹出"折旧方法"界面，如图 6-25 所示。

(2)在"折旧方法"界面，单击"删除"按钮，对所选定的折旧方法进行删除。单击"操作"按钮进行修改。单击"增加"按钮，弹出"折旧方法定义"界面，可增加自定义的折旧方法。

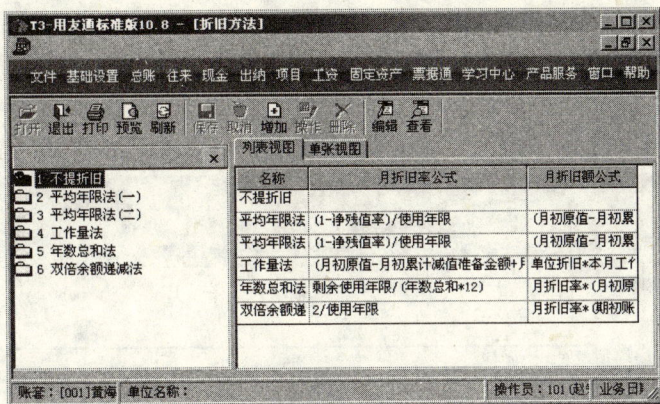

图 6-25　"折旧方法"界面

**8. 卡片项目设置**

固定资产卡片是进行固定资产管理的重要工具,卡片项目是固定资产卡片上显示资产资料的栏目,如原值、资产名称、使用年限、折旧方法等都是卡片最基本的项目。固定资产管理系统提供了一些常用卡片必备的项目,称为系统项目。但这些项目不一定都能满足企业对资产特殊管理的需要,但可以通过卡片项目定义功能来定义所需要的项目,称为自定义项目,这两部分构成卡片项目目录。

固定资产卡片项目设置的操作方法与步骤是:

(1)以账套主管的身份登录系统,在"固定资产"主界面,单击"卡片项目"功能图标,系统弹出"卡片项目定义"界面,如图 6-26 所示。

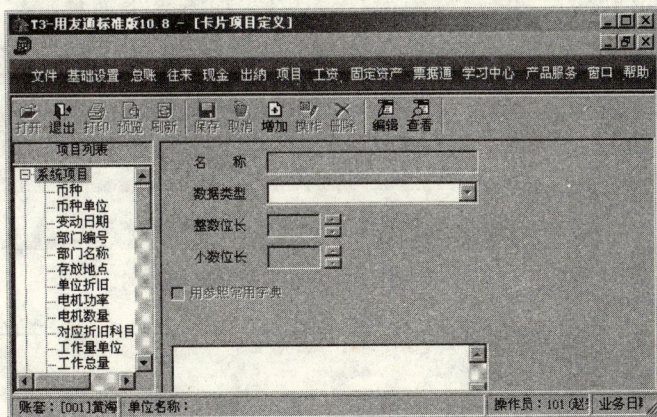

图 6-26　"卡片项目定义"界面

(2)卡片项目主要包括:名称、数据类型、整数位长、小数位长等。系统已预置了卡片项目,在左侧的"项目列表"中选中要编辑的项目,单击"操作"按钮,修改卡片项目;单击"删除"按钮删除选中的项目;单击"增加"按钮增加卡片项目。最后单击"保存"按钮,保存设置。

**9. 卡片样式定义**

卡片样式指卡片的整个外观,包括表格线、对齐形式、字体大小、字形等格式和所包含的卡片项目和卡片项目的位置。不同企业设置的固定资产卡片样式可能不同,就是同一企业对不同类别的资产,由于企业管理的内容和侧重点不同,样式也可能不同,所以固定资产管理系统提供卡片样式的定义功能,增大灵活性。

卡片样式定义的操作方法与步骤是:

(1)以账套主管的身份登录系统,在"固定资产"主界面,单击"卡片样式"功能图标,系统弹出"卡片样式管理"界面,通用样式的固定资产卡片如图 6-27 所示。

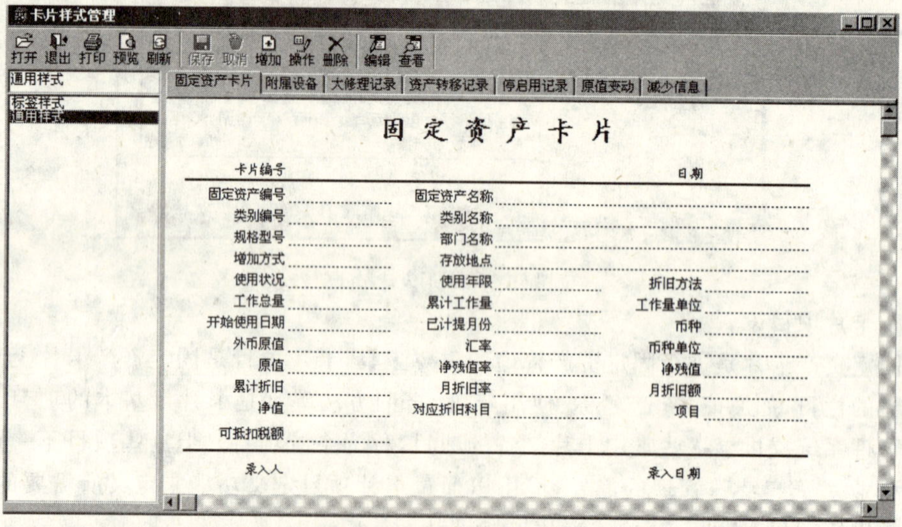

图 6-27　通用样式的固定资产卡片

(2)固定资产管理系统提供一个通用样式。单击"操作"按钮,可以按企业的固定资产管理要求进行修改。单击"增加"按钮,增加新的卡片样式,系统会提示"是否以当前卡片样式为基础建立新样式?"单击"是(Y)"按钮,结果如图 6-28 所示。

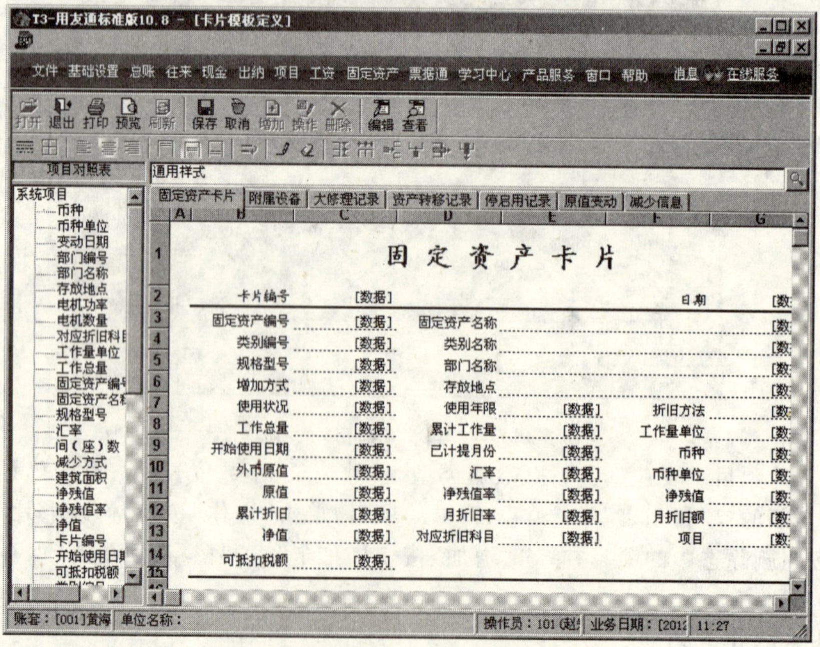

图 6-28　固定资产卡片样式模板定义界面

(3)在图 6-28 所示界面,单击"编辑"按钮可对卡片上的项目进行修改,输入本次新增卡片样式的名称,最后单击"保存"按钮,保存本次的卡片项目设置。

至此,我们就初步完成固定资产管理系统的初始化设置工作。

# 6.3　固定资产日常管理与月末处理

固定资产的日常管理主要包括平时的原始卡片录入、卡片管理、固定资产增减管理和各种变动处理;固定资产的月末处理包括计提折旧、制单、对账、结账以及固定资产账表的查询输出。

## 6.3.1　录入原始卡片

固定资产管理系统原始卡片指卡片所记录的资产的开始使用日期的月份大于其录入系统的月份。我们在使用固定资产管理系统进行核算前,必须将原始卡片资料录入系统,保持历史资料的连续性。原始卡片的录入不限制必须在第一个期间结账前,任何时候都可以录入原始卡片。

录入原始卡片的操作方法与步骤是:

1.以固定资产核算员的身份登录系统,在"固定资产"主界面,单击"原始卡片录入"功能图标,系统弹出"资产类别参照"界面,如图6-29所示。

图6-29　"资产类别参照"界面

2.在"资产类别参照"界面,先选择资产类别是为了确定卡片的样式,在此选择"生产用固定资产",单击"确认"按钮,系统弹出"固定资产卡片"界面,如图6-30所示。

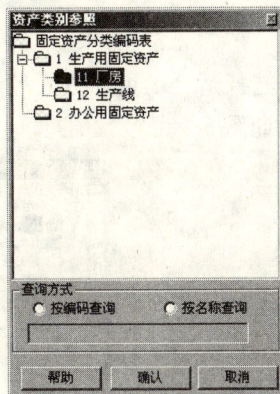

图6-30　"固定资产卡片"界面

3.在"固定资产卡片"界面,录入或参照选择固定资产卡片各项目的内容,参照选择的方法是较为方便的录入方法,例如在输入增加方式时,当鼠标指针移到增加方式的输入位置时,"增加方式"变成了按钮,单击这个按钮系统就弹出了"增加方式参照"界面,如图6-31所示。

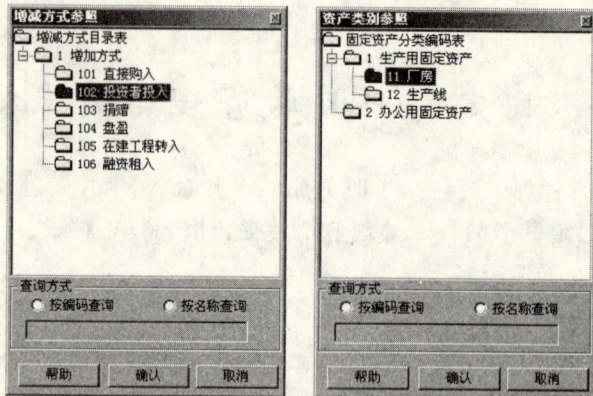

图 6-31　"增加方式参照"界面

选择适合的增加方式后单击"确认"按钮,完成了增加方式的录入。其他参照选择的样式如图 6-32 所示。

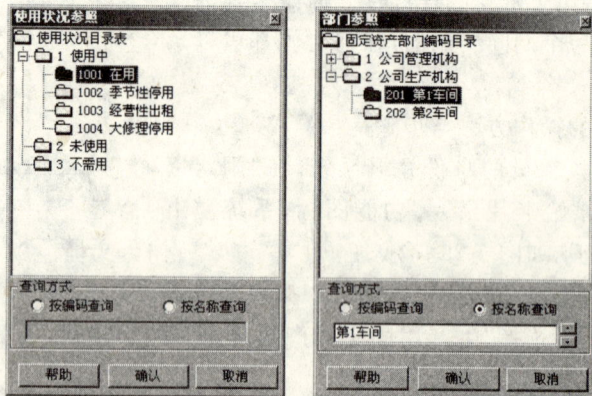

图 6-32　各类参照选择输入固定资产卡片项目界面

4.资产的主卡录入完毕,再单击其他页签,输入附属设备和录入以前卡片发生的各种变动。

5.录入卡片完毕,单击"保存"按钮,录入的卡片就保存到固定资产管理系统中。

## 6.3.2　固定资产增加

"资产增加"操作也称"新卡片录入",与"原始卡片录入"相对应。在固定资产管理系统日常使用过程中,可能会以购进或通过其他方式增加企业资产,该部分资产通过"资产增加"操作录入系统。

判断资产是通过原始卡片录入还是通过"资产增加"录入,在于资产的开始使用日期,只有当开始使用日期的期间＝录入的期间时,才能通过"资产增加方式录入"。

[例1]　黄海科技有限公司的固定资产管理系统启用时间是 2012 年 1 月 1 日,2012年 1 月 1 日,该公司第 1 车间购买一条生产线,价值 50000 元。该卡片只能通过"资产增加"方式录入。

资产增加的操作方法与步骤是:

1.以固定资产核算员的身份登录系统,在"固定资产"主界面,单击"资产增加"功能图标,系统弹出"资产类别参照"界面,如图 6-33 所示。

2.在"资产类别参照"界面,选择"办公用固定资产",单击"确认"按钮,系统弹出"固定资产卡片"界面。

3.在"固定资产卡片"界面,录入或参照选择固定资产卡片各项目的内容。

4.资产的主卡录入完毕,再单击其他页签,输入附属设备和录入以前卡片发生的各种变动。

5.录入卡片完毕,单击"保存"按钮,录入的卡片就保存到固定资产管理系统中。操作结果如图 6-34 所示。

6.因为此笔业务是资产增加,该资产需要入账,所以可执行制单功能,制单可以选择单笔业务制单,也可选择批量制单,制单的操作方法与步骤是:

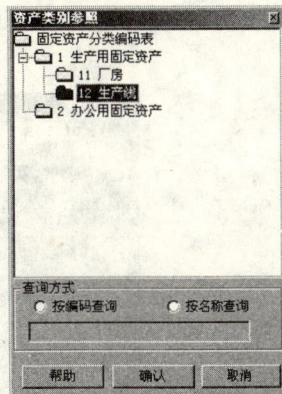

图 6-33 "资产类别参照"界面

图 6-34 固定资产增加操作结果界面

(1)以固定资产核算员的身份登录系统,在"固定资产"主界面,单击"批量制单"功能图标,系统弹出"批量制单"界面,显示"资产增加"所产生的业务单据,单击"制单选择"页签,在"制单"栏打上"Y"标识,如图 6-35 所示。

图 6-35 "制单选择"界面

143

（2）在"批量制单"界面，单击"制单设置"页签，系统弹出"制单设置"界面，如图 6-36 所示。

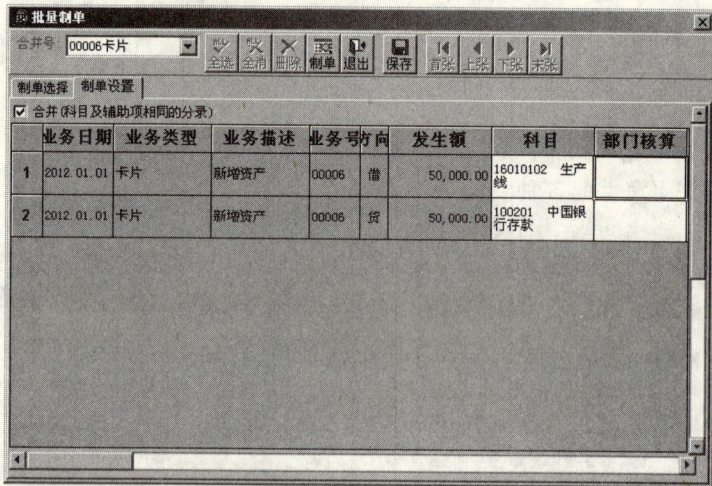

图 6-36 "制单设置"界面

（3）在"制单设置"界面，选择借方科目为"1601 固定资产"，贷方科目为"中国银行存款"，单击"制单"按钮，系统弹出"填制凭证"界面。

（4）在"填制凭证"界面，选择凭证类别为"付款凭证"，增加凭证摘要为"购半自动线"，单击"保存"按钮，系统自动产生一张机制凭证，如图 6-37 所示

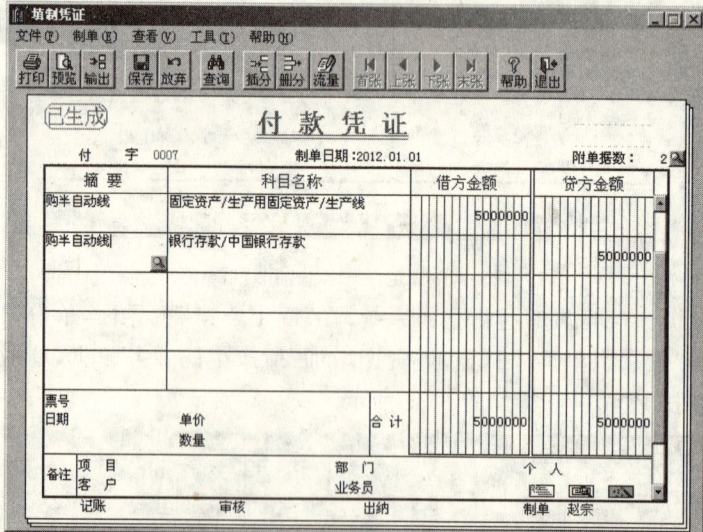

图 6-37 增加资产凭证

### 6.3.3 固定资产卡片管理

卡片是固定资产管理系统处理的对象和管理基础。卡片操作除包括录入卡片、资产增加、资产减少（这三个部分前面已讲述）之外，还包括查询卡片、修改卡片、删除卡片、打印卡片等工作，这部分工作主要通过"卡片管理"功能模块来完成。

**1. 查询卡片**

查询卡片的操作方法与步骤是：

（1）以固定资产核算员的身份登录系统，在"固定资产"主界面，单击"卡片管理"功能图标，系统弹出"卡片管理"界面，如图 6-38 所示。

图 6-38  "卡片管理"界面

（2）"卡片管理"界面提供"按部门查询""按类别查询""自定义查询"等查询功能，在查询条件下拉列表框中选择"自定义查询"，系统弹出"自定义查询"界面，如图 6-39 所示。

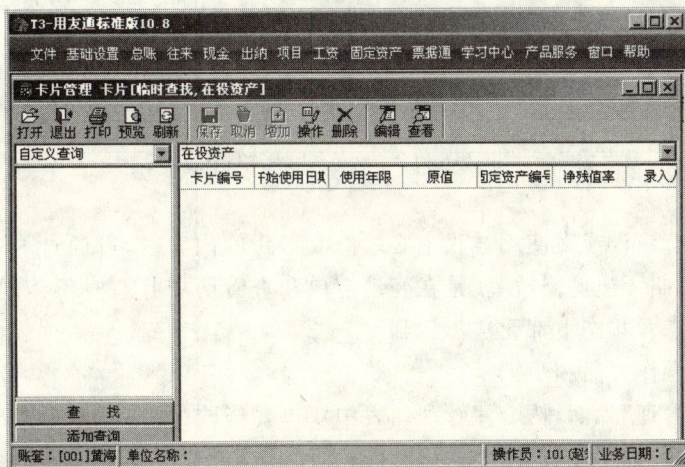

图 6-39  "自定义查询"界面

（3）在"自定义查询"界面，如该查询是临时查询，单击"查找"按钮，不保存自定义的查询条件。如日常业务处理中经常用到某一条件查询，可将该查询条件保存，以后再查询时可直接调用，单击"添加查询"按钮，弹出"查询定义"界面，如图 6-40 所示

（4）在"查询定义"界面，输入自定义查询的名称为"在役资产"后，编辑查询条件。在该界面中，单击"新增行"按钮，即可输入查询条件，每一行就是一个查询条件，如定义的查询条件由多个条件组成，各个条件可用关系符组合起来。输入查询条件后，单击"确定"按钮，右侧列表将显示符合查询条件的卡片列表，如图 6-41 所示。

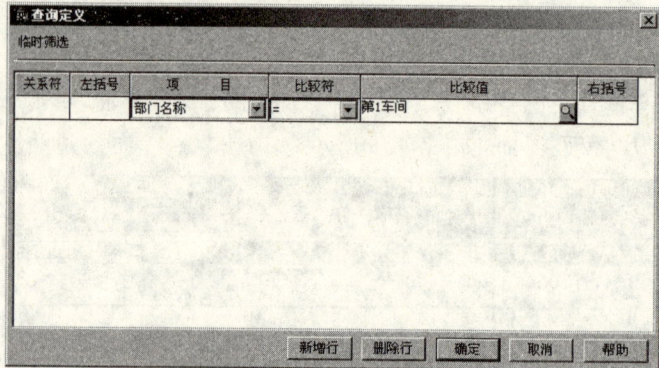

图 6-40 "查询定义"界面

图 6-41 符合查询条件的卡片列表

**2. 修改卡片**

当发现卡片有错误或在使用过程中必须修改卡片的内容时,可通过卡片修改功能来实现,这种修改也叫无痕迹修改,就是在变动清单和查看历史状态时不体现,无痕迹修改前的内容在任何查看状态下都无法再看到。

修改卡片的操作方法和步骤是:

(1)在"卡片管理"界面,从卡片管理列表中双击要修改的卡片,系统弹出所要修改的固定资产卡片界面,如图 6-42 所示。

(2)在所要修改的固定资产卡片界面,单击"操作"按钮即可进行修改,在"部门名称"和"存放地点"处输入"第2车间",修改完毕,单击"保存"按钮,保存所修改的内容,固定资产卡片修改结果如图 6-43 所示。

在修改固定资产卡片时,原始卡片的内容,如原值、使用状况、累计折旧、净残值率、折旧方法、使用年限等在没有做变动单或评估单操作的情况下,在录入当月可做无痕迹修改;如果做过变动单,则只能先删除变动单后才能做无痕迹修改;如卡片中各项目已经结过一次账,就只有通过变动单或评估单调整,不能通过卡片操作功能改变。

通过资产增加方式增加的卡片,在没有制作凭证和变动单、评估单的情况下,录入当月可无痕迹修改。如果做过变动单,则只能先删除变动单后才能做无痕迹修改。如果已

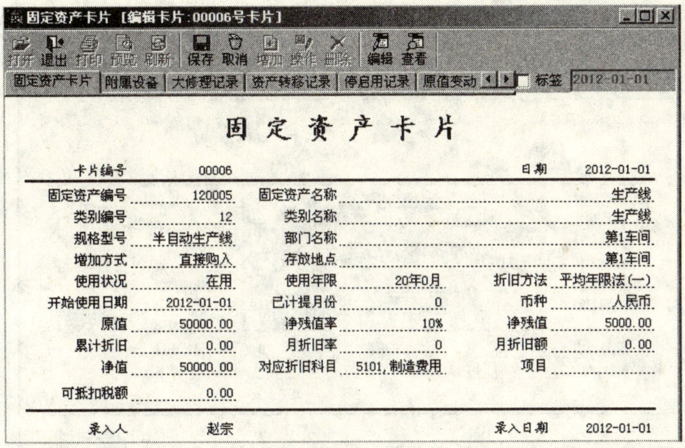

图 6-42 修改的固定资产卡片界面

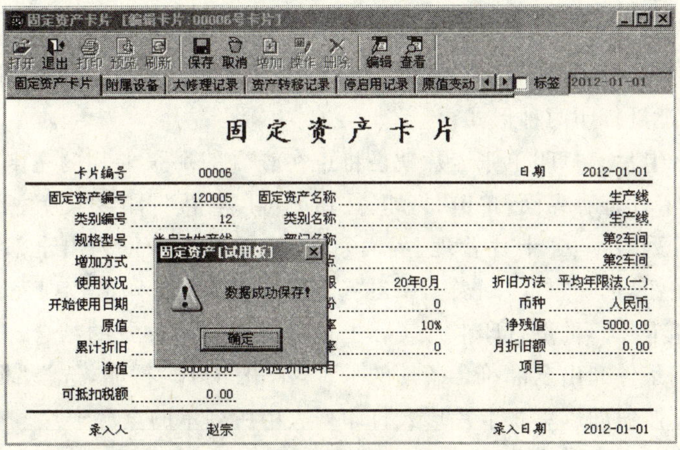

图 6-43 "固定资产卡片修改结果"界面

制作凭证,要修改原值或累计折旧,必须要先删除凭证,再做无痕迹修改。而卡片上的其他项目,任何时候均可无痕迹修改。

**3. 删除卡片**

删除卡片,是指把卡片资料彻底从系统内清除,而不是资产清理或减少。该功能只能在下列两种情况下使用:

(1)当月录入的卡片输入有错误,可以删除该卡片,其操作方法与步骤是:

在"卡片管理"界面双击要删除的卡片,单击"删除"按钮即可。系统弹出固定资产卡片删除提示界面,如图 6-44 所示,单击"确定"按钮,即可删除该卡片。

删除后如果该卡片不是最后一张,则该卡片编号保留空号(非本月录入的卡片,不能删除)。

(2)通过"资产减少"功能减少的卡片,在满足会计档案管理要求的情况下,可以将原始资料从系统中彻底清除,否则不允许删除。

应当说明的是,卡片做过一次月末结账后不能删除;要删除做过变动单或评估单的卡片,要先删除相关的变动单或评估单;在删除已制作凭证的卡片时,要先删除相应凭证后再删除卡片。

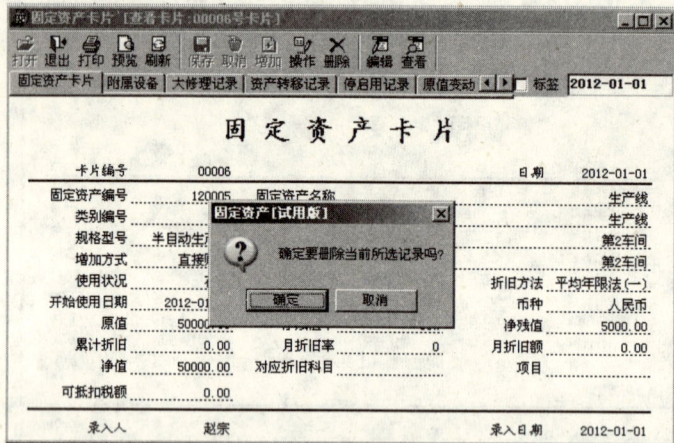

图 6-44　固定资产卡片删除提示界面

**4.打印卡片**

固定资产卡片可打印输出,卡片打印有单张卡片和卡片列表两种打印结果,卡片打印有单张打印和批量打印两种形式:

(1)打印单张卡片。打印单张卡片就是将正在查看的那张卡片的主卡及各附属表打印出来。在单张卡片查看界面,单击"打印"按钮就可以直接打印该卡片主卡及各附属表。

(2)打印卡片列表。在"卡片管理"界面,首先根据查询条件列出全部符合条件的卡片,单击"打印"按钮,选择"打印列表",单击"确定"按钮即可打印卡片列表。

(3)批量打印卡片。批量打印卡片实际上是前两种打印方式的结合。在"卡片管理"界面,先根据查询条件列出全部符合条件的卡片,单击"打印"按钮,选择"批量打印卡片"选项,单击"确定"按钮即以单张卡片形式打印列表中所列示的全部卡片。

## 6.3.4　固定资产变动处理

固定资产在使用过程中,可能会有调整卡片上某些项目的要求,并且这种变动要求留下原始凭证,制作的原始凭证称为"变动单"。

固定资产的变动包括:原值变动、部门转移、使用状况变动、使用年限调整、折旧方法调整、净残值率调整、工作总量调整、累计折旧调整、资产类别调整、变动单管理。修改其他项目,如名称、编号、自定义项目等均可直接在卡片上进行。

**1.原值变动**

原值变动有原值增加和原值减少两种。两者的操作具有相似性。

原值增加的操作方法与步骤是:

(1)以固定资产核算员的身份登录系统,在"固定资产"主界面,单击"资产变动"功能图标,系统弹出"资产减少类型"活动界面,如图 6-45 所示。

(2)在"资产减少类型"活动界面,单击"资产变动"中的"原值增加",弹出"固定资产变动单-原值增加"界面,如图 6-46 所示。

(3)在"固定资产变动单-原值增加"界面,单击"卡片编号"或"固定资产编号",出现开始使用日期、固定资产名称、变动前原值、变动前净残值、变动前净残值率等相关信息。

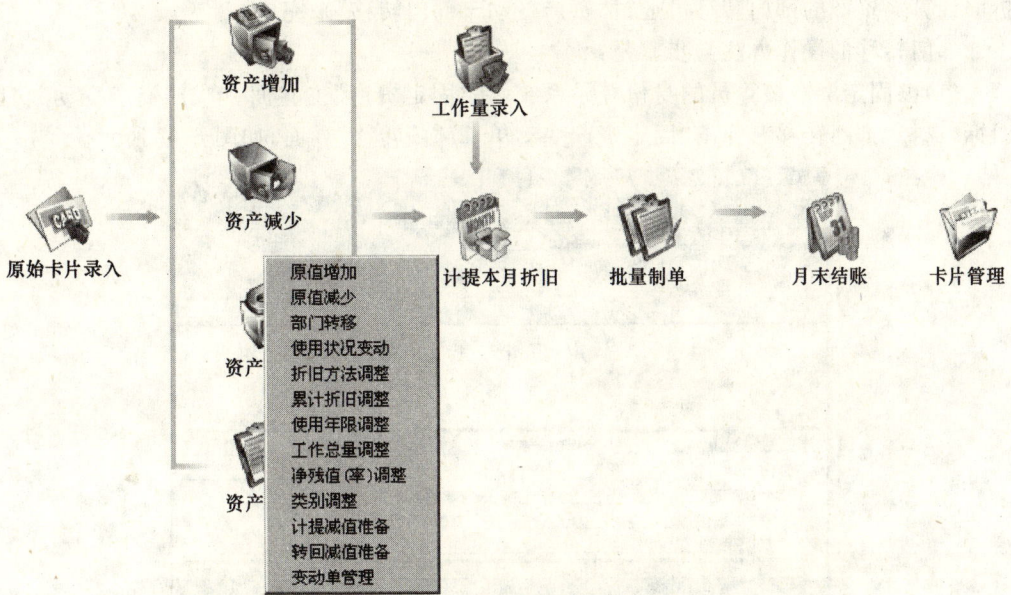

图 6-45 "资产减少类型"活动界面

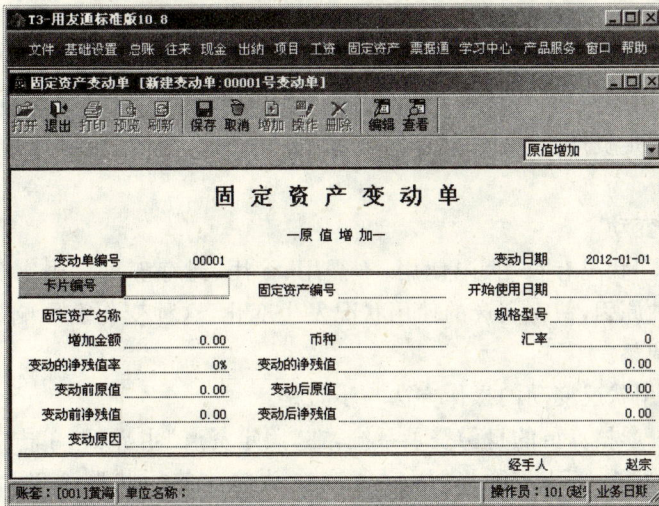

图 6-46 "固定资产变动单－原值增加"界面

输入"增加金额",系统自动计算出"变动后原值""变动后净残值"且不允许修改。如果"变动的净残值率"或"变动的净残值"不正确,可手工修改其中之一,另一个会自动计算。在输入"变动原因"后单击"保存"按钮,完成"原值增加"操作,卡片上的项目如原值、净残值、净残值率根据变动单而改变。

减少固定资产原值与增加固定资产原值的操作方法是相同的。在此不再叙述。

如果在固定资产"基础设置"选项中选择了"业务发生后立即制单",则可制作记账凭证。否则期末系统将根据"固定资产变动单"制单。

**2.部门转移**

资产在使用过程中,因内部的调配而发生部门变动要及时处理,否则会影响部门的折旧计算。资产的部门转移可通过"资产变动－部门转移"来完成。

部门转移的操作方法与步骤是：

(1)以固定资产核算员的身份登录系统，在"固定资产"主界面，单击"资产变动"功能图标，选择"部门转移"，弹出"固定资产变动单－部门转移"界面，如图 6-47 所示。

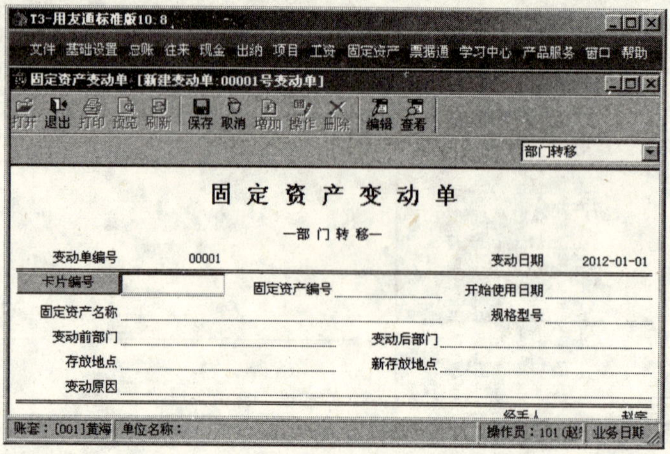

图 6-47 "固定资产变动单－部门转移"界面

(2)在"固定资产变动单－部门转移"界面，单击"卡片编号"或"固定资产编号"，系统自动出现开始使用日期、固定资产名称、变动前部门等信息。输入"变动后部门"和"变动原因"等，单击"保存"按钮，在弹出的系统提示中，单击"确认"按钮，保存本次变动结果。变动单保存后，固定资产主卡上的"部门名称"自动修改，附属页签"资产转移记录"也自动登记。

### 3. 使用状况变动

固定资产使用状况有在用、未使用、不需用、停用、封存五种。固定资产在使用过程中，可能由于某种原因，使得资产的使用状况发生变化，这种变化会影响到设备折旧的计算，要及时进行调整。

固定资产使用状况变动的操作方法与步骤是：

(1)以固定资产核算员的身份登录系统，在"固定资产"主界面，单击"资产变动"功能图标，选择"使用状况变动"，弹出"固定资产变动单－使用状况变动"界面，如图 6-48 所示。

(2)在"固定资产变动单－使用状况变动"界面，可参照选择变动后使用状况，单击"保存"按钮，在弹出的系统提示中，单击"确认"按钮，保存本次变动结果。

### 4. 使用年限调整

由于固定资产的重估、大修等原因可能会调整固定资产的使用年限。进行使用年限调整的固定资产在调整的当月就要按调整后的使用年限计提折旧，因此必须及时调整使用年限。

(1)以固定资产核算员的身份登录系统，在"固定资产"主界面，单击"资产变动"功能图标，选择"使用年限调整"，弹出"固定资产变动单－使用年限调整"界面，如图 6-49 所示。

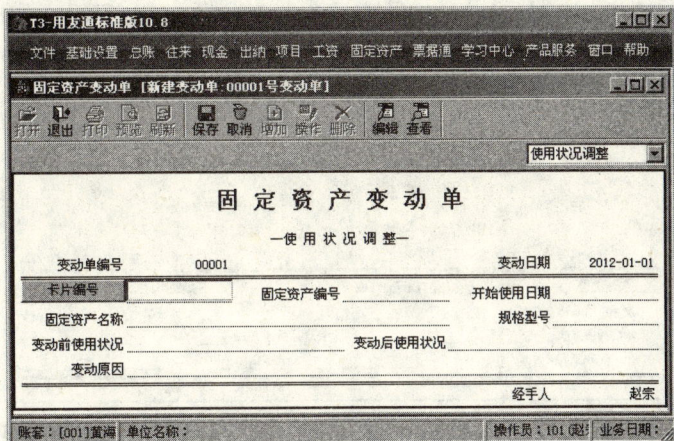

图6-48　"固定资产变动单－使用状况变动"界面

（2）在"固定资产变动单－使用年限调整"界面，可调整变动后使用年限，单击"保存"按钮，在弹出的系统提示中，单击"确认"按钮，保存本次变动结果。

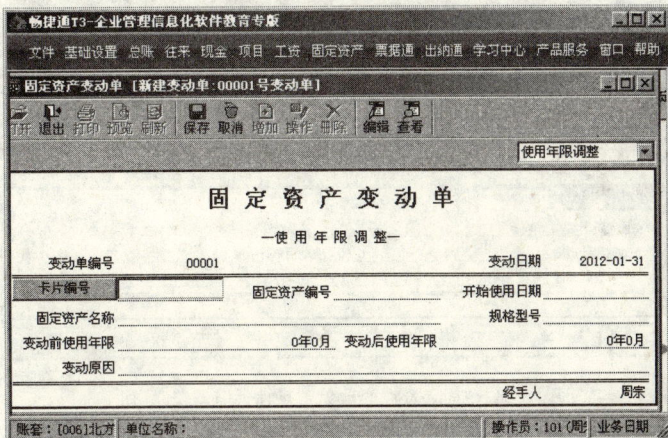

图6-49　"固定资产变动单－使用年限调整"界面

### 5.折旧方法调整

一般情况下，固定资产的折旧方法在一个会计年度内不应改变，进行折旧方法调整的资产在调整的当月就按调整后的折旧方法计提折旧。如遇特殊情况需调整的，可以固定资产核算员的身份登录系统，在"固定资产"主界面，单击"资产变动"功能图标，选择"折旧方法调整"，弹出"固定资产变动单－折旧方法调整"界面，如图6-50所示。

在"固定资产变动单－折旧方法调整"界面，调整折旧方法，单击"保存"按钮，在弹出的系统提示中，单击"确认"按钮，保存本次变动结果。

### 6.累计折旧调整

由于补提折旧或多提折旧需要调整已经计提的累计折旧，可通过调整累计折旧来实现。其操作方法与步骤是：以固定资产核算员的身份登录系统，在"固定资产"主界面，单击"资产变动"功能图标，选择"累计折旧调整"，弹出"固定资产变动单－累计折旧调整"界面，如图6-51所示。

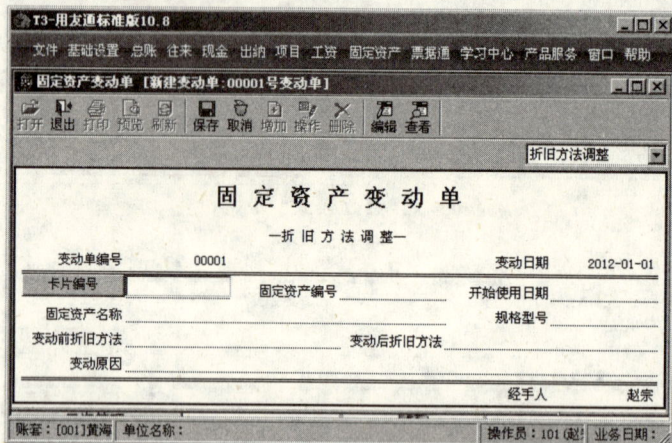

图 6-50 "固定资产变动单－折旧方法调整"界面

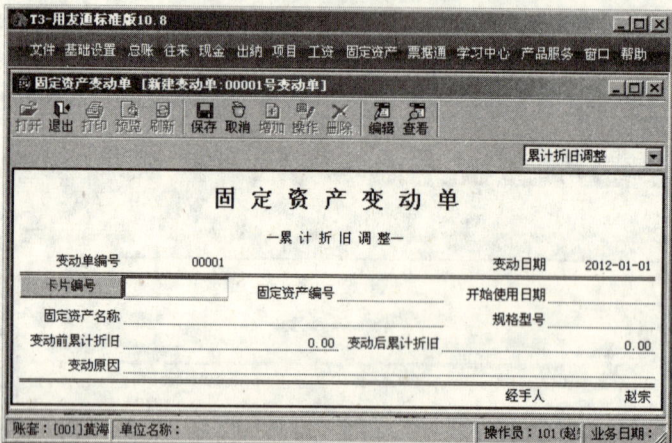

图 6-51 "固定资产变动单－累计折旧调整"界面

在"固定资产变动单－累计折旧调整"界面,输入"卡片编号"或"固定资产编号",系统自动显示固定资产的名称、开始使用日期、规格型号、变动前累计折旧等信息。输入变动后的累计折旧值和变动原因,单击"保存"按钮。单击"制单"可制作记账凭证。

**7. 变动单管理**

变动单管理可以对已制作的变动单进行综合管理。基本内容与固定资产卡片管理相同。其操作方法与步骤是:以固定资产核算员的身份登录系统,在"固定资产"主界面,单击"资产变动"功能图标,选择"变动单管理",弹出"变动单管理(全部变动单)"界面,如图 6-52 所示。在此可进行查询、删除、打印等操作。

## 6.3.5 资产评估

企业在经营活动中,根据业务需要(如对资产进行置换)或依据国家要求对部分资产或全部资产进行评估和重估,固定资产评估是固定资产管理很重要的组成部分。

固定资产评估的操作方法与步骤是:

1.以固定资产核算员的身份登录系统,在"固定资产"主界面,单击"资产评估"功能图标,系统弹出"资产评估"界面,如图 6-53 所示。

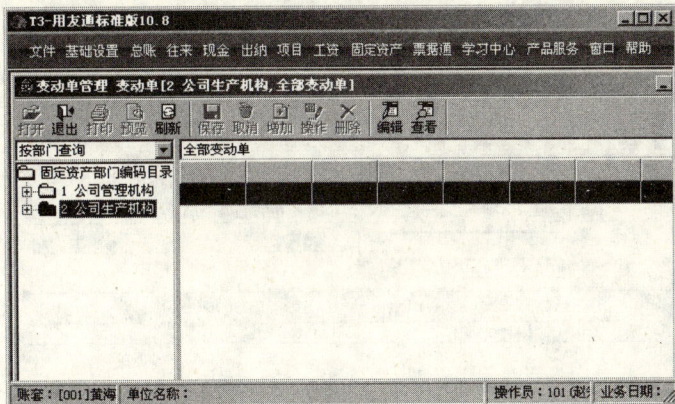

图 6-52 "变动单管理(全部变动单)"界面

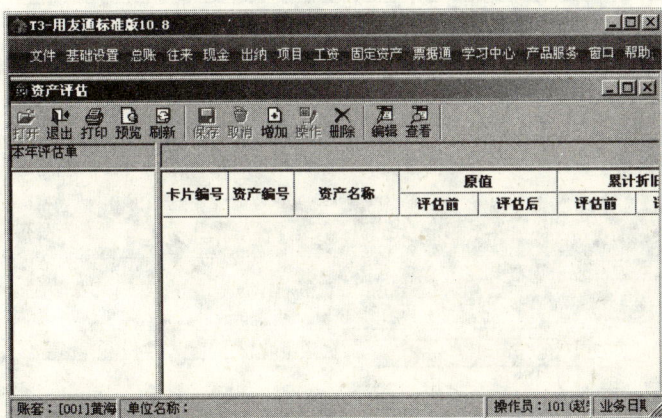

图 6-53 "资产评估"界面

2.在"资产评估"界面,单击"增加"按钮,系统弹出"评估资产选择"界面,如图 6-54 所示。

在进行资产评估时,每次要评估的内容可能不尽相同,可以根据需要从系统给定的可评估项目中选择。

3.在"评估资产选择"界面,在左侧的"可评估项目"列表中选择要评估的项目(此处的"原值"、"累计折旧"和"净值"三个中只能选择两个,且必须选择两个,所以此处选"原值"和"净值"),然后通过固定资产卡片参照方式选择要进行评估的固定资产,如图 6-55 所示。

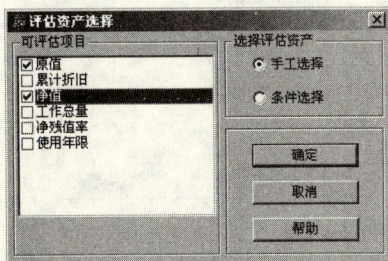

图 6-54 "评估资产选择"界面

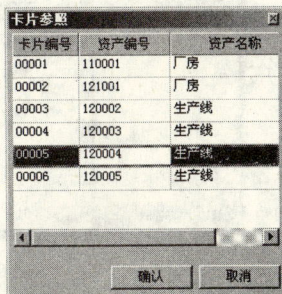

图 6-55 固定资产卡片参照

153

在图 6-55 所示界面中选择"00005 生产线",选择完毕,单击"确定"按钮,系统弹出要进行评估的固定资产界面,如图 6-56 所示。

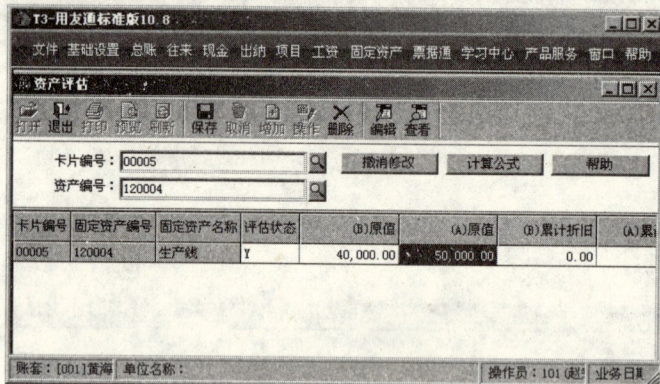

图 6-56　要进行评估的固定资产界面

4. 在要进行评估的固定资产界面,单击需要更改的评估项目进行数据修改,修改完毕,单击"保存"按钮,系统弹出"是否确认要进行资产评估"界面,如图 6-57 所示。单击"是(Y)"按钮,确认评估结果,系统显示资产评估单界面,如图 6-58 所示。

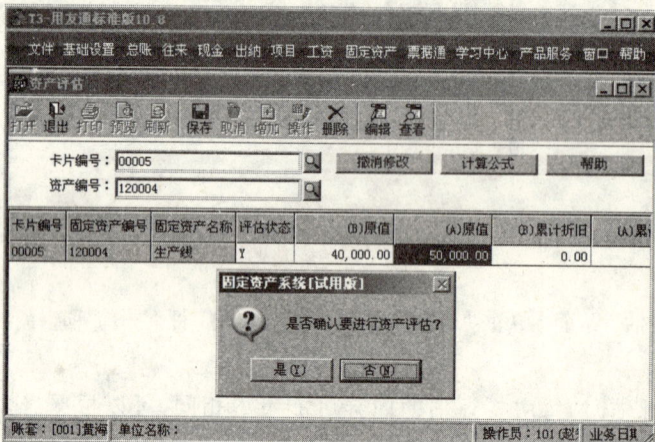

图 6-57　"是否确认要进行资产评估"界面

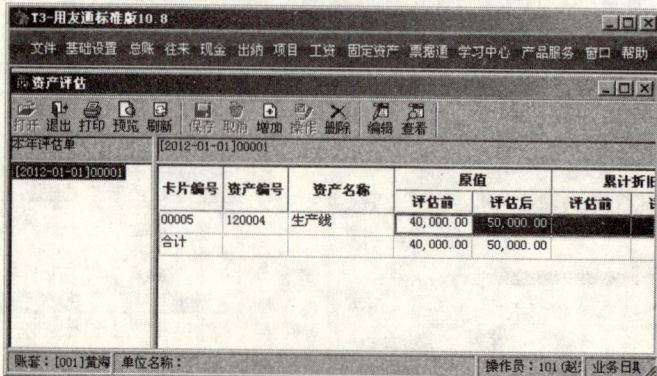

图 6-58　资产评估单界面

至此,我们就初步完成了固定资产日常管理工作,下一步就要进入固定资产期末处理阶段,固定资产期末处理主要包括计提固定资产折旧、批量制单、月末结账及进行固定资产账表查询等。

## 6.3.6 计提本月折旧

执行"计提本月折旧"功能,固定资产管理系统将自动计提各个资产当期的折旧额,并将当期的折旧额自动累加到累计折旧项目中。

**1.计提折旧**

计提本月折旧的操作方法与步骤是:

(1)以固定资产核算员的身份登录系统,在"固定资产"主界面,单击"计提本月折旧"功能图标,系统弹出计提本月折旧提示界面,如图6-59所示。

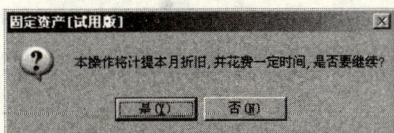

图6-59 计提本月折旧提示界面

(2)在计提本月折旧提示界面,单击"是(Y)"按钮,系统出现自动计提折旧过程界面,直至折旧计提完毕。

自动计提折旧是固定资产管理系统的主要功能之一,系统每期计提折旧一次,根据录入系统的资料自动计算每项资产的折旧,并将当期的折旧额自动累加到累计折旧项目中。折旧计提完毕,系统出现"是否要看折旧清单"提示界面,如图6-60所示。

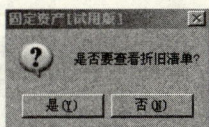

图6-60 "是否要查看折旧清单"提示界面

在"是否要查看折旧清单"提示界面,单击"是(Y)"按钮,系统显示"折旧清单"界面,如图6-61所示。

"折旧清单"中显示的是所有应计提折旧的固定资产所计提折旧数额的数据,由于当月新增固定资产不计提折旧,所以在第1车间的固定资产只有四条记录。当期的折旧清单中列示卡片编号、资产编号、资产名称、原值、计提原值、本月折旧、累计折旧等信息。如图6-61所示。

应当说明的是,系统在一个期间内可以多次计提折旧,只是每次计提折旧后,将新计提的折旧累加到月初的累计折旧中,不会重复累计。如上次计提折旧已制单并把数据传递到总账系统,就必须删除该凭证才能重新计提折旧。计提折旧后再对账套进行折旧计算或分配的操作,必须重新计提折旧,否则系统不允许结账。如自定义的折旧方法月旧率或月折旧额出现负数,系统会自动中止计提折旧。

**2.分配折旧费用**

在计提折旧工作完成后,需要进行折旧费用的分配,固定资产管理系统除了自动生成折旧清单外,同时还生成折旧分配表,然后再通过制作记账凭证,从而完成本期折旧费用分摊工作。

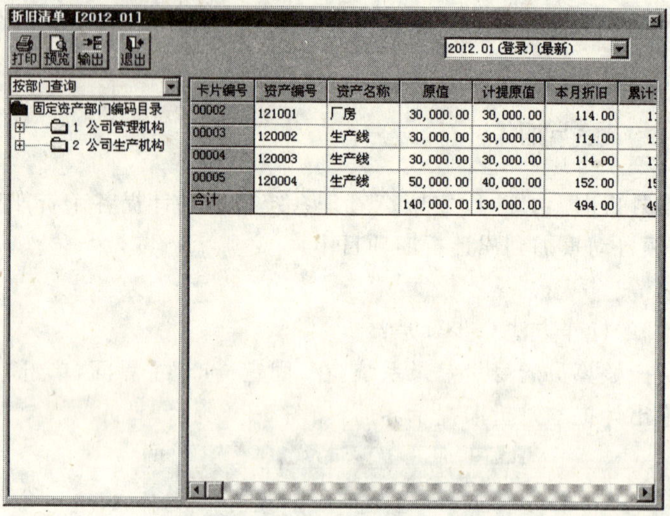

图 6-61 "折旧清单"界面

固定资产折旧分配表是编制记账凭证，也是将当期固定资产计提折旧额分配到相应的费用中的依据，什么时候生成折旧分配凭证根据我们在初始化或选项中选择的折旧分配汇总周期确定。如果选定的是一个月，则每期计提折旧后自动生成折旧分配表。

分配折旧费用的操作方法和步骤是：

（1）以固定资产核算员的身份登录系统，在"T3-用友通标准版"主界面，单击"固定资产"菜单下"处理"子菜单下的"折旧分配表"命令，系统弹出"折旧分配表"界面，如图 6-62 所示。

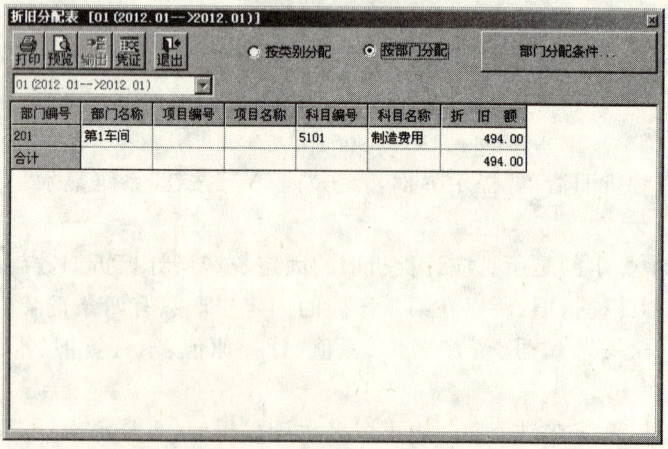

图 6-62 "折旧分配表"界面

（2）在"折旧分配表"界面，显示的列表就是在一定的分配时间范围内选择所要查看的折旧分配表，可分别按"部门"和"类别"两种方式查看折旧分配表。单击"打印"按钮，可将折旧分配表打印出来。

（3）如果此时还没有制作记账凭证，在"折旧分配表"界面，单击"凭证"按钮，系统可生成相应的折旧费用分配凭证，再选择凭证类别为"转账凭证"，填写所附单据数为"1"，单击"保存"按钮，系统自动生成一张机制的折旧费用分配凭证，如图 6-63 所示。

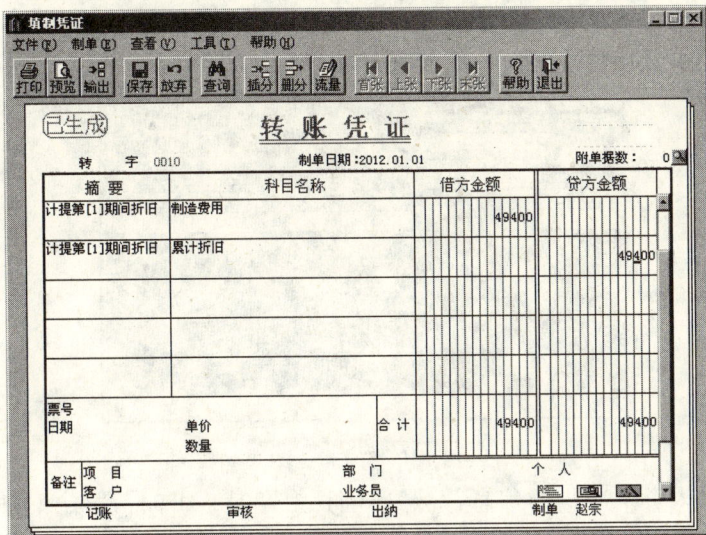

图 6-63　折旧费用分配凭证界面

## 6.3.7　固定资产减少

资产在使用过程中,总会由于各种原因,如毁损、出售、盘亏等,退出企业,这类操作称为"资产减少"。固定资产管理系统也设计了"资产减少"功能,以满足该操作。同时,固定资产管理系统提供资产减少的批量操作,为同时清理一批资产提供方便。按照固定资产管理的惯例,资产减少只能在本月计提折旧之后才能操作。

资产减少的操作方法与步骤是:

1.以固定资产核算员的身份登录系统,在"固定资产"主界面,单击"资产减少"功能图标,系统弹出"资产减少"界面,如图 6-64 所示。

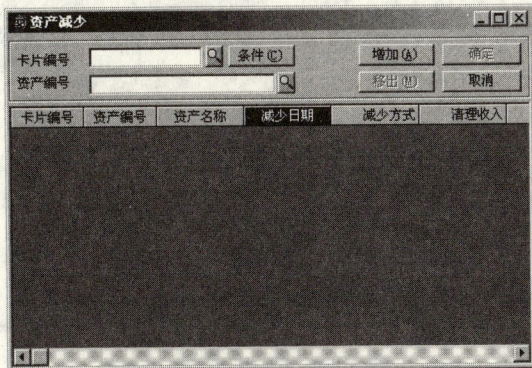

图 6-64　"资产减少"界面

2.在"资产减少"界面,选择要减少的资产有两种方法:

(1)如果要减少的资产较少或没有共同点,则通过输入资产编号或卡片号,然后单击"增加"按钮,将资产添加到资产减少表中。

(2)如果要减少的资产较多并且有共同点,则通过单击"条件"按钮,屏幕显示的界面与卡片管理中自定义查询的条件查询界面一样。输入一些查询条件,将符合该条件集合的资产挑选出来进行减少。此处选择第一种方法，通过直接输入或参照输入资产编号或卡片编号，然后单击"增加"按钮，将资产添加到资产减少表中。

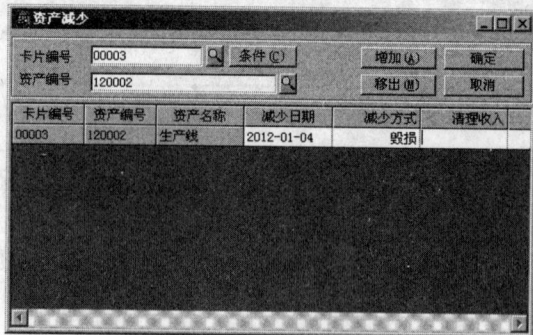

图 6-65　资产减少表

3.在表内输入资产减少的信息："减少日期"为"2012-01-04"，"减少方式"为"毁损"（也可选填"清理收入""清理费用""清理原因"等），如图 6-65 所示，录入完毕，单击"确定"按钮，即完成该资产减少的操作。

## 6.3.8　批量制单

制单也就是制作记账凭证，固定资产管理系统和总账系统之间存在着数据的自动传输关系，这种数据关系主要是通过制作传送到总账系统的凭证来实现的。固定资产管理系统需要制单的情况主要有资产增加（录入新卡片）、资产减少、卡片修改（涉及原值或累计折旧时）、资产评估（涉及原值或累计折旧变化时）、累计折旧调整、原值变动、折旧分配等。

制单有"立即制单"和"批量制单"两种方法实现。如果我们在固定资产管理系统"选项"中设置了"业务发生后立即制单"，那么在需要制单的相关业务发生后系统自动调出不完整的机制凭证供修改；如果在"选项"中没设置"业务发生后立即制单"，则可以利用"批量制单"功能完成制单工作。

批量制单的操作方法与步骤是：

1.以固定资产核算员的身份登录系统，在"固定资产"主界面，单击"批量制单"功能图标，系统弹出"批量制单"界面，如图 6-66 所示。

2.在"批量制单"界面，单击"制单选择"页签，在要制单的业务行"制单"栏双击选中，如要进行汇总制单，则在"合并号"一栏输入标记，以确定哪几笔业务汇总制作一张单据。

3.在"批量制单"界面，先选择"评估资产"业务，单击"制单设置"页签，在"评估资产"业务行"制单"栏双击选中，系统弹出"制单设置"界面，根据自己的业务核算情况选择"科目"和"部门核算"，如图 6-67 所示。

4.在"批量制单"界面，单击"制单"按钮，进行批量制单和汇总制单，屏幕显示所制作的记账凭证。选择补充凭证的类别，输入日期、摘要等项目，单击"保存"按钮，系统在凭证左上角提示"已生成"，系统自动生成一张机制凭证，如图 6-68 所示。

5.在"批量制单"界面，再选择"减少资产"业务，"制单设置"界面如图 6-69 所示。

6.在"批量制单"界面，单击"制单"按钮，屏幕显示所制作的记账凭证。选择补充凭

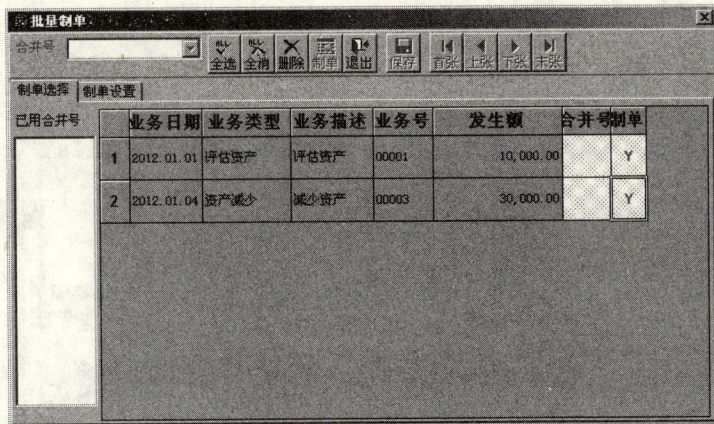

图 6-66 "批量制单"界面

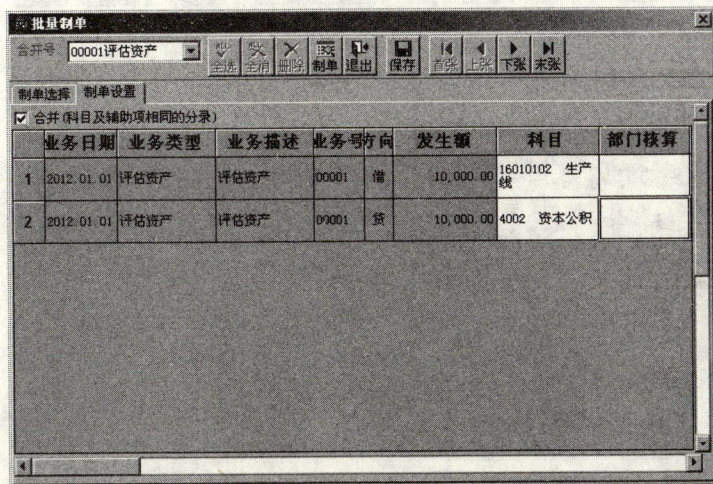

图 6-67 "制单设置"界面 1

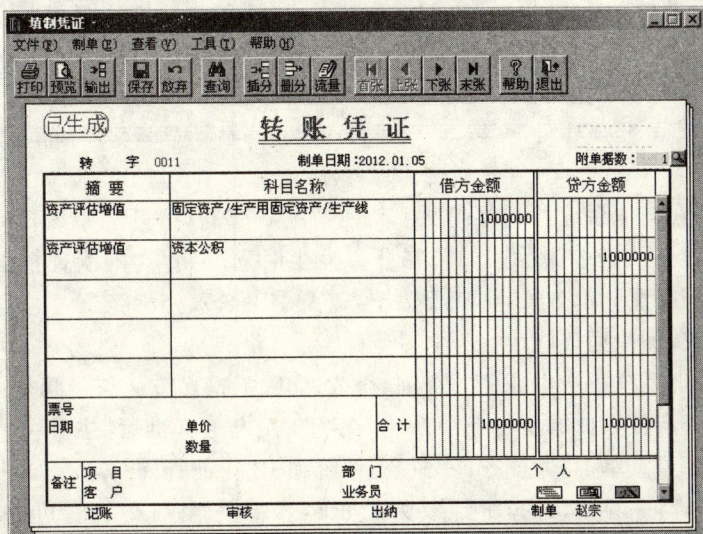

图 6-68 批量制单—生成转账凭证界面 1

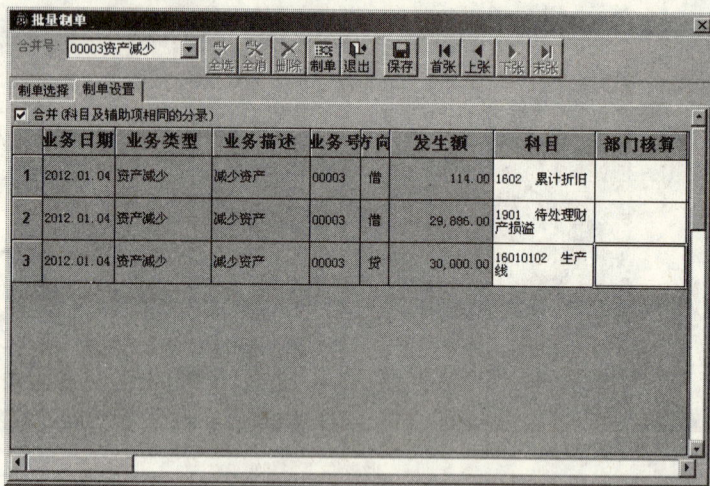

图 6-69 "制单设置"界面 2

证的类别，输入日期、摘要等项目，单击"保存"按钮，系统在凭证左上角提示"已生成"，系统自动生成一张机制凭证，如图 6-70 所示。

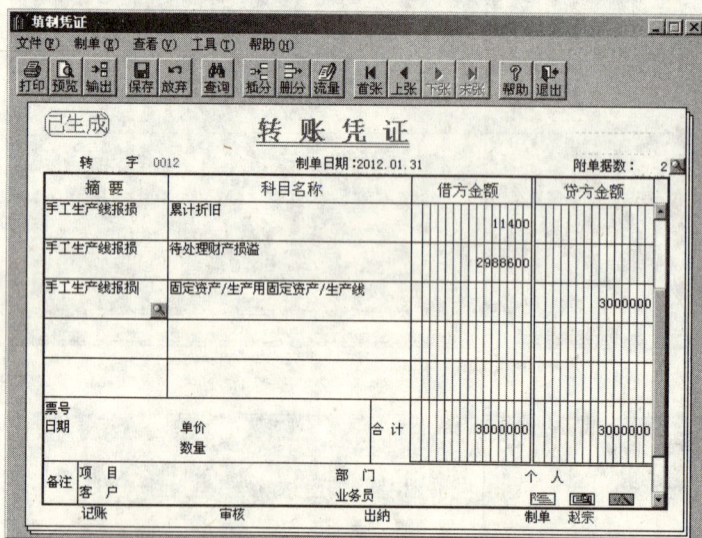

图 6-70 批量制单—生成转账凭证界面 2

如果该单据在其他系统已制或发生其他情况不应制单，可选中该行后单击"删除"按钮，将该制单业务从表中删除。如果在业务发生时立即制单，则摘要根据业务情况自动填入；如果使用批量制单方式，则摘要为空，需要手工录入。

**5. 查询、修改、删除凭证**

固定资产管理系统所产生凭证的查询、修改、删除的操作方法与步骤是：

(1)以固定资产核算员的身份登录系统，在"T3-用友通标准版"主界面，单击"固定资产"菜单下"处理"子菜单下"凭证查询"命令，系统弹出"凭证查询"界面，如图 6-71 所示。

(2)在"凭证查询"界面，选择所要修改的凭证行，单击"凭证"按钮，可进行凭证修改，凭证能修改的内容仅局限于摘要、用户自行增加的凭证分录、系统缺省分录的折旧科目，而系统缺省分录的金额是与原始单据相关的，不能修改。固定资产管理系统传递到总账

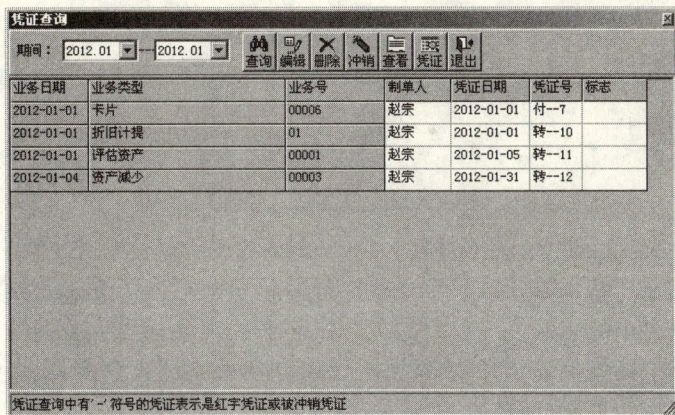

图 6-71　"凭证查询"界面

系统中的凭证,在总账系统无法修改和删除。

　　固定资产管理系统所产生凭证的删除只能在本系统内删除,在总账系统中无权删除固定资产管理系统中生成的凭证。已经在总账系统中审核和记账的凭证不能修改和删除,只有将总账系统中的审核与记账取消掉,才能修改和删除相应的凭证。

## 6.3.9　月末结账

　　固定资产管理系统生成的凭证传递到总账系统后,凭证需经由总账系统进行相应的出纳签字、凭证审核和科目汇总,才能在总账系统中进行记账。系统运行过程中,必须保证本系统管理的固定资产的价值和总账系统中固定资产科目的价值相等。两个系统的资产价值是否相等,通过执行固定资产管理系统提供的对账功能检验,对账操作可在任何时候执行。在月末结账时系统自动对账一次,并给出对账结果,并根据初始化时是否选中"在对账不平情况下允许固定资产月末结账"来判断是否可以进行结账处理。只有系统初始化或在"基础设置"选项中选择了"与财务系统进行对账",才可执行对账,对账结束后,系统自动进行结账。

　　月末结账的操作方法与步骤是:

　　1.以固定资产核算员的身份登录系统,在"固定资产"主界面,单击"月末结账"功能图标,系统弹出"月末结账"界面,如图 6-72 所示。

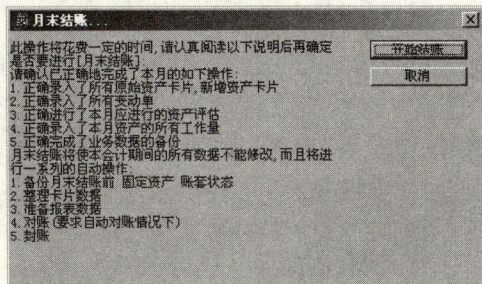

图 6-72　"月末结账"界面

　　2.在"月末结账"界面,单击"开始结账"按钮,系统开始结账,系统显示与总账系统对账结果界面,如图 6-73 所示。

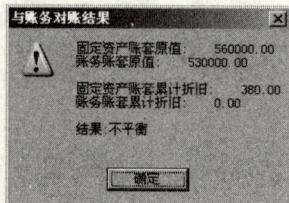

图 6-73　对账结果界面

3.由于固定资产结账时,2012 年 1 月的固定资产机制凭证传输到总账系统,还没有审核、记账,所以会出现总账系统和固定资产账不平的现象,但我们在初始设置时已设置了两个系统账不平的条件下,允许固定资产结账。在对账结果界面,单击"确定"按钮,系统弹出月末结账成功界面,如图 6-74 所示。

图 6-74　月末结账成功界面

4.在月末结账成功界面,单击"确定"按钮,结账完成,系统弹出提示界面,如图 6-75 所示。

图 6-75　提示界面

提示系统的可操作日期已转成 2012-02-01,只有其后的日期登录,才可对账套进行操作。

应当注意的是,如果本期不结账,将不能处理下期的数据;结账前一定要进行数据备份,否则数据丢失,将造成无法挽回的后果。

5.反结账也叫"恢复月末结账前状态",是系统提供的一个纠错功能。如果由于某种原因,当我们在结账后发现结账前的操作有误,因为在结账期内的数据是不能再进行修改的,所以如果发现需要修改结账前的数据,则要取消结账功能。

反结账的操作方法与步骤是:

以固定资产核算员的身份登录系统,在"T3-用友通标准版"主界面,单击"固定资产"菜单下"处理"子菜单下"恢复月末结账前状态"命令(该命令只有执行月末结账后才显示),系统弹出"恢复月末结账前状态"界面,如图 6-76 所示。在该界面,单击"是(Y)"按钮,系统最终取消最近月份的月末结账操作。

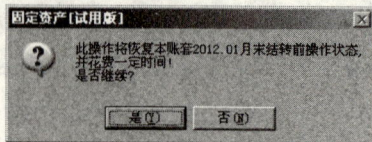

图 6-76　"恢复月末结账前状态"界面

## 6.3.10 固定资产账表管理

固定资产管理系统的任务是反映和监督固定资产的增加、调出、保管、使用及清理报废等情况,以保护企业财产的安全完整,充分发挥固定资产效能,同时也便于成本费用的计算。固定资产管理系统根据用户的日常操作,自动提供固定资产管理信息,以报表的形式提供给财务人员和资产管理人员使用。

固定资产管理系统提供的报表有账簿、折旧表、汇总表等。另外还提供自定义报表功能,如预置的报表不能满足要求,可以根据需要自定义符合要求的报表。账表管理还提供了强大的联查功能,将各类账表与部门、类别明细和原始单据等有机地联系起来,实现了全方位的查询模式。

**1. 固定资产账簿**

固定资产管理系统预置的账簿有(单个、部门、类别)固定资产总账、固定资产明细账等。这些账簿从不同方面及时地反映了资产变化情况,在查询过程中可联查某时期(部门、类别)明细及相应的原始凭证,从而获得所需财务信息。

我们以固定资产总账查询为例,说明固定资产账簿的基本功能,其操作方法与步骤是:

(1)以固定资产核算员的身份登录系统,在"固定资产"主界面,单击查询区域中"固定资产总账"功能图标,系统弹出"固定资产总账-条件"界面,如图 6-77 所示。

图 6-77 "固定资产总账-条件"界面

(2)在"固定资产总账-条件"界面,参照输入固定资产的"类别名称"(此处输入"生产用固定资产")、"部门名称"(此处输入"公司生产机构"),单击"确定"按钮,系统弹出"固定资产总账"界面,如图 6-78 所示。

(3)在"固定资产总账"界面,双击本月固定资产的数据行,系统弹出"固定资产(部门、类别)明细账"界面,如图 6-79 所示。

(4)在"固定资产(部门、类别)明细账"界面,双击选中相应的业务单证号,可在查询过程中联查某时期(部门、类别)明细及相应的原始凭证。

**2. 折旧表**

固定资产管理系统预置了(部门)折旧计提汇总表、固定资产折旧计算明细表等,通过这些表可以了解并掌握本企业所有资产本期、本年以至某部门计提折旧及其明细情况。部门折旧计提汇总表反映了各使用部门计提折旧的情况,包括计提原值和计算的折旧额信息。

折旧表查询的方法与步骤是:

(1)以固定资产核算员的身份登录系统,在"固定资产"主界面,单击查询区域中"(部

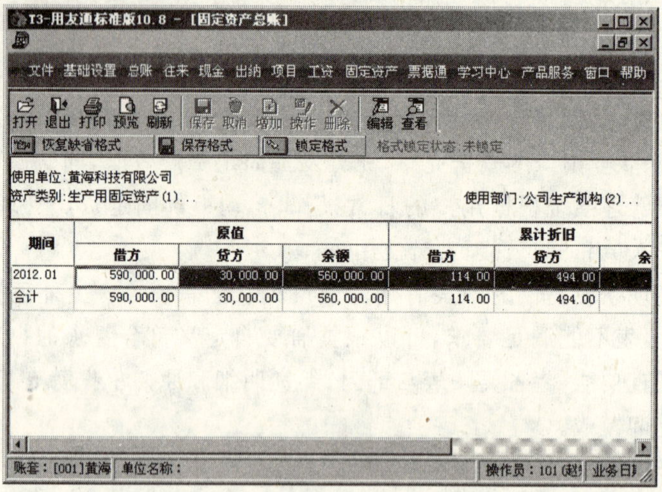

图 6-78 "固定资产总账"界面

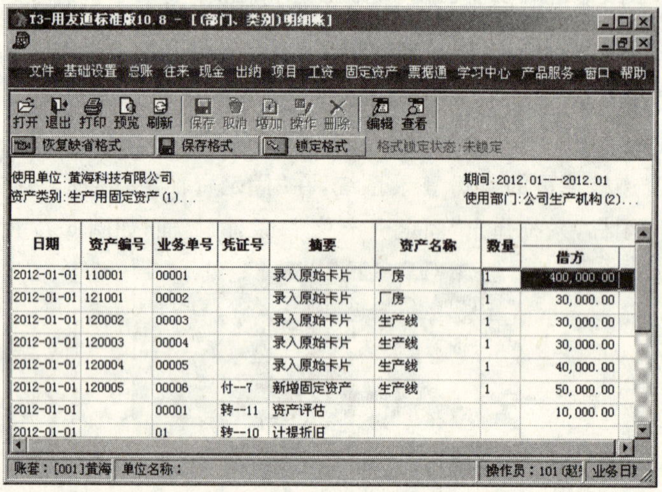

图 6-79 "固定资产(部门、类别)明细账"界面

门)折旧计提汇总表"功能图标,系统弹出"(部门)折旧计提汇总表-条件"界面,如图 6-80 所示。

图 6-80 "(部门)折旧计提汇总表-条件"界面

(2)在"(部门)折旧计提汇总表-条件"界面,设定查询条件,单击"确定"按钮,系统弹出"(部门)折旧计提汇总表"界面,如图 6-81 所示。

(3)在"(部门)折旧计提汇总表"界面,双击选中相应的业务单证号,可在查询过程中联查某时期(部门)计提折旧明细及相应的原始凭证。

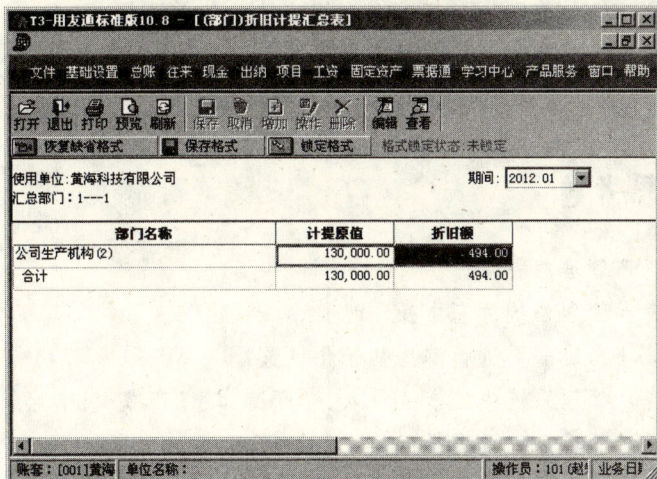

图 6-81　"（部门）折旧计提汇总表"界面

### 3. 固定资产统计表

（1）以固定资产核算员的身份登录系统，在"固定资产"主界面，单击查询区域中"固定资产统计表"功能图标，系统弹出"固定资产统计表-条件"界面，如图 6-82 所示。

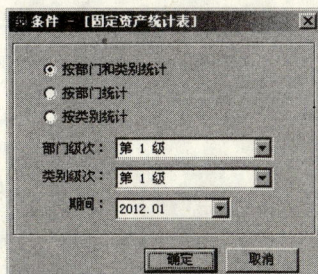

图 6-82　"固定资产统计表-条件"界面

（2）在"固定资产统计表-条件"界面，设定查询条件，单击"确定"按钮，系统列出符合条件的"固定资产统计表"界面，如图 6-83 所示。

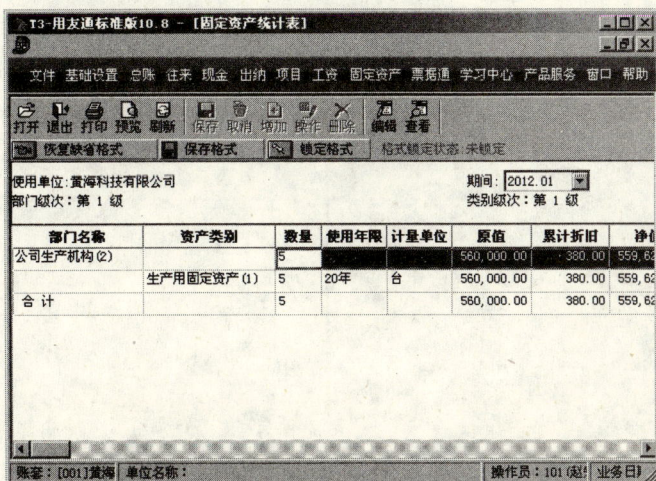

图 6-83　"固定资产统计表"界面

（3）在"固定资产统计表"界面，双击选中相应的业务单证号，可在查询过程中联查某时期（部门）固定资产增减明细及相应的原始凭证。

至此，我们就完成了固定资产管理系统的所有操作项目。

### 复习思考题

1. 简述固定资产管理的特点。

2. 简述固定资产管理系统的基本操作过程。

3. 固定资产管理系统需要进行哪些初始化设置？

4. 简述固定资产管理系统中的卡片录入、资产增加、资产减少、卡片管理的操作过程。

5. 简述固定资产管理系统计提折旧的操作过程。

6. 简述固定资产管理系统批量制单的操作过程。

7. 简述固定资产管理系统月末结账的操作过程。

8. 简述固定资产管理系统账表查询的操作方法。

# 第7章 报表管理与分析系统

📝 **本章学习目标**

- 了解报表管理系统和报表分析系统的特点与基本操作过程;
- 熟练掌握会计报表格式设计的基本方法;
- 熟练掌握报表日常管理的基本方法;
- 熟练掌握报表图表功能与打印输出方法;
- 熟练掌握报表分析系统初始化设置及指标分析、报表分析方法。

📝 **本章案例**

2012 年 1 月末,黄海科技有限公司财务部在完成电算化会计系统中工资管理、固定资产管理系统的结账之后,总账系统也结账完毕。接下来的工作就是利用报表管理系统编制会计报表,利用报表分析系统对当月报表进行财务指标分析和报表分析。黄海科技有限公司要应用 2011 年新的会计准则编制会计报表,财务部编制 2012 年 1 月份的会计报表的具体工作过程如下:

1.设计会计报表的格式。利用报表管理系统提供的自定义报表功能,设计出公司的资产负债表、利润表等。设计会计报表格式的操作主要包括:设置报表尺寸、组合单元、画表格线、调整行高和列宽、设置字体和颜色等,此外还要设计这些报表从总账系统取出相关会计科目的发生额和余额数据的公式和表间的计算公式,这些报表的格式一旦设计成形,将具有相对的稳定性。我们还可以采用调用报表模板的方法,从报表管理系统调出 29 个行业和应用新会计准则编制会计报表的报表模板,针对公司编制会计报表的需要加以改造,就可实现将报表模板改造成适应本公司需要的专用会计报表。

2.报表数据的日常处理。由于报表管理系统具有立体化报表的管理功能,以固定的格式管理大量不同的表页,并在表页之间建立了有机联系。每个月末我们只要调出一张已设计好的空白表页,在输入关键字之后,系统会根据已设定的报表取数公式,取出当月的总账各会计科目的发生额和余额数据,自动生成资产负债表、利润表等,在此基础上还可以利用系统的"图表"功能,将生成的会计报表数据转化成图表,将会计报表数据形象直观地表现出来,以方便领导决策。

3.在利用报表管理系统编制完成黄海科技有限公司 2012 年 1 月份的会计报表之后,账套主管赵宗还感觉到报表管理系统只是提供报表编制的基础性工作,生成的报表数据对领导决策的辅助作用不太明显。考虑到黄海科技有限公司的电算化会计系统刚刚使用 1 个月,缺少历史会计报表数据,很难在编制会计报表的基础上进行有成效的报表分析,因此赵宗调出了系统自带的 999 演示账套,并进行报表分析初始设置和会计报表指标分析、报表绝对数分析、报表结构分析,以便积累经验有针对性开展黄海科技有限公司的会计报表分析工作。

# 7.1 报表管理系统概述

## 7.1.1 报表管理系统的基本概念

### 1. 会计报表

会计报表是综合反映企业一定时期财务状况的经营成果的报表文件,编制会计报表的主要目的是向会计报表的使用者提供对经营决策有价值的会计信息。会计报表的使用者包括投资者、债权人、金融机构、财政、审计、税收等相关部门以及潜在的投资者和债权人。会计工作者要编制的报表按照用途可划分为对外和对内两类。

(1)对外的会计报表。按照我国会计制度规定,企业会计报表主要包括资产负债表、利润表、现金流量表和各种附表及附注等。

①资产负债表是反映企业在某一特定日期财务状况的报表,它的编制依据是会计平衡公式"资产＝负债＋所有者权益",资产负债表应当按照资产、负债、所有者权益(或股东权益)分类分项列示,表明企业在某一特定日期所拥有的或控制的经济资源、所承担的经济义务和企业所拥有的权益。分析资产负债表,可以了解企业当前的偿债能力和预测未来的经济前景。

②利润表是反映企业一定时期内(年度、季度或月度)经营成果(赢利或亏损)的报表。利润表按照各项收入、费用以及利润的各个项目分类分项列示,并计算出企业当期的利润额(或亏损额)。分析利润表,可以考核企业的获利能力,分析企业利润增减变动的原因。

③现金流量表是反映企业在一定会计期间现金和现金等价物流入和流出状况的报表。现金流量表是年度会计报表,它按照经营活动、投资活动、筹资活动的现金流量分项列示,真实地反映了企业在一定期间经营活动、投资活动和筹资活动的现金流入量、现金流出量等动态指标。

④会计报表的相关附表是反映企业财务状况、经营成果和现金流量等的补充表,主要包括利润分配表、固定资产减值准备明细表、所有者(或股东)权益增减变动表和应交增值税明细表等其他附表。

⑤会计报表附注是为了便于会计报表使用者深入理解会计报表的内容,而对会计报表的内容及主要项目作的解释,如重要会计政策变更对财务状况和经营成果的影响,关联方关系及其交易的说明,重要资产转让及其出让情况,企业的合并、重组、分立,重大的投资、融资活动等。

(2)内部管理报表。为了满足企业经营管理的需要,我们经常需要编制适应企业内部经营管理需要的会计报表,这部分会计报表的内容无需对外公开,如销售日报表、费用分配表、成本费用分析表等。这类报表没有统一固定的格式,也没有统一的指标体系,企业完全结合自己的管理需要来设置不同的格式,具有很大的灵活性。

**2. 报表管理系统**

报表管理系统是电算化会计系统中专门用于报表格式设计、报表数据处理、报表图形处理的电子表格软件,在"T3-用友通标准版"软件产品中该功能模块被称为"财务报表",该功能模块与总账系统、工资管理、固定资产管理等系统运行时,可作为通用报表管理使用,它具有方便的自定义报表功能、数据处理功能,提供了工商企业、行政事业单位等27个行业的常用会计报表模板和《2011年新会计准则》中的三个主表和六个附表模板,能够实现三维立体表的四维处理,还能在报表数据的基础上生成相关的图表,使会计报表更加形象直观。

## 7.1.2　报表管理系统的主要功能

报表管理系统的主要功能有文件管理、格式设计、数据处理、图表功能、打印功能和二次开发等功能,并提供了各行各业的报表模板,系统的主要功能模块如图7-1所示。

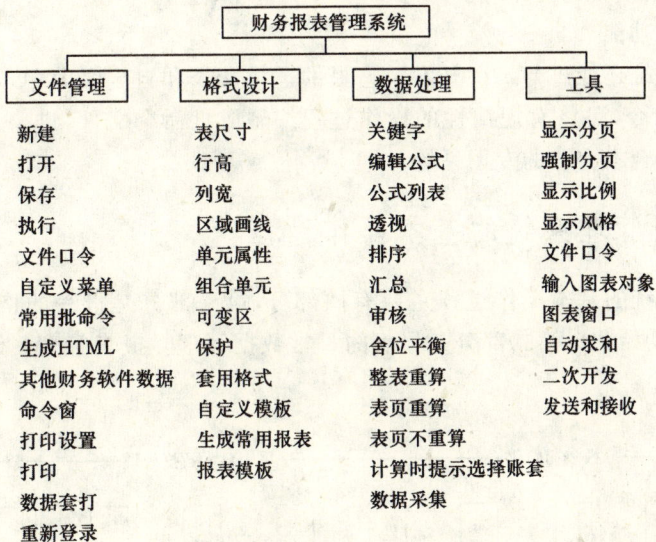

| 财务报表管理系统 | | | |
| --- | --- | --- | --- |
| 文件管理 | 格式设计 | 数据处理 | 工具 |
| 新建 | 表尺寸 | 关键字 | 显示分页 |
| 打开 | 行高 | 编辑公式 | 强制分页 |
| 保存 | 列宽 | 公式列表 | 显示比例 |
| 执行 | 区域画线 | 透视 | 显示风格 |
| 文件口令 | 单元属性 | 排序 | 文件口令 |
| 自定义菜单 | 组合单元 | 汇总 | 输入图表对象 |
| 常用批命令 | 可变区 | 审核 | 图表窗口 |
| 生成HTML | 保护 | 舍位平衡 | 自动求和 |
| 其他财务软件数据 | 套用格式 | 整表重算 | 二次开发 |
| 命令窗 | 自定义模板 | 表页重算 | 发送和接收 |
| 打印设置 | 生成常用报表 | 表页不重算 | |
| 打印 | 报表模板 | 计算时提示选择账套 | |
| 数据套打 | | 数据采集 | |
| 重新登录 | | | |

图 7-1　报表管理系统主要功能模块

从图7-1我们可以看出,报表管理系统主要功能有:

**1. 文件管理功能**

报表管理系统提供了各类文件管理功能,除能完成一般的文件管理外,报表的数据文件还能够转换为不同的文件格式:如文本文件、*.dbf文件、Excel文件。此外,通过报表管理系统提供的"导入"和"导出"功能,可以实现和其他流行财务软件之间的数据交换。

**2. 格式设计功能**

报表管理系统提供的格式设计功能,可以设置报表尺寸、组合单元、画表格线(包括斜线)、调整行高和列宽、设置字体和颜色、设置显示比例等,制作各种形式的报表。同时,报表管理系统还内置了多种套用格式和27个行业的标准财务报表模板,包括根据最新的会计准则编制的会计报表,方便了用户制作标准报表,对于用户单位内部常用的管理报表,报表管理系统还提供了自定义模板功能。

### 3. 数据处理功能

报表管理系统的数据处理功能可以固定的格式管理大量数据不同的表页,能将多达99999张具有相同格式的报表资料统一在一个报表文件中管理,并在每张表页之间建立有机的联系。此外,系统还提供了排序、审核、舍位平衡、汇总功能;提供了绝对单元公式和相对单元公式,可以方便、迅速地定义计算公式;提供了种类丰富的函数,在系统向导的引导下从总账及其他子系统中提取数据,生成财务报表。

### 4. 图表功能

报表管理系统可以很方便地对数据进行图形组织和分析,制作包括直方图、立体图、圆饼图、折线图等多种分析图表,并能编辑图表的位置、大小、标题、字体、颜色、打印输出。"图文混排"使财务报表的数据更加直观。

### 5. 打印功能

报表管理系统提供"所见即所得"和"打印预览",可以随时观看报表或图形的打印效果。报表打印时,可以打印格式或数据,可以设置表头和表尾,可以在 0.3 到 3 倍之间缩放打印,可以横向或纵向打印等。

### 6. 二次开发功能

报表管理系统还能进行二次开发。它提供了批命令和自定义菜单,自动记录命令窗中输入的多个命令,可将有规律性的操作过程编制成批命令文件,进一步利用自定义菜单可以开发出适合本企业的专用系统。

## 7.1.3 报表管理系统的基本操作过程

报表管理系统的基本操作过程主要有两部分,第一部分是报表的格式设计,也称为"报表管理系统初始化",第二部分是报表的日常数据管理。报表管理系统的基本操作过程如图 7-2 所示。

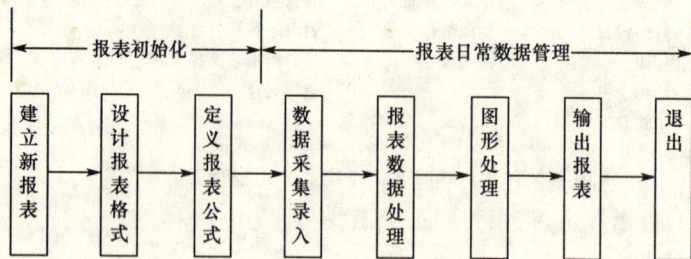

图 7-2 报表管理系统的基本操作过程

完成一般的报表处理,需要以下七个操作步骤:

1.启动报表管理系统,建立新报表。启动报表管理系统,建立一个空白的会计报表,进入格式状态后,就可以在这张报表上设计报表格式,保存文件时给该报表命名。

2.设计报表的格式。设计报表的格式要在系统的格式状态下进行,格式对整个报表都有效,包括设置报表尺寸、定义行高和列宽、画表格线、设置单元属性、设置单元风格、定义组合单元、设置可变区和确定关键字(单位名称、年、月等)在表页上的位置等。设计好报表的格式后,即可输入表样单元的内容,如"项目""行次""期初数""期末数"等项目。

3.定义报表公式。要定义的计算公式主要有:单元公式、审核公式、舍位平衡公式三类,公式的定义需在格式状态下进行。

4.报表数据采集录入与处理。报表数据处理也就是输入或取出报表数据。新建的报表只有一张表页,可追加多个表页。输入的数据包括关键字、单元中的数据、可变区中的数据。

5.报表图形处理。可处理的报表图形有直方图、圆饼图、折线图、面积图、立体图等,并且图形可任意移动,图形的标题、数据组也可按要求设置。

6.打印输出报表。系统可全方位地进行报表打印设置,如横向纵向、页眉页脚、行列打印顺序、打印比例等。

7.退出报表管理系统,保存报表。上述所有操作都完成后,保存报表文件,就可以退出报表管理系统。

## 7.1.4 会计报表的基本概念

在报表管理系统中填制一张会计报表,必须有符合要求的会计报表的表样,这样才能填写相关的报表数据。"T3-用友通标准版"软件的报表管理系统中会计报表的制作就包括了报表的格式设计和数据处理两个基本过程,由于报表管理系统的操作使用了一些专用术语,因此在学习报表管理系统的基本操作前,必须对报表管理系统的基本概念有所了解。

**1.会计报表的基本格式**

会计报表的格式一般由标题、表头、表体三部分组成。图 7-3 所示是一张利润表的基本格式。

| 利润表 | | |
|---|---|---|
| | | 会企02表 |
| 单位名称:xxxxxxxxxxxxxxxxxxxxxxxxxx | xxxx 年 xx 月 | 单位:元 |
| 项　　目 | 本期金额 | 上期金额 |
| 一、营业收入 | 公式单元 | |
| 减:营业成本 | 公式单元 | |
| 营业税金及附加 | 公式单元 | |
| 销售费用 | 公式单元 | |
| 管理费用 | 公式单元 | |
| 财务费用 | 公式单元 | |
| 资产减值损失 | 公式单元 | |
| 加:公允价值变动收益(损失以"-"填列) | 公式单元 | |
| 投资收益(损失以"-"填列) | 公式单元 | |
| 其中:对联营企业和合营企业的投资收益 | | |
| 二、营业利润(亏损以"-"号填列) | 公式单元 | |
| 加:营业外收入 | 公式单元 | |
| 减:营业外支出 | 公式单元 | |
| 其中:非流动资产处置损失 | | |
| 三、利润总额(亏损总额以"-"号填列) | 公式单元 | |
| 减:所得税费用 | 公式单元 | |
| 四、净利润(净亏损以"-"号填列) | 公式单元 | |
| 五、每股收益: | 演示数据 | |
| (一)基本每股收益 | | |
| (二)稀释每股收益 | | |

图 7-3 会计报表的基本格式

从图 7-3 可以看出,会计报表的格式由以下三部分组成:

(1)标题部分。报表的标题是用来阐明报表的名称,标题可加副标题、装饰线等,可占多行。图 7-3 中"利润表"作为标题,并且在标题之下加了下划线。

（2）表头部分。表头是会计报表中描述报表整体性质的部分，位于每张报表的上端，一般填报报表的名称、编制单位、编制日期和计量单位等，这些要素通常可以作为报表的关键字。此外，表头部分还包括报表栏目，即报表的表头栏目名称，它是表头的最主要内容，它决定着报表的纵向结构、列数以及每一列的宽度。有的报表的表头栏目比较简单，只有一层，而有的报表的表头栏目比较复杂，需要分若干层次。

（3）表体部分。表体是报表的主体，也是报表的核心。它是由若干项目和相关数据组成，或者说是由若干单元格组成的数据和字符的集合。表体的内容决定报表的横向组成，它又是报表数据的表现区域。表体在纵向由若干行组成，这些行称为表行；在横行上，每个表行又由若干个栏目构成，这些栏目称为表列。

**2.格式状态与数据状态**

（1）格式状态。报表管理系统将报表制作分为两大部分来处理，也就是报表格式设计工作与报表数据处理工作。在报表格式设计状态下可进行有关格式设计的操作，如表尺寸、列宽、行高、单元风格、单元属性、组合单元、关键字及定义报表的单元公式（计算公式）、审核公式和舍位平衡公式。在格式状态下，所看到的是报表的格式，报表数据是全部隐藏的。在格式状态下所做的操作对本报表所有的表页都发生作用。在格式状态下不能进行数据的录入、修改、计算等操作。

（2）数据状态。在报表管理系统的数据状态下管理报表的数据，如输入数据、删除或增加表页、审核、舍位平衡、制作图形、汇总、合并报表等。在数据状态下不能修改报表的格式，看到的是报表的全部内容，含报表格式和数据。

报表工作区的左下角有一个"格式"和"数据"相互转换的按钮。如图7-4所示，单击这个按钮就可以实现在"格式"状态和"数据"状态之间的切换。

**3.单元和单元类型**

（1）单元。单元是组成报表的最小单位，单元名称由所在行和列的标识组成，行号用数字1～9999表示，列标用字母A～IU表示。如"A1"单元表示的是第1行第A列。

（2）单元类型。报表管理系统的单元类型有数值单元、字符单元、表样单元三种。

①数值单元。数值单元用于存放报表的数据，在数据状态下输入。数字可以直接输入或由单元公式运算生成。在建立一个新报表时，所有单元的类型都默认为数值单元。

②字符单元。字符单元也可用于存放报表的数据，只不过存放的不一定是数值数据，也在数据状态下输入。字符单元的内容是由汉字、字母、数字及各种键盘可输入的符号组成的一串字符，一个单元中最多可输入63个字符或31个汉字。字符单元的内容也是数据，所以也可由单元公式生成。

③表样单元。表样单元是报表的格式，是定义一个没有数据的空表所需的所有文字、符号或数字。如果单元被定义为表样，那么在其中输入的内容对所有的表页都有效。表样单元在格式状态下输入和修改，在数据状态下不允许修改。

在报表界面中单击"格式"菜单中的"单元属性"命令，系统弹出"单元格属性"界面，如图7-5所示，在界面中选择合适的单元类型，单击"确定"按钮加以确认。

**4.组合单元和区域**

⑴组合单元。由于一个单元中只能输入有限个字符（63个字符或31个汉字），在实际工作中有的单元必须输入超长字符，这就可以采用系统提供的组合单元。

图7-4　格式状态与数据状态

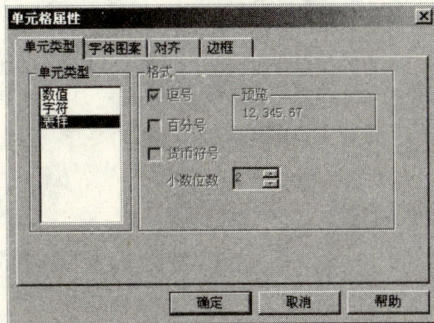

图7-5　"单元格属性"界面

组合单元是由相邻的两个或更多的单元组成,这些单元必须是相同的单元类型(表样、数值、字符),报表管理系统在处理报表时将组合单元视为一个单元。

组合单元可以组合同一行相邻的几个单元,我们称之为"按行组合";也可以组合同一列相邻的几个单元,我们称之为"按列组合";还可以把一个多行多列的平面区域设为一个组合单元,我们称之为"整体组合"。组合单元的类型如图7-6所示。

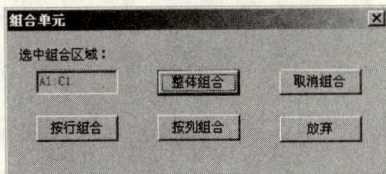

图7-6　组合单元的类型

组合单元的名称可以用区域的名称或区域中的单元的名称来表示。例如,把 A1 到 C1 组成一个组合单元,这个组合单元可以用"A1:C1"来表示。

(2)区域。在报表管理系统中,由一张表页上的一组单元组成,从起点单元到终点单元是一个完整的长方形矩阵,我们称之为"区域",区域都是二维的,最大的区域就是一个表的所有单元(整个表页),最小的区域是一个单元。如:从 A1 到 C3 的长方形区域表示为"A1:C3",它表示从第 1 行第 A 列到第 3 行第 C 列的那个区域,如图 7-7 所示。起点单元与终点单元用":"连接。

图 7-7 "区域"界面

**5.表页和多维表**

(1)表页。表页是由许多单元组成的表。一个报表管理系统的报表最多可由 99999 张表页组成,所有表页都具有相同的格式,但其中的数据不同。表页在报表中的序号在表页下方以标签的形式标识,我们称之为"页标"。页标用"第 1 页"~"第 99999 页"表示,当前表的第 2 页,则可以表示为"@2"。

(2)二维表。确定某一数据位置的要素我们称之为"维"。在一张有方格的纸上填写一个数,这个数的位置则可通过行标和列标(二维)来描述。如将一张有方格(包含行和列的要素)的报表称之为"二维表",通过行(横轴)和列(纵轴)可以找到这个二维表中任何位置的数据。

(3)三维表。如果将若干个相同的二维表叠加在一起,找到某一个数据的要素就必须要增加一个表页号(Z轴)。具有行(横轴)、列(纵轴)、表页号(Z轴)三要素的报表,我们称之为"三维表"。

(4)多维表。如果将多个不同的三维表放在一起,要从这许多个三维表中找到一个数据,又必须增加一个要素,即表名。具有行(横轴)、列(纵轴)、表页号(Z轴)、表名(N轴)四要素的报表,三维表的表间操作即为"四维运算",我们称之为"多维表"。

因此,在报表管理系统中要确定一个数据的所有要素为:〈表名〉、〈行〉、〈列〉、〈表页〉,如资产负债表第 2 页的 A6 单元,表示为:"资产负债表-〉A6@2"。

一张二维报表的各项默认指标为:

行数:默认值为 50 行,最大可达 9999 行。

列数:默认值为 7 列,最多可达 255 列。

行高:默认值为 5 毫米,最大可达 160 毫米。

列宽:默认值为 26 毫米,最大可达 220 毫米。

表页数:默认值为 1 页,最大可达 99999 页。

**6.固定区及可变区**

(1)固定区。固定区指组成一个区域的行数和列数是固定的数字,固定区一旦定义,在固定区域内其单元总数是不变的。

(2)可变区。可变区是指组成一个区域的行数或列数是不固定的数字,可变区的最大行数或最大列数是在创建报表时设定的。

在一个报表中只能设置一个可变区,行可变区或列可变区,行可变区是指可变区域中的行数是可变的;列可变区是指可变区域中的列数是可变的。设置可变区后,屏幕只显示可变区的第一行或第一列,其他可变行或列都隐藏在表体内。在以后的数据操作中,可变行列数随着编制报表的需要增加或减少。有可变区的报表称为可变表。没有可变区的报表则称为固定表。

**7. 关键字**

关键字是指游离于报表单元之外的特殊数据单元,是可以唯一标识一个表页的关键要素,主要用于在大量表页中快速找到所需表页。例如,一个资产负债表的表页文件中可能会存放一年 12 个月的资产负债表(甚至多年的多张表页),要对某一张表页的数据进行定位,需要设置一些定位标志,这些在表页中的定位标志我们称之为"关键字"。

报表管理系统共提供了以下六种关键字,关键字的设置是在格式状态下进行的,关键字的值的录入则是在数据状态下进行的,每个报表都可以定义多个关键字。常用的关键字主要有:

单位名称:字符型(最多 30 个字符),为该表页编制单位的名称。

单位编号:字符型(最多 10 个字符),为该表页编制单位的编号。

年:数字型(2000~2099),该报表该表页的年度。

季:数字型(1~4),该报表该表页的季度。

月:数字型(1~12),该报表该表页的月份。

日:数字型(1~31),该报表该表页的日期。

## 7.1.5　报表管理系统的窗口

报表管理系统有三个重要窗口:系统窗口、报表窗口、图表窗口。

1. 系统窗口。我们启动报表管理系统后的第一个窗口是系统窗口,此时窗口中没有打开文件,系统窗口只包含"文件""工具""帮助"三个系统菜单,在系统窗口中打开"文件"菜单,单击"新建"命令,就进入报表窗口。如图 7-8 所示。

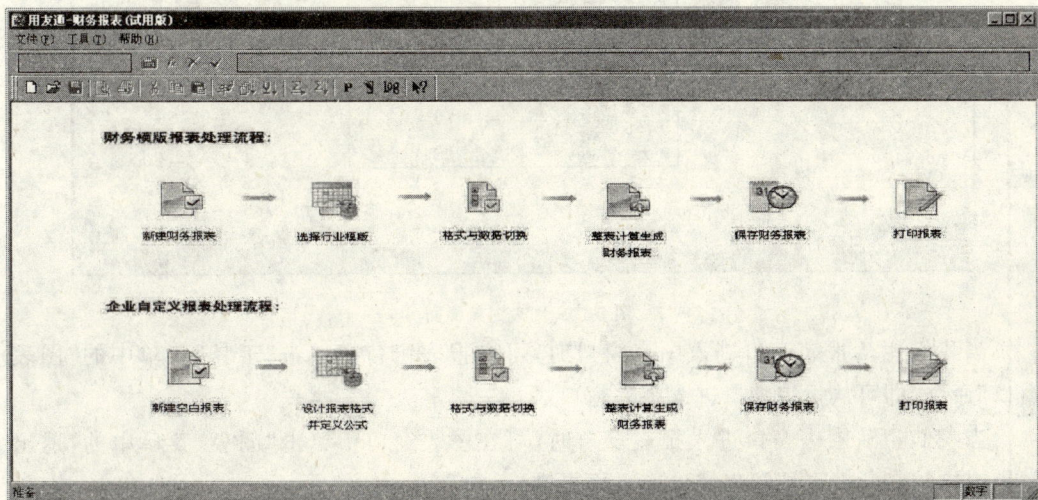

图 7-8　系统窗口界面

2.报表窗口。报表窗口是对会计报表进行格式设计和数据处理等一系列操作的工作窗口。它包含的报表菜单有"文件"、"编辑"、"格式"、"数据"、"工具"、"窗口"和"帮助"七个。如图7-9所示。

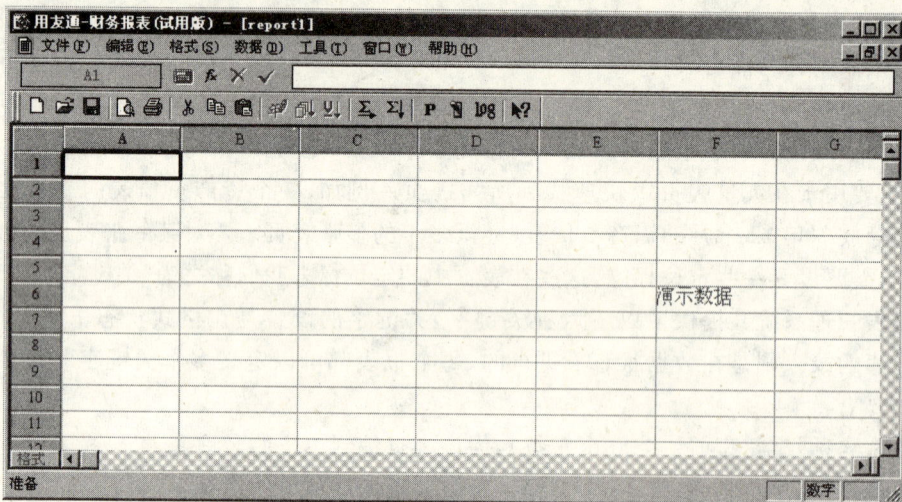

图7-9　报表窗口界面

3.图表窗口。图表窗口主要是用于"图表"制作的工作窗口,图表窗口与报表窗口非常相似,主要区别在于工作区和工具栏图标。图表工作区用于显示图表,工具栏图标都是用于图表操作的按钮。它包含的图表菜单有"图表"、"编辑"、"格式"和"帮助"四个。如图7-10所示。

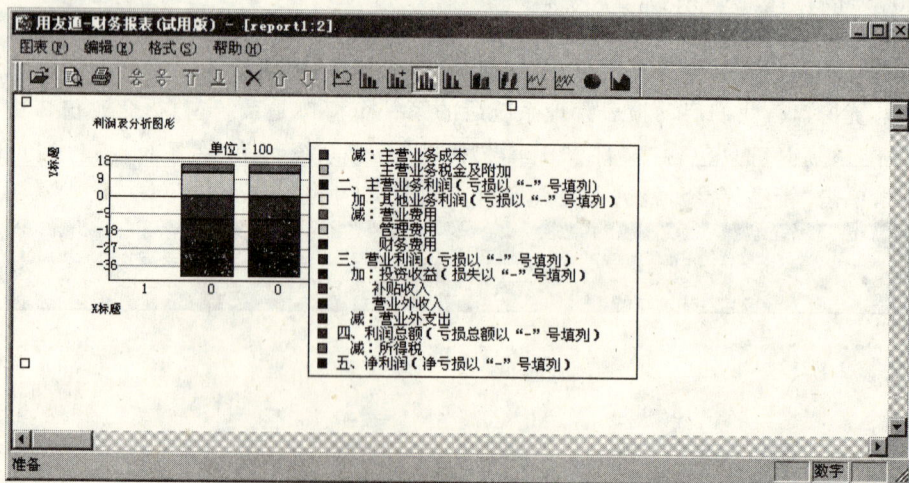

图7-10　图表窗口界面

当我们想从报表窗口进入图表窗口时,可在报表窗口中单击"工具"菜单中的"图表窗口"命令,即可从报表窗口进入图表窗口。

当我们想从图表窗口进入报表窗口时,可在图表窗口中单击"图表"菜单中的"退出图表窗口"命令,即可从图表窗口进入报表窗口。

# 7.2 报表格式管理

## 7.2.1 会计报表的格式设计

本节我们将以利润表(报表格式详见图 7-3)为例,说明会计报表格式设计的操作方法与步骤。

**1. 启动"财务报表"**

在"T3-用友通标准版"主界面,单击"财务报表"功能图标,进入报表管理系统的系统窗口。在该窗口,单击"文件"菜单下"新建"命令或单击"新建"按钮后,进入报表窗口,出现一张名为"report1"的空白报表,如图 7-11 所示,此时系统默认状态为格式状态。

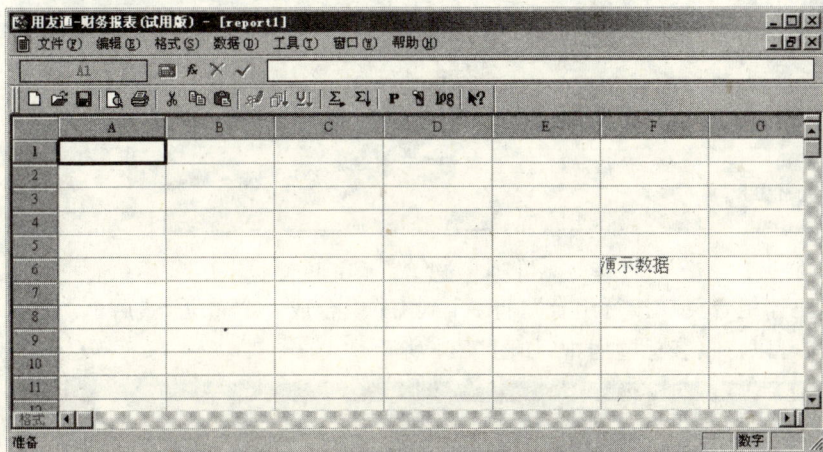

图 7-11 空白报表界面

**2. 设置表尺寸**

利润表的表样共有 26 行 3 列,包括表头 3 行,表体 23 行。在报表窗口,单击"格式"菜单下的"表尺寸"命令,系统弹出"表尺寸"界面,如图 7-12 所示。

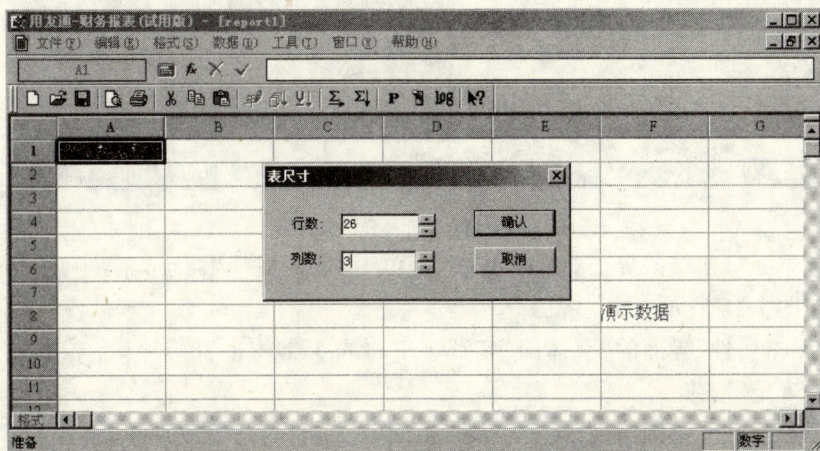

图 7-12 "表尺寸"界面

在"表尺寸"界面,将"行数"定义为"26","列数"定义为"3",单击"确认"按钮。这时系统屏幕上只保留26行3列,其余部分为灰色。如果在设计过程中发现表尺寸有误,则可以通过"编辑"菜单下的"插入"和"删除"命令增减行列数。

**3.定义表头**

首先在A1单元输入标题"利润表"并居中放置,再选中"A1:C1"单元,单击"格式"菜单下的"组合单元"命令,系统弹出"组合单元"界面,如图7-13所示。

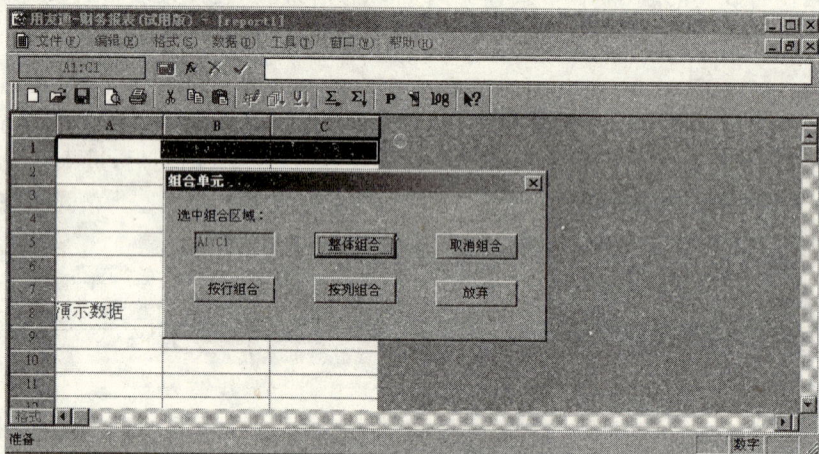

图7-13 "组合单元"界面

选择"整体组合"或"按行组合",将A1到C1组合成一个单元,然后单击工具栏的"居中"按钮,即可以将报表标题居中,如图7-14所示。

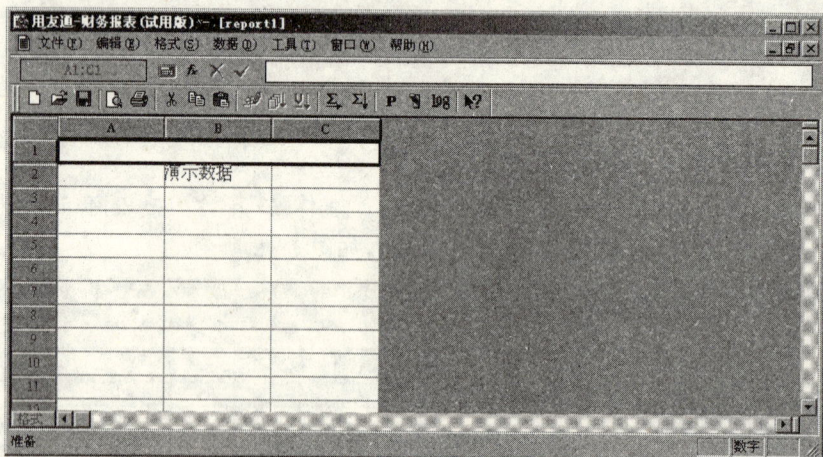

图7-14 组合单元操作结果界面

在组合单元操作结果界面,单击"格式"菜单下"单元属性"命令,系统弹出"单元格属性"界面,如图7-15所示。

在"单元格属性"界面的"字体图案"页签下将表头字体设置为黑体,字号为18,设置完毕,单击"确定"按钮。

在C2和C3单元分别输入"会企02表"和"单位:元",选中两个单元,单击工具栏的"右对齐"按钮(也可在"对齐"页签下右击选择"单元格属性"),将单元的内容靠右对齐。

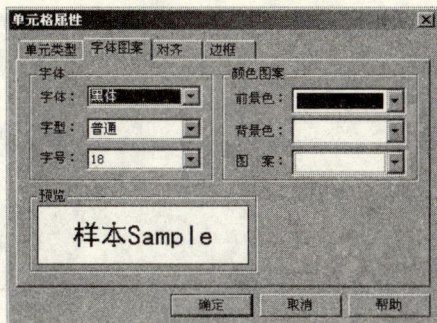

图 7-15　"单元格属性"界面

**4.定义关键字**

(1)设置关键字。将光标移至 A3 单元,单击"数据"菜单下的"关键字"子菜单下的"设置"命令,系统弹出"设置关键字"界面,如图 7-16 所示。

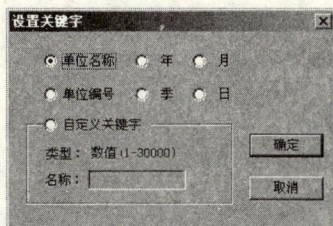

图 7-16　"设置关键字"界面

在"设置关键字"界面,系统默认设置"单位名称"关键字,单击"确定"按钮,A3 单元中出现了红色的"单位名称:XXXXXXXXXXXXX"。重复上述操作,选择 B3 单元,分别将"年"和"月"两个关键字加入,关键字"年"和"月"与"单位名称"重叠在一起。无法辨别。对于关键字的重叠,我们可以通过关键字的"偏移"加以解决。

(2)关键字的"偏移"。单击"数据"菜单下的"关键字"子菜单下的"偏移"命令,系统弹出"定义关键字偏移"界面,如图 7-17 所示。

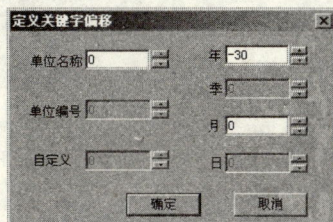

图 7-17　"定义关键字偏移"界面

在"定义关键字偏移"界面,设置关键字"单位名称"偏移量为 0,关键字"年"偏移量为 -30,关键字"月"偏移量为 0,偏移量负数表示向左偏移,偏移量正数表示向右偏移。操作结果如图 7-18 所示。

从图 7-18 可以看出,尽管我们运用了"定义关键字偏移"功能来调整关键字的重叠,但效果仍然不佳,我们可以再通过调整行高、列宽的办法,使报表的格式更加规范。

以上是报表表头格式的设计工作,下一步工作重点是设计报表的表体部分。

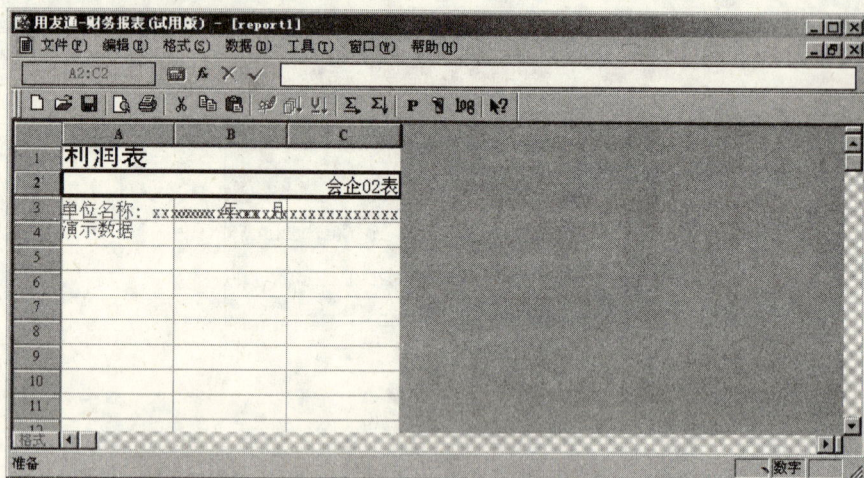

图7-18  定义关键字偏移操作结果界面

### 5.定义行高和列宽

（1）定义行高

将光标移至A1单元，单击"格式"菜单下"行高"命令，系统弹出"行高"界面，如图7-19所示。

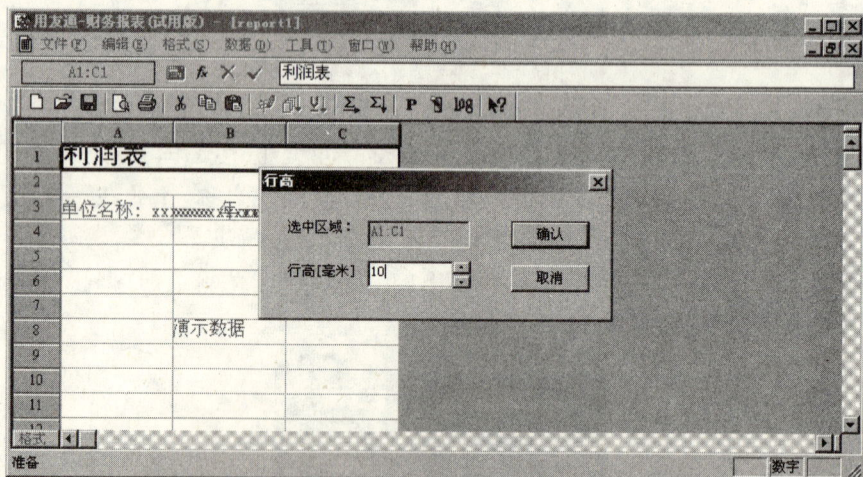

图7-19  "行高"界面

在"行高"界面，输入希望的行高值为10（标准行高为5），单击"确认"按钮，系统自动将"A1:C1"单元的行高值调整为10。报表的其他行高采用标准行高值。

（2）定义列宽

将光标移至A4单元，单击"格式"菜单下"列宽"命令，系统弹出"列宽"界面，如图7-20所示。

在"列宽"界面，输入希望的列宽值为100（标准列宽为25），单击"确认"按钮，系统自动将"A4:A26"单元的列宽值调整为100，报表的其他列宽采用标准列宽值。

定义行高和列宽的操作结果界面如图7-21所示。此时关键字的重叠问题已得到全部解决。

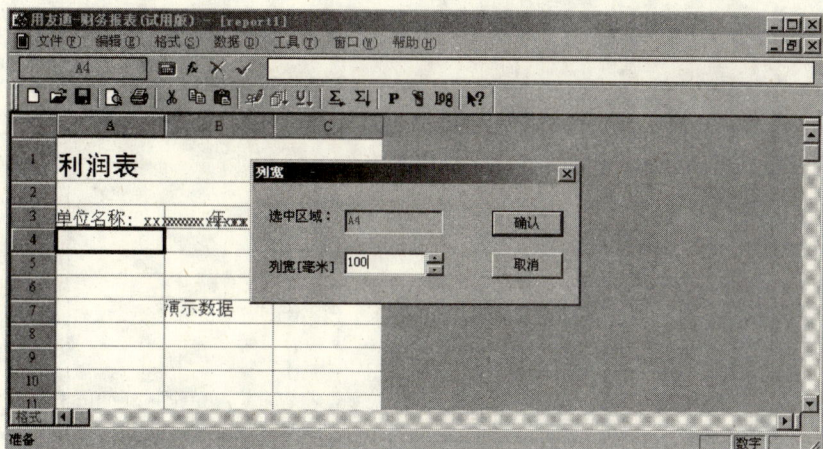

图 7-20 "列宽"界面

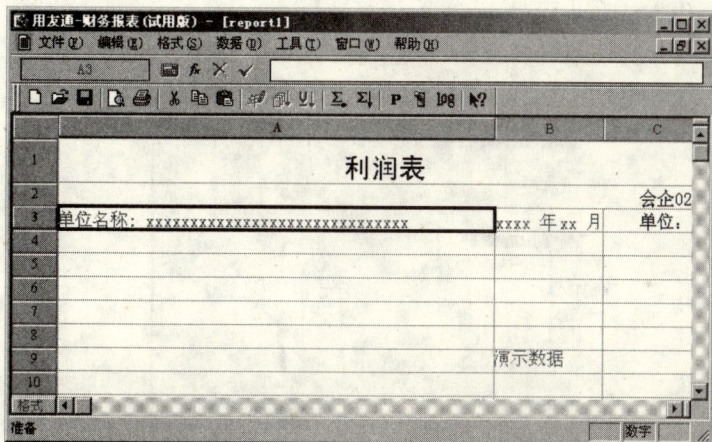

图 7-21 定义行高和列宽的操作结果界面

**6. 区域画线**

选中要画线的区域,如"A4:C24",单击"格式"菜单下"区域画线"命令,系统弹出"区域画线"界面,如图 7-22 所示。

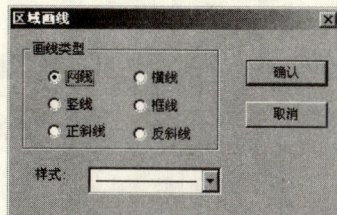

图 7-22 "区域画线"界面

在"区域画线"界面,选择"画线类型"和"样式",单击"确认"按钮后,"A4:C24"区域出现设定好的网格线,如图 7-23 所示。

如果想删除区域中的表格线,则重复以上过程,"样式"选择"空线"即可。

**7. 设置单元属性**

单元属性包括单元类型,单元文字的字形、字体、字号、颜色、图案、对齐、边框等。设

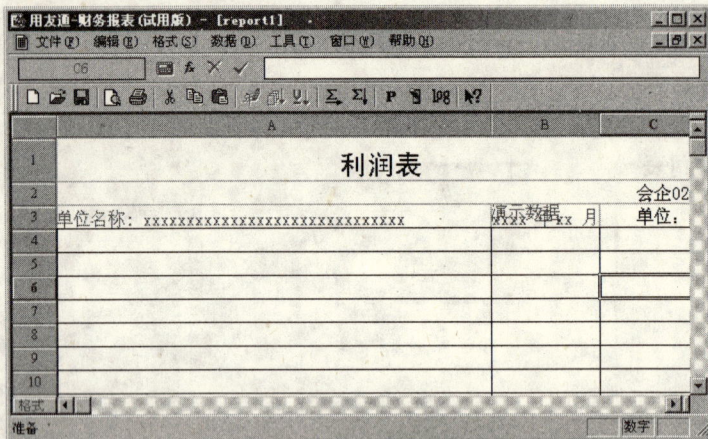

图 7-23 "区域画线操作结果"界面

置单元属性的操作方法和步骤是：

选中"A4:C4"作为要编辑的区域，单击"格式"菜单下的"单元格属性"命令，系统弹出"单元格属性"界面，如图 7-24 所示。

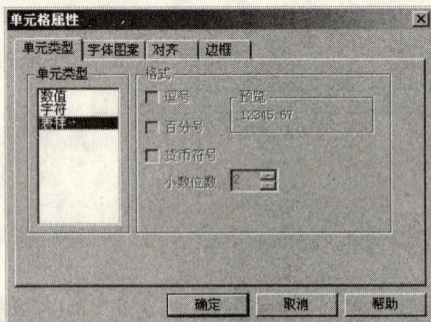

图 7-24 "单元格属性"界面

在"单元格属性"界面，设置单元的单元类型（设置为字符型）、数字格式（无）和边框样式等。按照此操作方法，依次将"A5:A24"设置为"字符型"，将"B5:C24"设置为"数值型"，设置完毕，单击"确定"按钮加以确认。

**8.录入报表的表体内容**

将图 7-3 所示的内容，分别依次录入报表各项目的单元中，录入结果如图 7-25 所示。

**9.定义公式**

在"格式"状态下，选择 B15 单元；输入"＝"或单击" $f_x$ "按钮，出现"定义公式"界面，如图 7-26 所示。

在"定义公式"界面，以 B15 单元为例，B15 单元是营业利润的计算数，在编辑栏中输入"B5－B6－B7－B8－B9－B10－B11"，最后单击"确定"按钮返回。用同样的方法，在 B19 单元、B21 单元中定义公式。定义完毕，在定义公式的单元出现"公式单元"字样，如图 7-27 所示。

在"定义公式"界面，我们仅限于介绍报表项目间的计算公式，至于各个项目的账务取数函数将在"会计报表的编辑公式"中专门讲述。

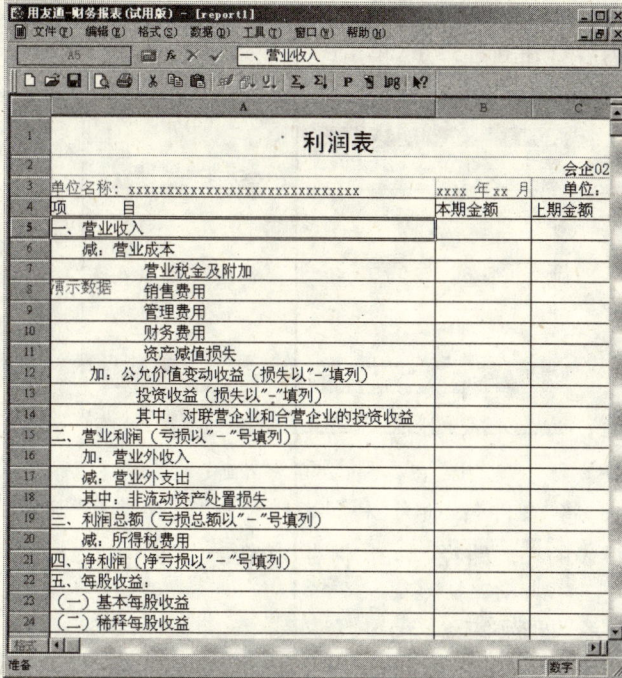

图 7-25　报表表体填写内容界面

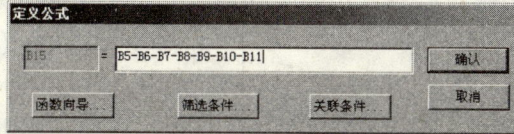

图 7-26　"定义公式"界面

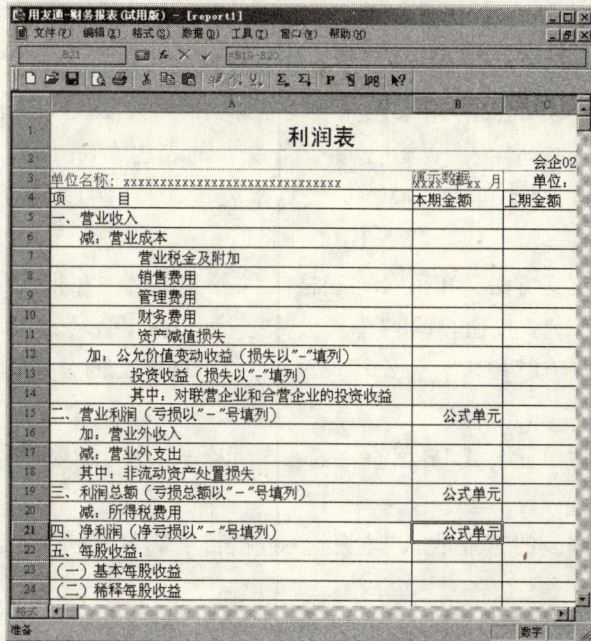

图 7-27　"公式单元"字样界面

**10. 报表存盘**

利润表的全部内容都建立起来了,单击"文件"菜单下的"保存"命令,系统弹出"另存为"界面,如图 7-28 所示。

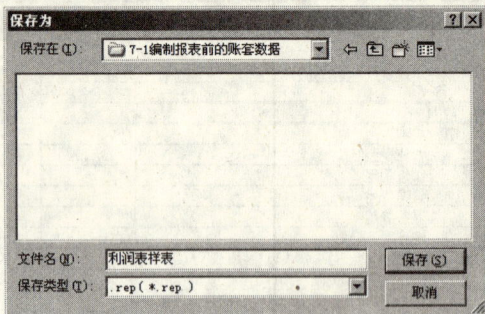

图 7-28 "另存为"界面

在"另存为"界面,将"文件名"命为"利润表样表","保存类型"确定为"报表文件"(后缀为".rep"),选择报表的存放路径,单击"保存"按钮。

## 7.2.2 会计报表的编辑公式

在报表管理系统中,由于各种报表之间存在着密切的数据逻辑关系,报表中各种数据的采集、运算和勾稽关系的检测要用到不同的公式。报表管理系统中主要有计算公式、审核公式和舍位平衡公式三类。

**1. 计算公式**

计算公式是报表数据的一个重要组成部分。除了手工输入的数据,其他数据都要通过计算公式来得到。通过计算公式来组织报表数据,可把大量重复、复杂的劳动简单化。合理地设计计算公式能极大地节约劳动时间,提高工作效率。

单元公式可以直接定义在报表单元中。报表管理系统允许在报表中的每个数值型、字符型的单元内写入单元公式,用来建立表内各单元之间、报表与报表之间或报表管理系统与其他系统之间的运算关系,描述这些运算关系的表达式,我们称之为单元公式。

(1)单元公式的格式:<目标区域>=<算术表达式>,例如,前述我们在 B15 单元设置的"B15=B5-B6-B7-B8-B9-B10-B11"。

(2)单元公式的定义方法。单元公式在格式状态下定义。在报表中选择要定义公式的单元,单击"="或"$f_x$"按钮,弹出"单元公式"界面,输入单元公式。如果定义的公式符合语法规则,单击"确认"按钮后公式写入单元中;如果定义的公式有语法错误,系统提示"输入公式失败"。

我们除了可以在"单元公式"界面直截输入单元公式,也可以利用"函数向导"定义单元公式。

例如,我们在利润表的营业收入"本月金额"栏目(C5 单元)定义自动取数的财务函数,其操作方法和步骤是:

将光标移至 C5 单元,单击"="或"$f_x$"按钮,弹出"单元公式"界面,单击"函数向导"按钮,系统弹出"函数向导"界面,如图 7-29 所示。

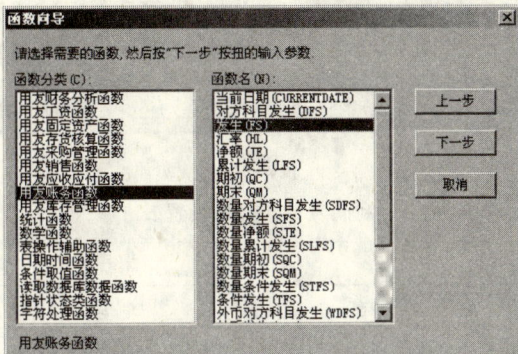

图 7-29　"函数向导"界面

在"函数向导"界面,"函数分类"选择"用友账务函数","函数名"选择"发生(FS)",单击"下一步"按钮,进入"用友账务函数"界面,如图 7-30 所示。

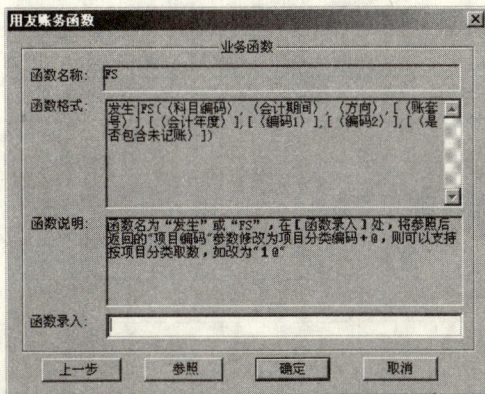

图 7-30　"用友账务函数"界面

在"用友账务函数"界面,单击"参照"按钮,系统弹出"账务函数"定义界面,如图 7-31所示。

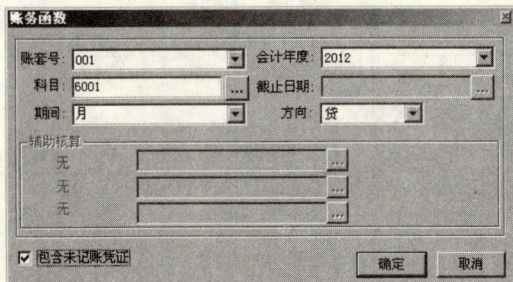

图 7-31　"账务函数"定义界面

在"账务函数"定义界面,"账套号"选择"001";"会计年度"选择"2012";"科目"选择"6001 主营业务收入",会计"期间"为"月",余额"方向"为"贷",选择完毕,单击"确定"按钮,系统弹出单元公式设置界面,如图 7-32 所示。

同理,可以对利润表中的"本月金额"中的其他单元设置自动取数的单元公式。具体的单元公式设置要求参见表 7-1。

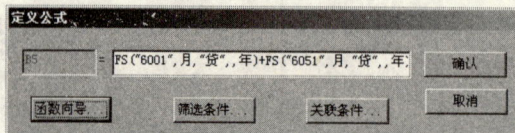

图 7-32 单元公式设置界面

**表 7-1**　　　　　　　　　　利润表单元公式设置表

利润表

会企 02 表

单位:元

| 项 目 | 本期金额 | 上期金额 |
|---|---|---|
| 一、营业收入 | FS("6001",月,"贷",,年)+FS("6051",月,"贷",,年) | |
| 　减:营业成本 | FS("6401",月,"借",,年)+FS("6402",月,"借",,年) | |
| 　　营业税金及附加 | FS("6403",月,"借",,年) | |
| 　　销售费用 | FS("6601",月,"借",,年) | |
| 　　管理费用 | FS("6602",月,"借",,年) | |
| 　　财务费用 | FS("6603",月,"借",,年) | |
| 　　资产减值损失 | FS("6701",月,"借",,年) | |
| 　加:公允价值变动收益(损失以"一"填列) | FS("6101",月,"借",,年) | |
| 　　投资收益(损失以"一"填列) | FS("6111",月,"借",,年) | |
| 其中:对联营企业和合营企业的投资收益 | | |
| 二、营业利润(亏损以"一"填列) | B5−B6−B7−B8−B9−B10−B11 | |
| 　加:营业外收入 | FS("6301",月,"贷",,年) | |
| 　减:营业外支出 | FS("6711",月,"借",,年) | |
| 其中:非流动资产处置损失 | | |
| 三、利润总额(亏损总额以"一"填列) | B15+B16−B17 | |
| 　减:所得税费用 | FS("6801",月,"借",,年) | |
| 四、净利润(净亏损以"一"填列) | B19−B20 | |
| 五、每股收益: | | |
| (一)基本每股收益 | | |
| (二)稀释每股收益 | | |

一个单元中如果定义了单元公式,则在格式状态下,单元中显示"公式单元",单元公式显示在编辑栏中;在数据状态下,单元中显示公式的结果,单元公式同样显示在编辑栏中。

**2. 审核公式**

报表中的各种数据之间一般都存在某种勾稽关系,利用这种勾稽关系可定义审核公式来进一步检验报表编制的结果是否正确。审核公式可以验证表页中数据的勾稽关系，也可以验证同报表中不同表页之间数据的勾稽关系，还可以验证不同报表之间数据的勾稽关系。

审核公式由验证关系公式和提示信息组成。定义报表审核公式，首先要依据报表中各单元之间的关系确定审核关系，然后根据确定的审核关系再定义审核公式。其中审核关系必须确定正确，否则会适得其反。

审核公式可以把报表中的某一单元或某一区域与另外某一单元或某一区域或其他字符之间用逻辑运算符连接起来。

审核公式格式：＜表达式＞＜逻辑运算符＞＜表达式＞［MESS"说明信息"］。

定义审核公式的时候，净利润＝利润总额－所得税费用，否则出现"净利润计算有误"的出错信息。

在"利润表"中的审核公式操作步骤如下：

（1）单击"数据"菜单下"编辑公式"子菜单下"审核公式"命令，系统弹出"审核公式"界面，如图7-33所示。

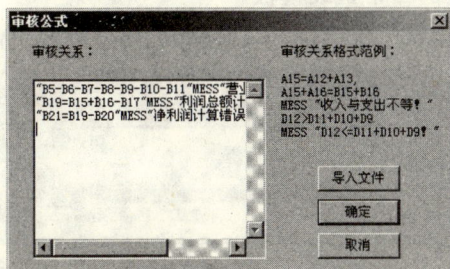

图7-33　"审核公式"界面

（2）在"审核公式"界面中输入：

"B5－B6－B7－B8－B9－B10－B11"MESS"营业利润计算错误！"

"B19＝B15＋B16－B17"MESS"利润总额计算错误！"

"B21＝B19－B20"MESS"净利润计算错误！"

单击"确定"按钮，系统自动保存所设置的审核公式。

**3.舍位平衡公式**

在报表汇总时，各种报表的数据计量单位有可能不统一，就需要将报表的数据进行位数转换，将报表的数据单位由个位转换为百位、千位或万位，这种操作叫进位操作。进位操作后，原来的平衡关系可能会因为小数位的四舍五入而被破坏了，因此还需要对进位后的数据平衡关系进行重新调整，使舍位后的数据符合指定的平衡公式。这种用于对报表数据舍位及重新调整（舍位之后）平衡关系的公式，就是舍位平衡公式。

定义舍位平衡公式需指明要舍位的表名、舍位范围以及舍位的位数，并且必须输入平衡公式。例如，将数据由元进位改为千元进位，定义该报表的舍位平衡公式的具体操作方法与步骤是：

（1）单击"数据"菜单下"编辑公式"子菜单下"舍位平衡公式"命令，系统弹出"舍位平衡公式"界面，如图7-34所示。

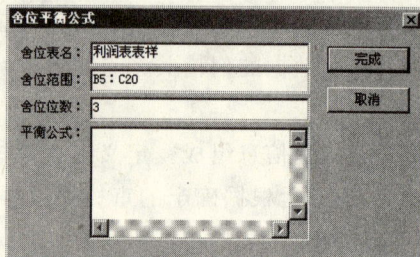

图 7-34 "舍位平衡公式"界面

（2）在"舍位平衡公式"的"舍位表名"文本框中输入要修改的表名为"利润表表样"；在"舍位范围"文本框中输入"B5：C20"；在"舍位位数"文本框中输入"3"；在"平衡公式"文本框中输入平衡公式，单击"完成"按钮，系统自动保存所设置的舍位平衡公式。

至此，我们就完成了报表格式的设计操作。

## 7.2.3 报表管理系统的报表模板

**1.调用报表管理系统的自带报表模板**

单击"格式"菜单下"报表模板"命令，系统弹出"报表模板"界面，如图 7-35 所示。

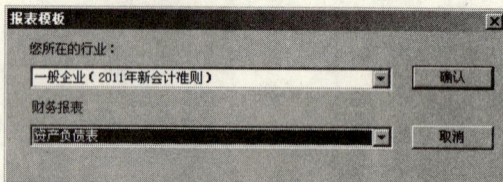

图 7-35 "报表模板"界面

在"报表模板"界面，选择合适的行业类型为"一般企业（2011 年新会计准则）"、所需的财务报表为"资产负债表"，然后单击"确认"按钮，系统弹出报表模板提示界面，如图 7-36 所示。

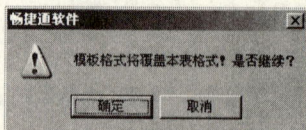

图 7-36 报表模板提示界面

在报表模板提示界面，单击"确定"按钮，原来表页的内容将全部丢失（请慎重操作），资产负债表的报表格式被新的财务报表所覆盖，如图 7-37 所示。

这时，报表的格式只是一个模板，并不一定与企业的需求完全相同，还需要对公式或格式进行修改，修改后再转换到数据状态，进行账套初始化、整表重算等工作后再将满意的结果保存起来。

**2.自定义的使用**

报表管理系统的自定义模板可以使用户根据本企业的实际需要定制报表模板，并将自定义模板加入系统提供的模板库内，也可以根据本行业的特征，修改各个行业及其内置的模板。在"财务报表系统"中制作出本企业的模板后，打开"格式"命令，单击"自定义模板"命令，弹出"自定义模板"界面，如图 7-38 所示。

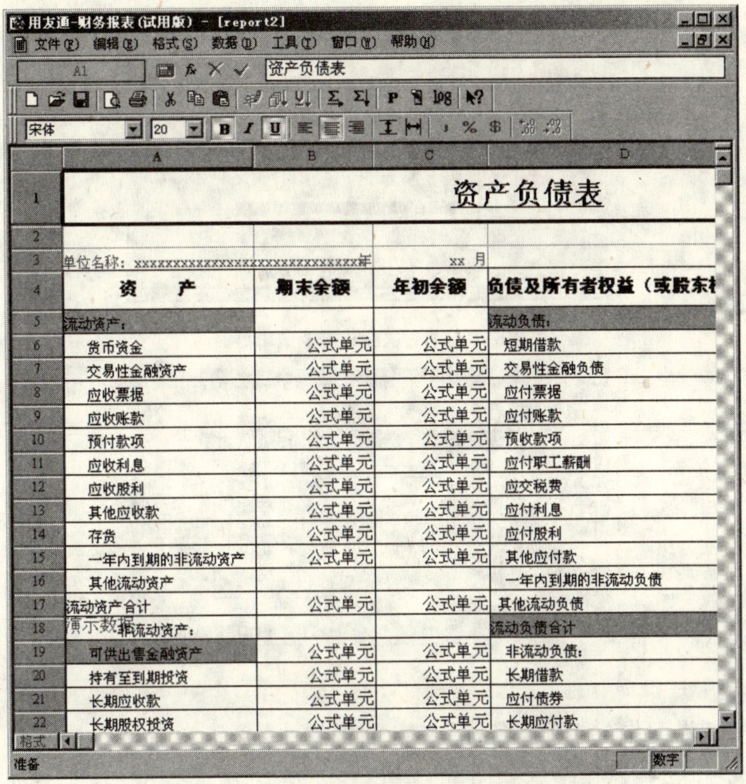

图 7-37　"资产负债表模板"界面

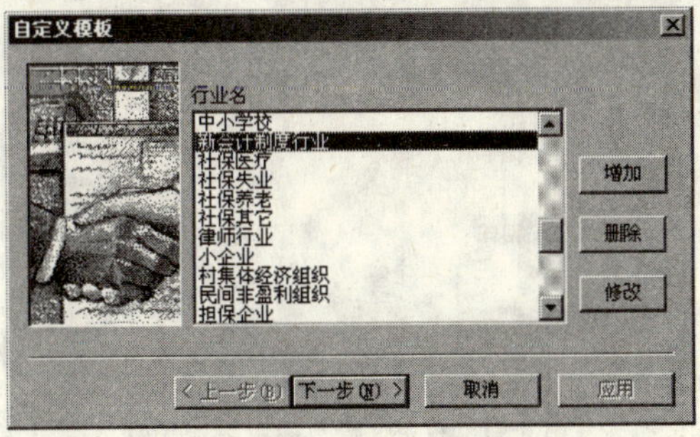

图 7-38　"自定义模板"界面

在"自定义模板"界面，单击"增加"按钮，弹出自定义模板编辑界面，如图 7-39 所示。

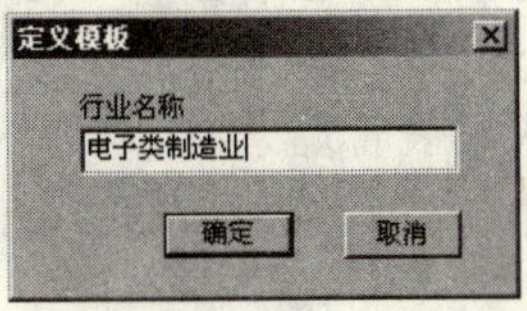

图 7-39　自定义模板编辑界面

在文本框中录入模板所属的行业名称为"电子类制造业"，录入正确后该行业被加入到"自定义模板"界面的"行业名"列表框内，如图 7-40 所示。

在自定义模板行业编辑界面，单击"下一步"按钮，在该界面选定"电子类制造业"，单击"下一步"按钮，再单击"增加"按钮，进入定制模板界面，如图 7-41 所示。

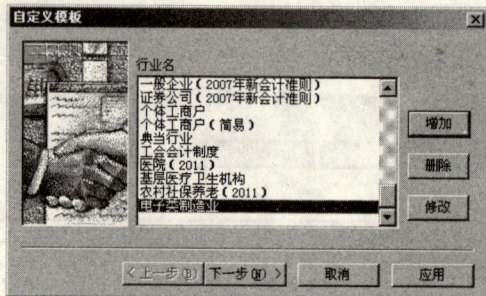

图 7-40　自定义模板行业编辑界面

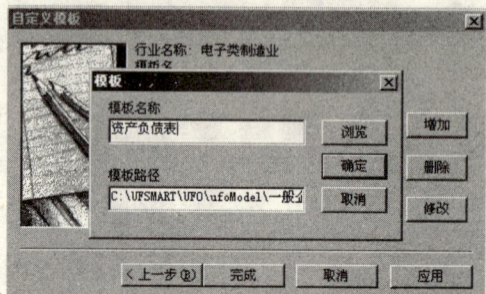

图 7-41　定制模板界面

在定制模板界面中的"模板名称"文本框中输入"资产负债表",并确定模板存放路径,单击"完成"按钮。操作结果如图 7-42 所示。

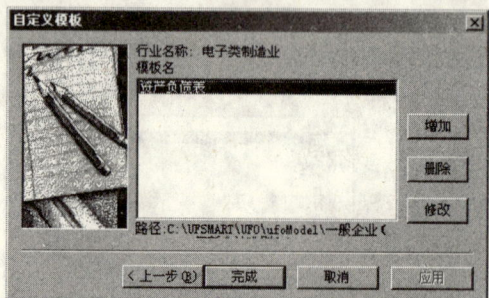

图 7-42　自定义模板编辑结果界面

# 7.3　报表数据处理与图表功能

每个会计期末,我们都要进入报表管理系统,通过已设计好的报表格式或报表模板,建立所需要的报表,现以利润表和资产负债表为例说明会计报表数据处理与图表功能应用过程。

## 7.3.1　日常报表数据处理

### 1.新建报表

以账套主管(demo)的身份登录系统,选择系统中"001 黄海科技账套",登录时间为"2012-01-31",在"T3-用友通标准版"主界面,单击"财务报表"功能图标,进入报表管理系统的系统窗口。在报表管理系统窗口中，要在本期新建一张报表，单击"文件"菜单下"新建"命令，系统弹出"新建"界面，如图 7-43 所示。

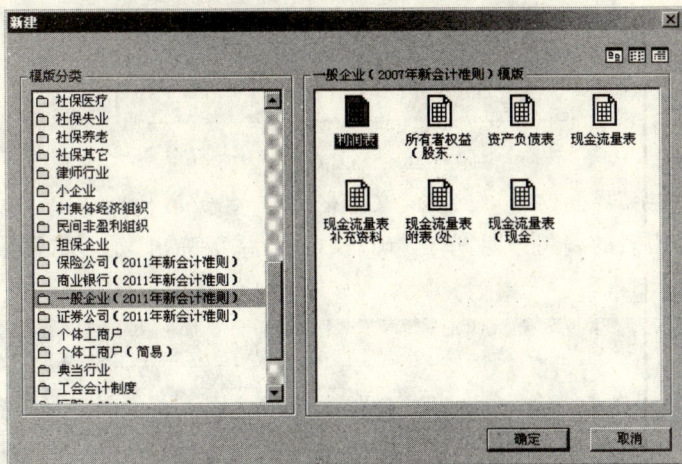

图 7-43　"新建"界面

在"新建"界面，在"模板分类"栏选择"一般企业（2011新会计准则）"，单击右侧的"利润表"模板，系统弹出"利润表"界面，如图 7-44 所示。

图 7-44　"利润表"界面

### 2. 录入关键字

在"利润表"界面中，单击"数据"菜单下"关键字"子菜单下的"录入"命令，系统弹出"录入关键字"界面，如图 7-45 所示。

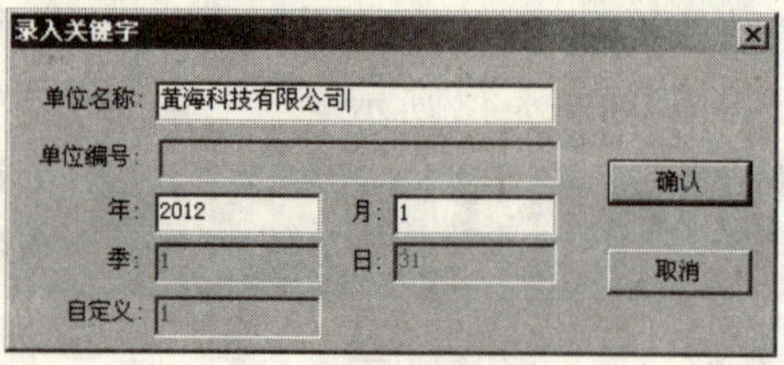

图 7-45 "录入关键字"界面

在"录入关键字"界面的"单位名称"文本框中输入"黄海科技有限公司",系统将当前的系统日期作为报表的编制日期,单击"确认"按钮,系统弹出"是否重算第 1 页?"选择界面,如图 7-46 所示。

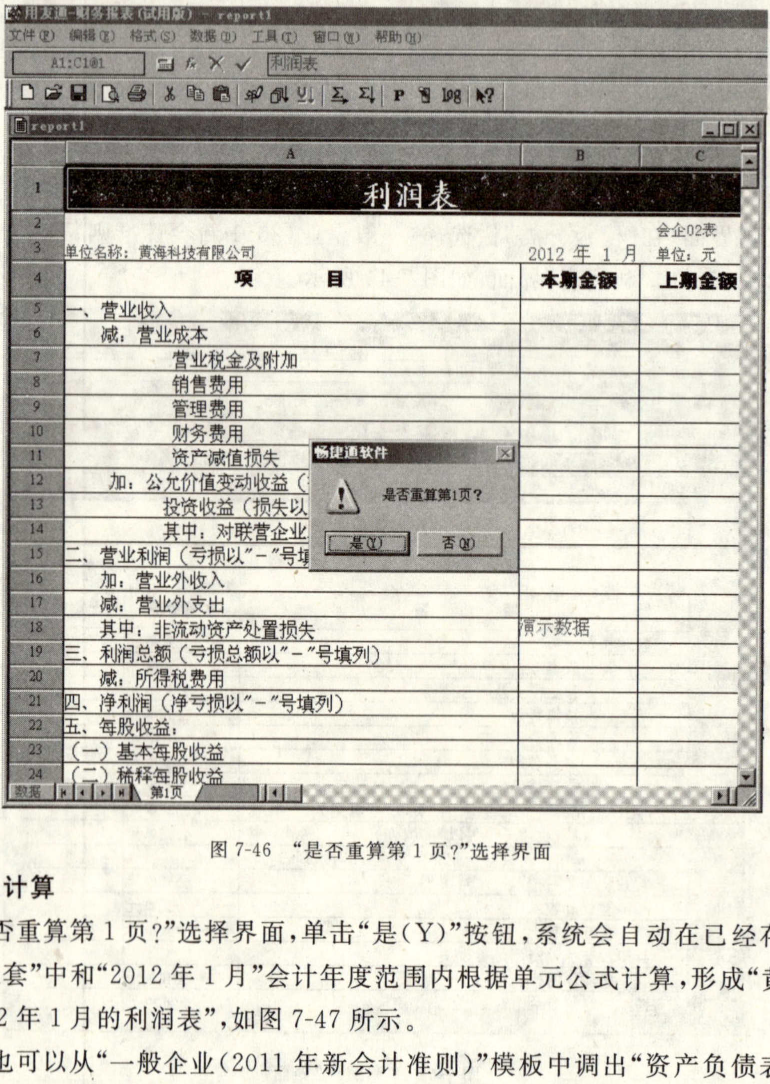

图 7-46 "是否重算第 1 页?"选择界面

**3. 报表计算**

在"是否重算第 1 页?"选择界面,单击"是(Y)"按钮,系统会自动在已经存在的"001黄海科技账套"中和"2012 年 1 月"会计年度范围内根据单元公式计算,形成"黄海科技有限公司 2012 年 1 月的利润表",如图 7-47 所示。

同样,也可以从"一般企业(2011 年新会计准则)"模板中调出"资产负债表"模板,录入关键字,如图 7-48 所示。

在资产负债表关键字录入界面,录入单位名称为"黄海科技有限公司",报表日期为"2012 年 1 月 31 日",单击"确认"按钮,系统提示"是否重算第 1 页?"如图 7-49 所示。

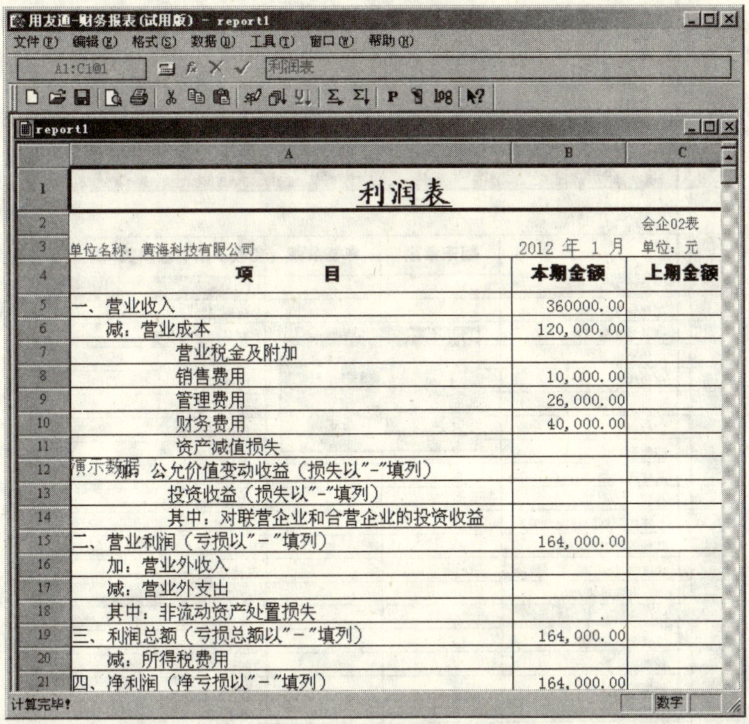

图 7-47 "黄海科技有限公司 2012 年 1 月的利润表"界面

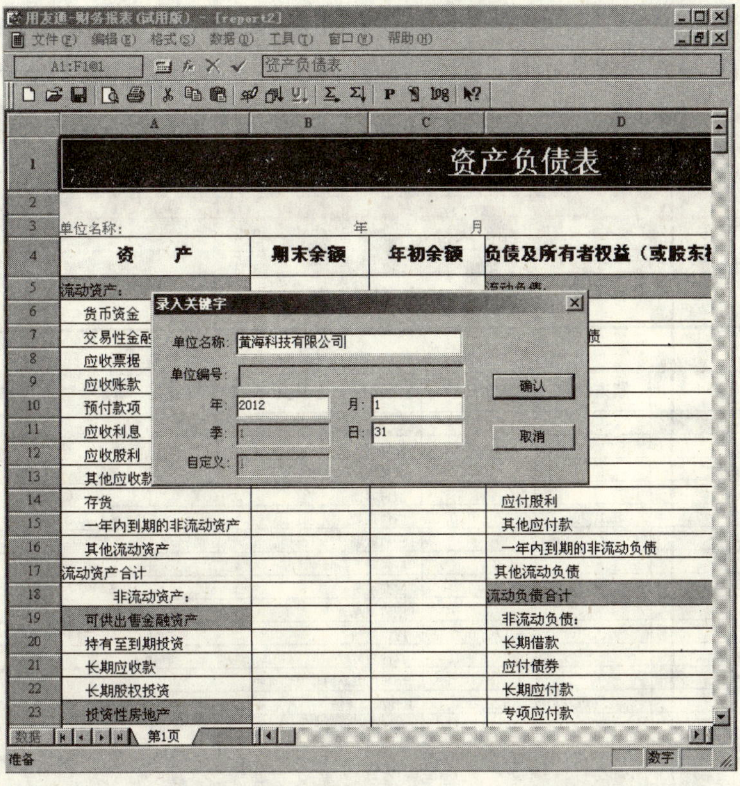

图 7-48 资产负债表关键字录入界面

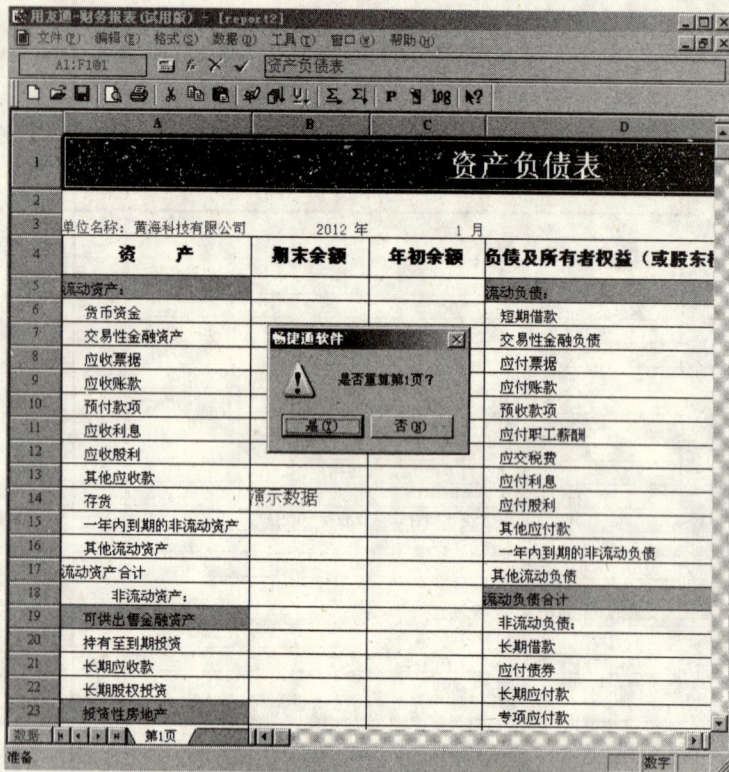

图 7-49 "是否重算第 1 页?"选择界面

在该界面单击"是(Y)"按钮,系统自动从总账系统取数并生成资产负债表,如图 7-50 所示。

图 7-50 自动生成的资产负债表界面

应当说明的是,单元公式要在格式状态下定义,并存储在报表单元中,切换到数据状态后,单元公式将自动进行运算,还可以随时打开"数据"命令,单击"整表重算"后,报表中所有单元公式都进行重算。不需再计算时,可以单击屏幕上方的"不计算"按钮,本表页不再重算。要重新计算,再次单击"不计算"按钮即可再次重新计算。当本表单元公式中涉及其他表或其他系统数据时,必须执行"整表重算"后才能更新数据,得到完整、准确的会计报表。

## 7.3.2 表页管理

表页是由许多单元组成的表。一个报表管理系统的报表最多可由 99999 张表页组成,其中的所有表页都具有相同的格式,但其中的报表数据是不同的。

表页管理是日常报表数据处理的最常见操作手段。

### 1. 追加表页

当我们在报表系统中,编制新的 1 月的会计报表时,可通过追加表页方式,增加一张新的表页,在输入"关键字"后,系统按照设置的账务取数公式和计算公式,自动生成新的 1 月的会计报表。

追加表页的操作方法与步骤是:

(1)打开一个已有的报表(如利润表),将其转换到数据状态下。单击"编辑"菜单下"追加"子菜单下的"表页"命令,系统提示追加表页的数量,如图 7-51 所示。

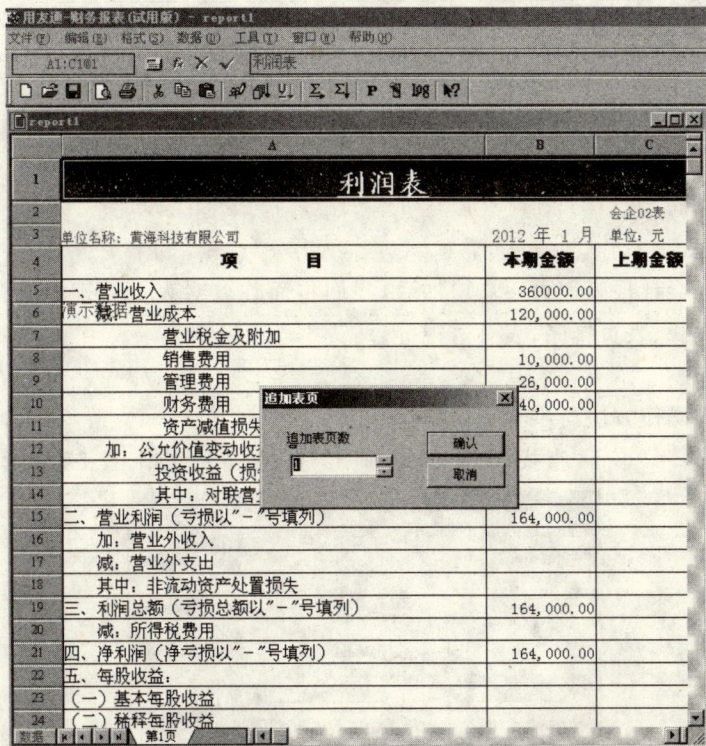

图 7-51 "追加表页"界面

（2）在"追加表页"界面,录入追加表页的数量为"1",单击"确认"按钮后,就完成了追加表页的工作,如图7-52所示。

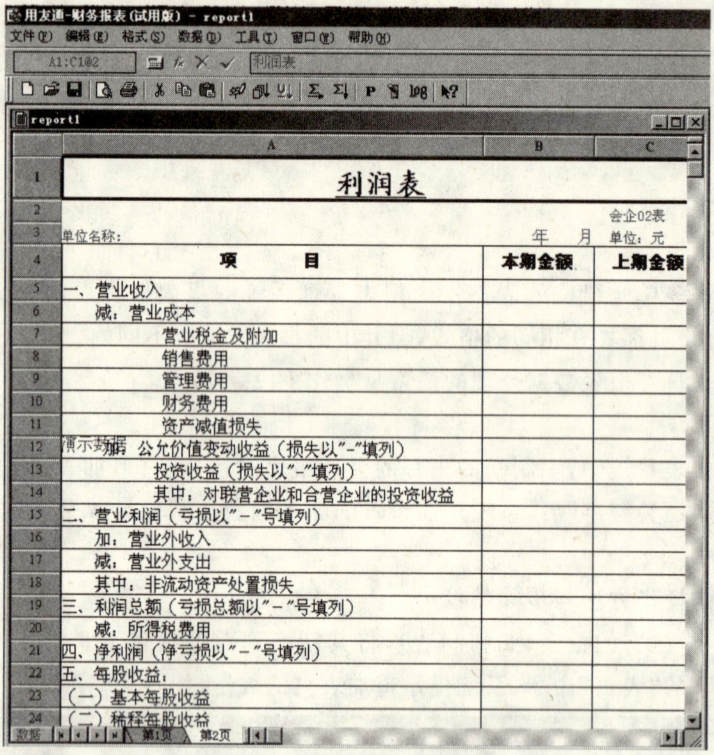

图7-52　追加表页操作结果界面

完成追加表页操作后,系统显示的是一张新的只有表样的表页,此时的表页号码自动更新为"2",在输入报表"关键字"后,系统按照设置的账务取数公式和计算公式,自动生成第2月的利润表。

**2. 表页管理**

当每个月的会计报表表页逐步增加后,我们将面临着对表页管理的问题。表页管理主要包括表页查找、表页排序、表页透视等。

（1）表页查找

表页查找的操作方法与步骤是:

①单击"编辑"菜单下"查找"命令,系统弹出"查找"界面,如图7-53所示。

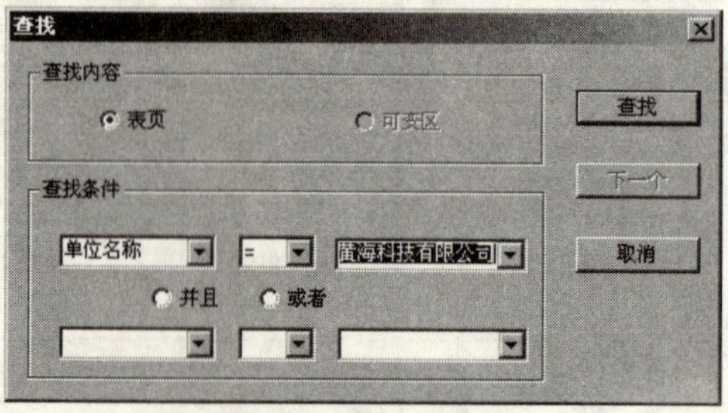

图7-53　"查找"界面

②在图7-53所示界面输入查找条件,勾选"并且"或"或者"选项来决定这两个条件的搭配关系是都需要符合,还是符合其中一个即可,此处选择"单位名称=黄海科技有限公司",单击"查找"按钮,即可查出"黄海科技有限公司"的利润表,如图7-54所示。

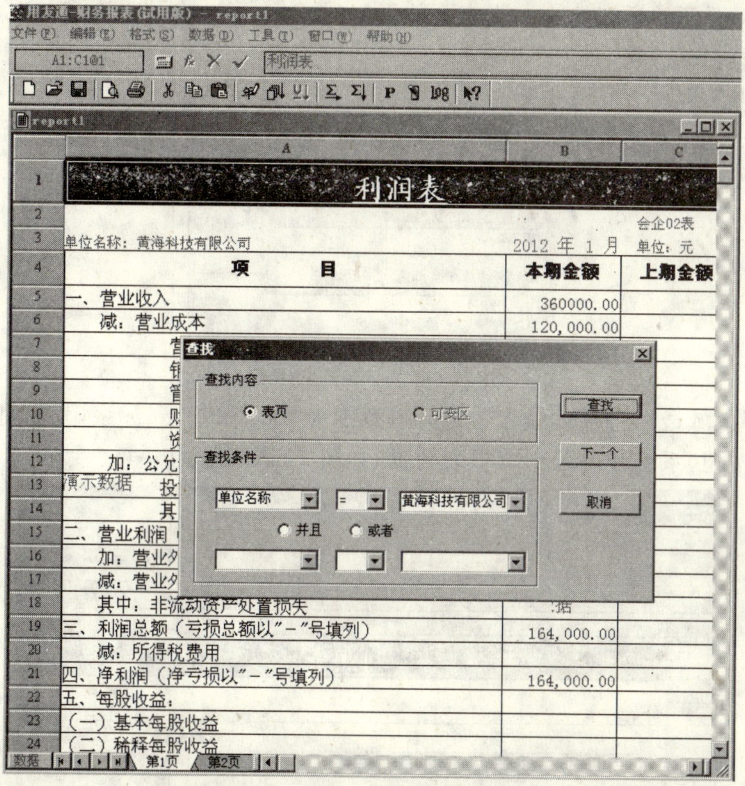

图7-54 "黄海科技有限公司"利润表

(2)表页排序

单击"数据"菜单下"排序"子菜单下"表页"命令,系统弹出"表页排序"界面,如图7-55所示。

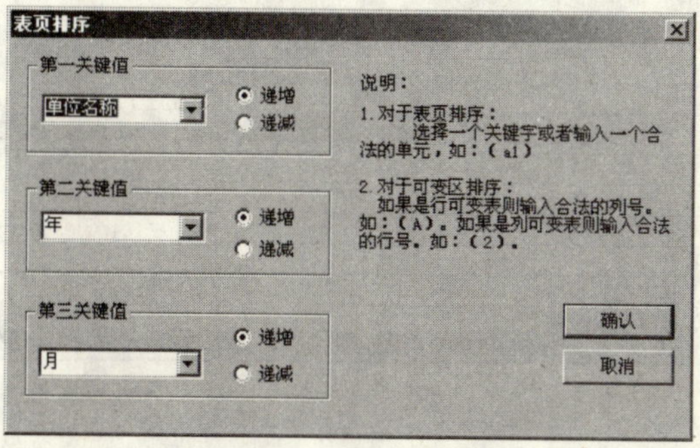

图7-55 "表页排序"界面

录入原先设计好的关键字的排序原则,第一关键值为"单位名称"、第二关键值为"年"、第三关键值为"月",设置完毕,单击"确认"按钮后,系统会按照所给出来的条件(关键字递增或递减,如有表页与表页之间第一关键值相同数据,则该相同表页之间会以第二关键值为标准)进行表页排序。

（3）表页透视

使用表页透视功能可以将多张表页的某些指定的局部区域同时显示在一个平面上，这样就无需一张张地翻动不同的表页。

首先选择要开始透视的第一张表页的页标（如第1页），将其作为当前页，系统从该页开始向其后的表页透视。

表页透视的操作方法与步骤是：

①单击"数据"菜单下"透视"命令，系统弹出"多区域透视"界面，如图7-56所示。

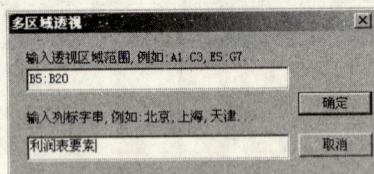

图7-56 "多区域透视"界面

②在"多区域透视"界面，录入透视区域范围为"B5：B20"，列标字串为"利润表要素"，单击"确定"按钮，系统弹出若干页报表数据，如图7-57所示。

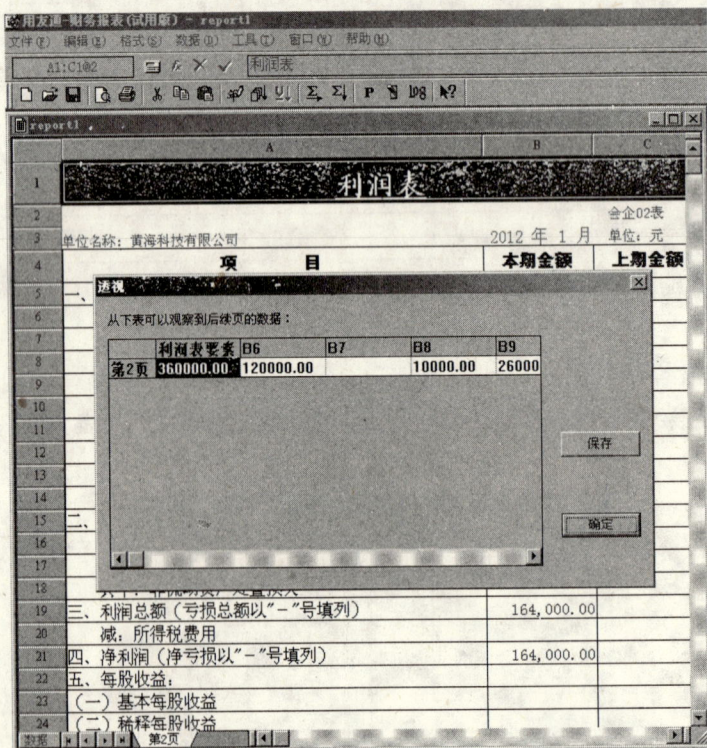

图7-57 表页透视的操作结果

③单击"保存"按钮，系统弹出保存文件的格式、文件名、保存路径；单击"确定"按钮，可保存若干页报表数据汇总文件。

**3. 定义显示风格**

在报表管理系统主界面，单击"工具"菜单下"显示风格"命令，系统弹出"显示风格"界面，如图7-58所示。

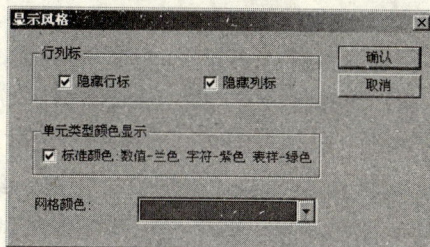

图 7-58 "显示风格"界面

在"显示风格"界面选择所需要的显示风格为"标准颜色""隐藏行标""隐藏列标",单击"确认"按钮,系统将显示利润表的显示风格,如图 7-59 所示。

图 7-59 利润表的显示风格

## 7.3.3 报表输出

会计报表输出的形式一般有屏幕查询、网络传输、打印输出和磁盘输出等形式。

**1. 屏幕查询**

屏幕查询既可以查找表页,还可以联查明细账,报表管理系统为用户提供了在报表上联查明细账的功能,并可以通过明细账查询相应总账和记账凭证。

要实现联查明细账,还需要具备如下条件:必须在数据状态下使用联查明细账功能,并且操作员必须同时具备报表管理系统的明细账查询、总账函数、总账明细账查询的权限;必须在有单元公式的单元格中使用,单元公式必须是有会计科目参数的期初类函数(包括 QC、WQC、SQC)、期末类函数(包括 QM、WQM、SQM)、发生类函数(包括 FS、SFS、WFS、LFS、SLFS、WLFS)、净额函数(包括 JE、SJE、WJE)。

在无单位公式的单元中无法使用查询功能;当用户选择了某单元格时,只要当前单元格内有总账函数,即可联查当前科目的明细账,如果当前单元格有多个科目,显示第一个科目的明细账,其他科目通过明细账的查询窗口进行切换。

**2. 网络传输**

网络传输方式是通过计算机网络将各种报表从一个网络结点传送到另一个或另几个网络结点的报表传输方式。使用计算机网络进行报表传输,可在用户各自的计算机上方便、快捷地查看相关会计报表,大大提高了会计数据的时效性和准确性,又具有很好的安全性,并且可以节省报表报送部门大量的人力、物力、财力。随着计算机网络的日益普及,网络传输方式的优势越发明显,正在逐步取代其他的传输方式。

我们只要将报表生成网页文件(html 文件),就可以将网页报表文件发布在企业内部网和互联网上。

**3. 报表打印**

打印输出方式是指将编制出来的报表以纸介质的形式打印输出。打印输出是将报表进行保存、报送有关部门不可缺少的一种报表输出方式。但在打印之前必须在报表管理系统中做好打印机的有关设置,以及报表打印的格式设置,并确认打印机已经和主机正常连接。

报表管理系统提供了不同文件格式的输出方式,方便不同软件之间进行数据的交换,输出的格式有报表文件( * . rep)、文本文件( * . txt)、数据库文件( * . dbf)、Access 文件( * . mdb)、Excel 文件( * . xls)等。

此外我们还可将各种报表以文件的形式另存并输出到磁盘上,再定期将这些报表文件刻录到光盘加以长期保存。

## 7.3.4 报表图表功能

当我们编制好会计报表,并取得相关的报表数据后,可以通过报表管理系统的图表功能生成相应的报表数据图表,以更加形象直观地反映单位的财务状况与经营成果,会计报表图表格式可分为直方图、圆饼图、折线图、面积图等十种。

打开"001 黄海科技账套",一个已设计好的黄海科技有限公司 2012 年 1 月份的资产负债表界面,如图 7-60 所示,将其转换到数据状态下,并进行表页重算。

选定需要进行图表显示的表页数据为"B5:C17"后,单击"工具"菜单下"插入图表对象"命令,弹出"区域作图"界面,如图 7-61 所示。可以用鼠标拉动图表的边框线对图表的大小和位置进行调整。

在"数据组"中选择"行",那么原先数据组区域中的"行"则为图表的 X 轴,"列"则为图表的 Y 轴。

选择"操作范围"中"当前表页"表示利用当前表页中的数据作图,选择"整个报表"则表示利用所有表页中的数据作图。

标识:如选"当前表页"作图,则"标识"是不可修改的。

图表名称:输入的图表名称为"资产负债表图表",一旦确认后是不可修改的。

图表格式:在列出的 10 种图表格式中选择一种,此处选择"求和直方图"。

单击"确认"按钮,结果如图 7-62 所示。

图 7-60 资产负债表界面

图 7-61 "区域作图"界面

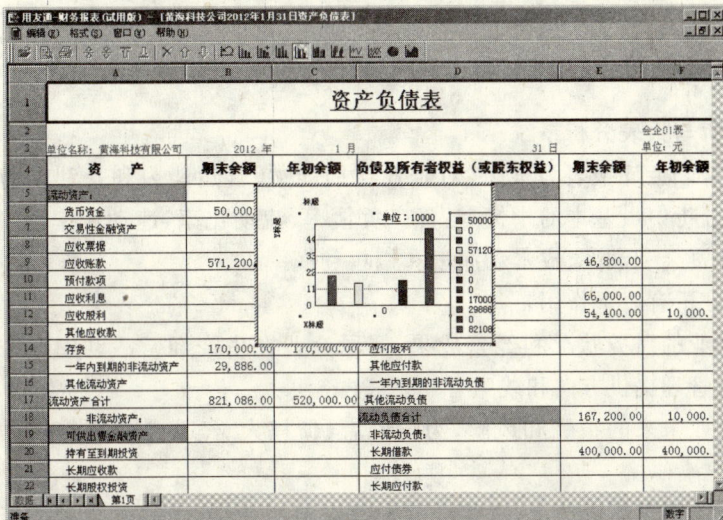

图 7-62 图表界面

在图表界面,单击"窗口"菜单下"图表窗口"命令,进入如图 7-63 所示图表窗口。

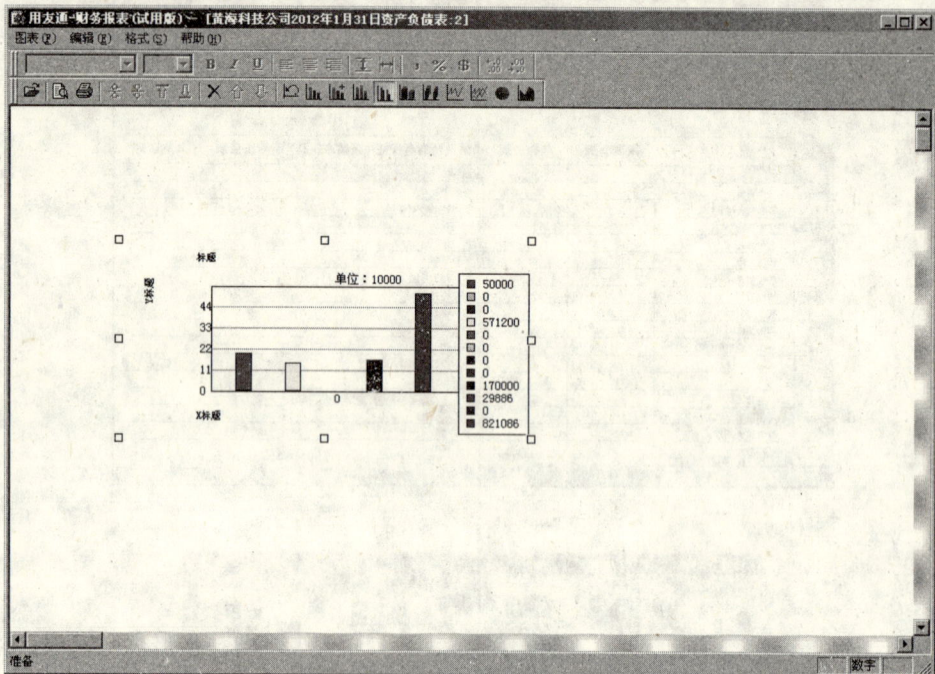

图 7-63　图表窗口

在图表窗口,单击"编辑"菜单的各命令,可以对图表进行编辑,编辑内容包括"标题""X 轴""Y 轴"等。

编辑完毕,在图表窗口,单击"窗口"菜单下"退出图表窗口"命令,返回报表窗口。

至此,我们就全部完成了报表管理系统的操作。

# 7.4　报表分析系统

## 7.4.1　报表分析系统概述

**1. 报表分析与报表分析系统**

报表分析是以会计报表为根据,对企业偿债能力、营运能力和获利能力所做出的分析。会计报表分析中最基本的指标有:资产负债率、流动比率、速动比率、存货周转率、应付账款周转率、资金利润率、成本利润率和销售利润率。

会计报表分析有以下作用:

(1)评价企业的财务状况和经营成果,揭示企业在生产经营活动中存在的矛盾和问题,为改善经营管理提供方向和线索。

(2)预测企业未来的报酬和风险,为投资者、债权人、经营者的决策提供科学有效的帮助。

(3)检查企业预算完成情况,考察经营管理人员的业绩,为完善管理的经营机制提供帮助。

报表分析系统是电算化会计系统中专门用于会计报表分析的软件,报表分析系统主要具备以下功能:

(1)报表分析系统提供多种分析方法,如对比分析、结构分析、绝对数分析、定基分析、环比分析、趋势分析。

(2)报表分析系统提供预算自动编制,预算与实际比较分析等全面预算管理,其中,既有可细化到部门、项目中每个科目的精细预算分析,又有可按整个部门、项目核算的粗放预算分析。

(3)报表分析系统提供多项分析内容:如因素分析、基本财务指标分析、现金收支分析、现金收支增减分析、现金收支结构分析。

(4)报表分析系统提供多种图形分析工具,提供添加文字说明区域,对生成的分析表均提供另存为报表文件、文本文件、Excel 文件等文件转换功能,便于对报表分析结果进行图文混排。

**2. 报表分析系统的基本操作过程**

报表分析系统的基本操作过程如图 7-64 所示。

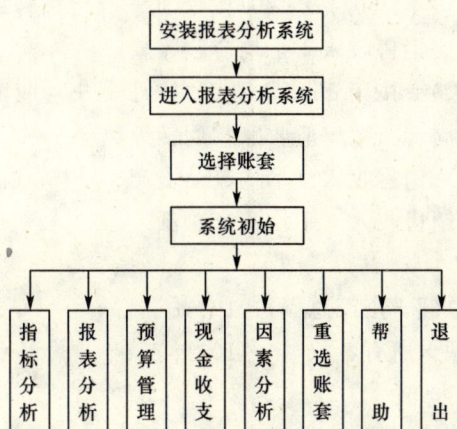

图 7-64 报表分析系统的基本操作过程

从图 7-64 可以看出,报表分析系统主要分为系统的初始化和日常报表分析操作。

(1)报表分析系统初始化

初次使用报表分析系统时,应对一些基本报表分析内容进行定义和修改,称为系统初始化。报表分析系统的初始化主要包括以下内容:

基本项目初始:定义现金类科目,以便进行现金收支表分析。

报表初始:定义报表取数公式,以便进行报表分析。

指标初始:选择需要进行分析的指标,对未选择的不进行分析。

预算初始:包括第一步预算类型初始和第二步预算数初始。

预算类型初始:选择预算的分析类型(精细型或粗放型)。

预算数初始:编制部门、项目、科目等报警数,以便进行预算预警管理。

日常报表分析操作主要包括指标分析、报表分析、预算管理、现金收支、因素分析。对企业而言,报表分析主要进行指标分析和报表分析。

（2）指标分析

指标分析是指同一期财务报表上的相关项目互相比较,求出它们间的比率,以说明财务报表上所列项目与项目之间的关系,从而揭示企业的财务状况。指标分析是财务分析的核心。

比率分为七类:变现能力比率、资产管理比率、负债比率、盈利能力比率、医药行业指标、事业单位指标、股份制企业指标。本系统提供财政部公布的评价经济效益的指标体系,共 28 个指标分析。企业在进行指标分析时,可以选择分析部分指标或全部指标。指标的选择可在指标初始中进行。

针对企业的主要指标分析比率有:

①变现能力比率

流动比率＝流动资产÷流动负债

速动比率＝（流动资产－存货）÷流动负债

②资产管理比率

存货周转率（次）＝销货成本÷平均存货

存货周转天数（天）＝按年 360/按季 90/按月 30÷存货周转率

应收账款周转率（次）＝销售收入÷平均应收账款

应收账款周转天数（天）＝按年 360/按季 90/按月 30÷应收账款周转率

营业周期（天）＝存货周转天数＋应收账款周转天数

流动资产周转率（次）＝销售收入÷平均流动资产

总资产周转率（次）＝销售收入÷平均资产总额

③负债比率

资产负债率＝（负债总额÷资产总额）×100％

产权比率＝（负债总额÷所有者权益）×100％

④盈利能力比率

销售净利率＝（净利润÷销售收入）×100％

销售毛利率＝［（销售收入－销售成本）÷销售收入］×100％

资产净利率＝（净利润÷平均资产总额）×100％

净值报酬率＝（净利润÷平均所有者权益）×100％

资本金利润率＝（利润总额÷资本金总额）×100％

⑤股份制企业指标

每股收益（元）＝净利润÷普通股平均数

市盈率＝每股市价÷每股盈余

每股账面价值（元）＝（股东权益总额－优先股权益）÷普通股股数

产权比率＝（负债总额÷股东权益总额）×100％

净值报酬率＝（净利润÷股东权益总额）×100％

每股净资产（元）＝股东权益总额÷普通股平均数

（3）报表分析

报表分析系统提供了五种最常用的报表分析方法,如表 7-2 所示。

表 7-2                                               报表分析方法

| 报表名称 | 绝对数分析 | 定基分析 | 环比分析 | 对比分析 | 结构分析 |
|---|---|---|---|---|---|
| 资产负债表 | √ | √ | √ | √ | √ |
| 损益表（企业） | √ | √ | √ | √ | √ |
| 收入支出表（行政事业） | √ | √ | √ | √ | √ |
| 收入分析表 | | | | √ | √ |
| 成本费用分析表（企业） | | | | √ | √ |
| 支出分析表（行政事业） | | | | √ | √ |
| 调用报表 | | | | | |

①绝对数分析

绝对数分析是将不同时期、相同项目的绝对金额排列成行，以观察其绝对额的变化趋势。

②定基分析

定基分析是以分析期间第一期的报表数据作为基数，其他各期与之对比，计算百分比，以观察各期相对于基数的变化趋势。

③环比分析

环比分析是以某一期的数据和上期的数据进行比较，计算趋势百分比，以观察每期的增减变化情况。

④对比分析

在日常报表分析中，需要把两个任意日期实际执行数进行对比，对比分析提供此项功能。

⑤结构分析

结构分析用于考核各部门在总体中所占的比重，或各费用在总体费用中所占的比重。例如，资产负债表的"货币资金"占"总资产"的比重，"办公费"占"管理费用"的比重等。

资产负债表分别以资产总计、负债及所有者权益总计为总体。

收入支出表收入项目以收入总计为总体，支出项目以支出总计为总体，结余项目以结余总计为总体，结余分配项目以结余分配总计为总体。

收入分析表以已选的收入项目的总计为总体。

支出分析表以已选的支出项目的总计为总体。

## 7.4.2　报表分析初始化设置

当我们初次使用报表分析系统时，应对一些基本报表分析内容进行定义和修改，这项工作称为报表分析初始化设置。报表分析系统已预置了进行分析所需要的一部分内容：预置了一些基本报表项目和会计科目编码，用于产品销售毛利率和现金收支分析中。预置了资产负债表、收入支出表，企业可根据自身需要重新定义基本报表项目和修改会计科目编码，以形成评价单位经济效益的指标体系。

如果要对本单位的预算完成情况进行分析，则需要在预算初始中选择适合实际情况的预算分析类型并编制预算数。

如果要了解现金流入科目、现金流出科目完成年预算的情况，则需要在系统中定义相应的科目和预算数。

如果要进行产品毛利率的分析，则需要在系统中定义产品销售的收入科目和成本科目。要进行项目毛利率的分析，则还需要定义项目。

**1. 进入报表分析系统**

将系统时间调整为"2011-12-31"，以账套主管"demo"身份登录电算化会计系统，进入系统主界面后双击"财务分析"命令，系统弹出"新会计制度说明"界面，如图7-65所示。

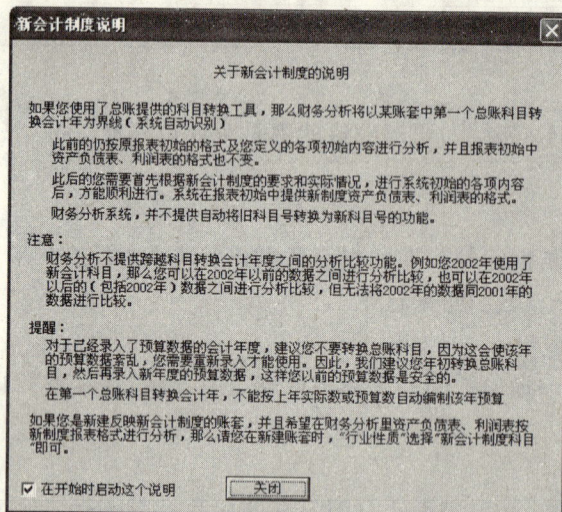

图7-65 "新会计制度说明"界面

在"新会计制度说明"界面，单击"关闭"按钮，进入报表分析主界面，如图7-66所示。

图7-66 报表分析主界面

**2. 基本项目初始化设置**

在报表分析主界面,双击"树"的根结点"系统初始"后,将列示下一级结点:基本项目、报表初始、指标初始、预算初始、现金收支、调用报表。基本项目初始化设置操作步骤如下:

(1)双击结点"基本项目",弹出"基本项目"界面,如图 7-67 所示。

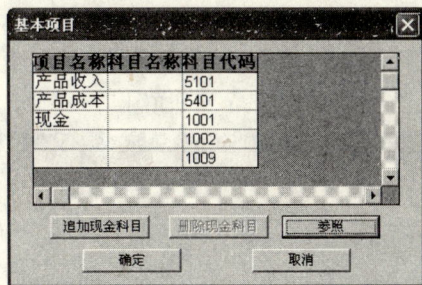

图 7-67　"基本项目"界面

(2)在"基本项目"界面中,"项目名称"是不能更改的,"科目名称"也不能更改,但现金科目可以增加或删除(第一个现金科目不能删除)。要增加现金科目时,单击"追加现金科目"按钮,将弹出"选择现金科目"界面,框中列出的是在总账系统中设立的借方一级科目,单击"确认"按钮即可。选择完毕,再单击"确定"按钮即可定义基本项目。

**3. 报表初始化设置**

报表分析系统已预置了资产负债表、收入支出表各项目的取数科目及计算方法,企业可以根据自己的实际情况,调整各报表分析项目的取数会计科目及计算方法。报表初始化设置操作步骤如下:

(1)在报表分析主界面,双击"树"的根结点"系统初始"后,将列示下一级结点:基本项目、报表初始、指标初始、预算初始、现金收支、调用报表。

(2)双击结点"报表初始",弹出"报表"界面,如图 7-68 所示。

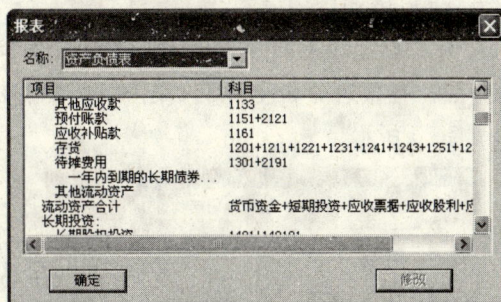

图 7-68　"报表"界面

在"报表"界面的"名称"框中可以选择"资产负债表"或"收入支出表",报表分析的项目和科目的相应内容将显示在界面中。报表的项目不能修改,但部分项目的取数公式可以修改。要修改"资产负债表"、"收入支出表"的取数公式时,单击要修改的项目,再单击"修改"按钮,将弹出"修改项目公式"界面,修改完毕,单击"确定"按钮。回到"报表"界面,修改过的公式显示在相应项目的右侧。

**4.报表指标分析初始化设置**

报表分析系统提供财政部公布的评价单位经济效益的指标体系七类共28个基本财务指标分析,其中,包括适用于事业单位的两个指标分析、适用于医药行业的四个指标分析,可在此选定本单位进行财务分析所需要的指标。

报表指标分析初始化设置操作步骤如下:

(1)在报表分析主界面,双击"树"的根结点"系统初始"后,将列示下一级结点:基本项目、报表初始、指标初始、预算初始、现金收支、产品毛利率、项目毛利率、调用报表。

(2)双击结点"指标初始",弹出"指标"界面,如图7-69所示。

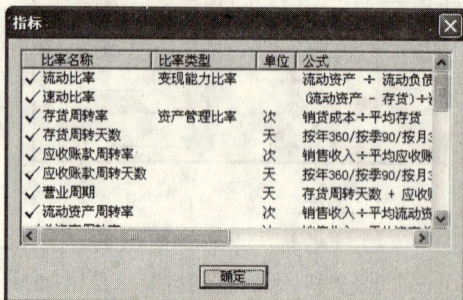

图7-69 "报表"界面

(3)当要选定某一指标时,单击该比率名称,则系统在该比率名称前打上"√"标识,表示被选中。再次单击该指标时,前面的"√"标识消失,表示不对它进行分析(在进行指标分析时,将对选定指标进行分析,对没有选定的指标不分析)。选择完成后,单击"确定"按钮。

## 7.4.3 报表分析

**1.基本指标分析**

基本指标分析的主要操作步骤是:

(1)以账套主管"demo"身份登录电算化会计系统,进入系统主界面后,双击"财务分析"菜单进入报表分析主界面。在报表分析主界面,双击"树"的根结点"指标分析",弹出"基本指标分析"界面,如图7-70所示。

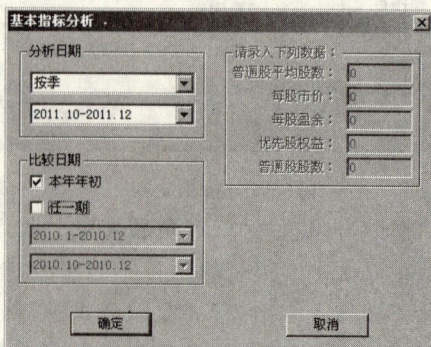

图7-70 "基本指标分析"界面

(2)在"基本指标分析"界面,选定指标分析日期,在此选择按季分析,然后再选定具

208

体的分析季度（2011.10-2011.12），比较日期为"**本年年初**"，选择完毕，单击"**确定**"按钮，系统显示基本财务指标分析结果，如图7-71所示。

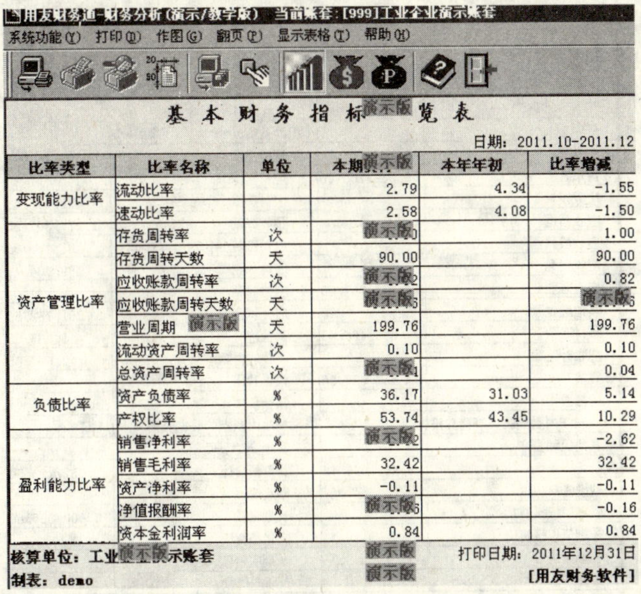

图7-71 基本财务指标分析结果

**2.报表分析**

报表分析系统设置五种最基本的分析方法：绝对数分析、结构分析、定基分析、环比分析、对比分析。在此我们仅以绝对数分析和结构分析为例，介绍报表分析的基本操作方法。

（1）绝对数分析

绝对数分析是将不同时期、相同项目的绝对金额排列成行，以观察其绝对额的变化趋势。绝对数分析的主要操作步骤是：

①以账套主管"demo"身份登录电算化会计系统，进入系统主界面后双击"财务分析"菜单进入报表分析主界面。在"系统初始"中，首先进行"报表初始""科目预算"初始。在报表分析主界面双击"树"的根结点"报表分析"，将列示下一级结点：资产负债表、损益表（企业）、收入支出表（行政事业）、收入分析表、成本费用分析表（企业）、支出分析表（行政事业）、调用报表等。

②双击"资产负债表"结点，选择"绝对数分析"，系统将弹出"绝对数分析选择"界面，如图7-72所示。

图7-72 "绝对数分析选择"界面

③在"绝对数分析选择"界面中指定分析期间"按季"和对比期间"2011.10-2011.12",单击"确定"按钮,系统将进入分析表窗口,显示资产负债表绝对数分析结果,如图7-73所示。

| 比 较 资 产 负 债 表 （绝 对 数 分 析） | | | | |
|---|---|---|---|---|
| 资　产 | 2011.10-演示版 | 负债及所有者权 | | 2011.10-2011. |
| 资　产 | | 流动负债: | | |
| 流动资产: | | 短期借款 | | 368 |
| 货币资金 | 5,888,255.06 | 应付票据 | | |
| 短期投资 | | 应付账款 | | 658,496.63 |
| 应收票据 | | 预收账款 | | 1,277,307.20 |
| 应收股利 | | 应付工资 | | 93 |
| 应收利息 | | 应付福利费 | | 389,604.73 |
| 应收账款 | 1,277,307.20 | 应付股利 | | |
| 其他应收款 | | 应交税金 | | 201,782.56 |
| 预付账款 | 658,496.63 | 其他应交款 | | 1,907.05 |
| 应收补贴款 | | 其他应付款 | | 42,006.05 |
| 存货 | 637,637.20 | 预提费用 | | |
| 待摊费用 | | 预计负债 | | |
| 一年内到期的长期债券投 | | 一年内到期的长期负债 | | |
| 其他流动资产 | | 其他流动负债 | | |
| 流动资产合计 | 8,461,696.09 | 流动负债合计 | | 3,032,123.54 |
| 长期投资: | | 长期负债: | | |
| 长期股权投资 | | 长期借款 | | 4,000,000.00 |
| 长期债权投资 | | 应付债券 | | |
| 长期投资合计 | | 长期应付款 | | |
| 固定资产: | | 专项应付款 | | |
| 固定资产原价 | 1,168,752.16 | 其他长期负债 | | |
| 减:累计折旧 | 397,978.28 | 长期负债合计 | | 4,000,000.00 |
| 固定资产净值 | 770,773.88 | 递延税项: | | |
| 减:固定资产减值准备 | | 递延税款贷项 | | |
| 固定资产净额 | 770,773.88 | 负债合计 | | 7,032,123.54 |
| 工程物资 | | 所有者权益（或股东权 | | |
| 在建工程 | 9,311,496.01 | 实收资本（或股本） | | 10,000,000.00 |
| 固定资产清理 | | 减:已归还投资 | | |

图7-73　资产负债表绝对数分析结果

在分析表窗口中,可以给分析表加入文字说明,还可以打印分析表,把分析表保存为各种文件格式或者生成各种图形。

④在完成资产负债表绝对数分析之后,在报表分析主界面上双击"树"的根结点"报表分析"下"损益表（利润表）"结点,选择"绝对数分析",系统将弹出"绝对数分析选择"界面,如图7-74所示。

图7-74　"绝对数分析选择"界面

⑤在"绝对数分析选择"界面中指定分析期间"按季"和对比期间"2011.10-2011.12",单击"确定"按钮,系统将进入分析表窗口,显示损益表（利润表）绝对数分析结果,如图7-75所示。

（2）结构分析

结构分析用于考核各部门在总体中所占的比重,或各费用在总体费用中所占比重。

图 7-75 损益表(利润表)绝对数分析结果

例如,资产负债表的"货币资金"占"总资产"的比重;"办公费"占"管理费用"的比重等。

资产负债表分别以资产总计、负债及所有者权益总计为总体。

结构分析的主要操作步骤是:

①以账套主管"demo"身份登录电算化会计系统,进入系统主界面后双击"财务分析"菜单进入报表分析主界面,在"系统初始"中,首先进行"报表初始""科目预算"初始。在报表分析主界面上双击"树"的根结点"报表分析",将列示下一级结点:资产负债表、损益表(企业)、收入支出表(行政事业)、收入分析表、成本费用分析表(企业)、支出分析表(行政事业)、调用报表等。

②双击"资产负债表"结点,选择"结构分析",系统将弹出"结构分析选择"界面,如图7-76 所示。

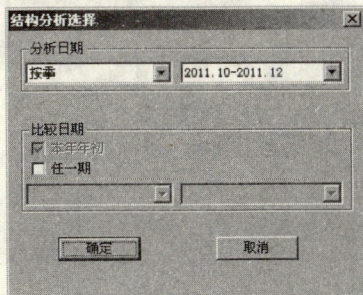

图 7-76 "结构分析选择"界面

③在"结构分析选择"界面中指定分析日期"按季""2011.10-2011.12"和比较日期为"本年年初",单击"确定"按钮,系统将进入分析表窗口,显示资产负债表结构分析结果,如图 7-77 所示。

在分析表窗口中,可以给分析表加入文字说明,还可以打印分析表,把分析表保存为各种文件格式或者生成各种图形。

④在完成资产负债表结构分析之后,在报表分析主界面上双击"树"的根结点"报表

| 项目 | 2011.10-2011.12 | | 年初 | | 结构增减 |
|---|---|---|---|---|---|
| | 金额 | 结构 | 金额 | 结构 | |
| **资　产** | | | | | |
| 流动资产： | | | | | |
| 货币资金 | 5,888,255.06 | 30.29% | 5,985,837.39 | 32.62% | -2.33% |
| 短期投资 | | | | | |
| 应收票据 | | | | | |
| 应收股利 | | | | | |
| 应收利息 | | | | | |
| 应收账款 | 1,277,307.20 | 6.57% | 687,984.60 | | 2.82% |
| 其他应收款 | | | | | |
| 预付账款 | 658,496.63 | 3.39% | 803.33 | 1.30% | 2.09% |
| 应收补贴款 | | | | | |
| 存货 | 637,637.20 | 3.28% | 445,300.00 | 2.43% | 0.85% |
| 待摊费用 | | | | | |
| 一年内到期的长期债券投 | | | | | |
| 其他流动资产 | | | | | |
| 流动资产合计 | 8,461,696.09 | 43.52% | 7,356,925.32 | 40.09% | 3.44% |
| 长期投资： | | | | | |
| 长期股权投资 | | | | | |
| 长期债权投资 | | | | | |
| 长期投资合计 | | | | | |
| 固定资产： | | | | | |
| 固定资产原价 | 1,168,752.16 | 6.01% | 1,163,152.16 | 6.34% | -0.33% |
| 减：累计折旧 | 397,978.28 | 2.05% | 383,127.80 | | -0.04% |
| 固定资产净值 | 770,773.88 | 3.96% | 780,024.36 | 4.25% | -0.29% |
| 减：固定资产减值准备 | | | | | |
| 固定资产净额 | 770,773.88 | 3.96% | 780,024.36 | | -0.29% |
| 工程物资 | | | | | |
| 在建工程 | 9,311,496.01 | 47.89% | 9,311,496.01 | 50.74% | -2.84% |
| 固定资产清理 | | | | | |
| 固定资产合计 | 10,082,269.89 | 51.86% | 10,091,520.37 | 54.99% | -3.13% |
| 无形资产及其他资产： | | | | | |
| 无形资产 | 898,079.78 | 4.62% | 904,429.78 | | -0.31% |

图 7-77　资产负债表结构分析结果

分析"下"损益表（利润表）"结点，选择"结构分析"，系统将弹出"结构分析选择"界面，如图 7-78 所示。

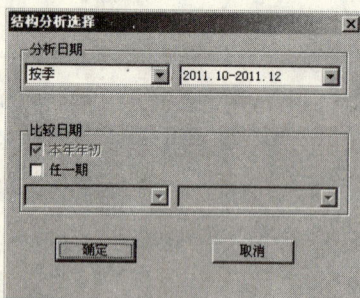

图 7-78　"结构分析选择"界面

⑤在"结构分析选择"界面中指定分析日期"按季""2011.10-2011.12"和比较日期为"本年年初"，单击"确定"按钮，系统将进入分析表窗口，显示损益表（利润表）结构分析结果，如图 7-79 所示。

在分析表窗口中，可以给分析表加入文字说明，还可以打印分析表，把分析表保存为各种文件格式或者生成各种图形。

至此，我们就完成了报表分析的基本操作过程，也完成了整个电算化会计系统的操作。后面我们将进入第 8 章，将我们所学的电算化会计实务知识与相关电算化会计业务

结 构 利 润 表

| 项目 | 2011.10-2011.演示版 | |
|---|---|---|
| | 金额 | 结演示版 |
| 一、主营业务收入 | 804,634.70 | 100.00% |
| 减：主营业务成本 | 543,747.80 | 演示版% |
| 主营业务税金及附加 | 6演示版3 | 0.79% |
| 二、主营业务利润（亏损以"一" | 254,530.07 | 31.63% |
| 加：其他业务利润（亏损以" | | 演示版 |
| 减：营业费用 | 63,987.52 | 演示版% |
| 管理费用 | 106,721.07 | 13.26% |
| 财务费用 | | 演示版 |
| 三、营业利润（亏损以"一"号填 | 83,821.48 | 10.42% |
| 加：投资收益（亏损以"一" | | 演示版 |
| 补贴收入 | | 演示版 |
| 营业外收入 | 787.50 | 0.10% |
| 减：营业外支出 | 753.34 | 0.09% |
| 四、利润总额（亏损以"一"号填 | 83,855.64 | 演示版% |
| 减：所得税 | 104,958.54 | 13.04% |
| 五、净利润（亏损以"一"号填列 | -21,102.90 | -2.62% |

核算单位：工业企业演示账套　　打印日期：2011年12月31日
制表：demo　　　　　　　　　　　　[用友财务软件]

图 7-79　损益表（利润表）结构分析结果

结合起来，在电算化会计系统中进行综合实验，以检验我们的学习效果，最终达到学以致用的目的。

## 复习思考题

1.简述报表管理系统的特点与基本操作过程。

2.会计报表管理系统的主要功能有哪些？

3.简述报表管理系统中单元、组合单元、区域的基本概念。

4.简述二维报表、三维报表、多维报表的特点。

5.简述报表格式设计的操作方法和主要步骤。

6.简述报表生成的操作方法和主要步骤。

7.简述表页管理的操作方法和主要步骤。

8.简述报表管理系统的图表生成的操作方法和主要步骤。

9.简述报表分析系统初始化设置的操作方法和主要步骤。

10.简述报表分析系统的绝对数分析和结构分析的操作方法和主要步骤。

# 第8章 电算化会计综合实验

## 8.1 电算化会计综合实验准备工作

### 实验一 系统管理

**一、实验准备**

安装 T3-用友通标准版,将系统日期修改为"2012 年 1 月 1 日"。

**二、实验要求**

1.设置操作员

2.建立账套(进行系统模块启用的设置)

3.设置操作员权限

4.账套备份

**三、实验资料**

1.操作员及其权限(表 8-1)

表 8-1 操作员及其权限

| 编号 | 姓名 | 口令 | 所属部门 | 角色 | 权限 |
|---|---|---|---|---|---|
| 301 | 赵法宗 | 空 | 财务部 | 账套主管 | 账套主管的全部权限 |
| 302 | 王快宗 | 空 | 财务部 | 总账会计 | 总账系统的权限 |
| 303 | 杨楚楚 | 空 | 财务部 | 出纳 | 出纳签字及现金银行的所有权限 |

2.账套信息

账套号:100

单位名称:黄海高科发展有限公司

单位简称:黄海高科

单位地址:黄海市高新园区数码路 99 号

法人代表:赵法祖

邮政编码:116000

税号:21020620120168

启用会计期:2012 年 1 月

企业类型:工业

行业性质:2011 年新会计准则科目(预置行业会计科目)

账套主管:赵法宗

基础信息：对存货、客户、供应商进行分类

分类编码方案如下：

科目编码级次：4222

客户分类编码级次：12

部门编码级次：12

存货编码级次：12

收发类别编码级次：12

结算方式编码级次：12

3.账套备份

账套编号：100

账套名称：黄海高科账套

备份路径：D:账套备份\100-1 系统管理

# 实验二　基础设置

**一、实验准备**

已经完成实验一的操作。可以引入"D:账套备份\100-1 系统管理"的账套备份数据，将系统日期修改为"2012 年 1 月 1 日"。

**二、实验要求**

1.在"企业门户"中启用"总账"系统（启用日期为 2012 年 1 月 1 日）

2.设置部门档案

3.设置职员档案

4.设置客户分类

5.设置客户档案

6.设置供应商分类

7.设置供应商档案

8.设置存货分类

9.设置存货档案

10.账套备份

**三、实验资料**

1.部门档案（表 8-2）

表 8-2　　　　　　　　　　　部门档案

| 部门编码 | 部门名称 |
| --- | --- |
| 1 | 公司管理机构 |
| 101 | 企业管理部 |
| 102 | 财务部 |
| 103 | 销售部 |
| 104 | 采购部 |
| 105 | 人力资源部 |

| 部门编码 | 部门名称 |
|---|---|
| 2 | 公司生产机构 |
| 201 | 第1车间 |
| 202 | 第2车间 |

## 2.职员档案（表8-3）

**表8-3**        **职员档案**

| 职员编码 | 职员姓名 | 所属部门 |
|---|---|---|
| 101 | 赵法祖 | 企业管理部 |
| 102 | 赵法宗 | 财务部 |
| 103 | 王快宗 | 财务部 |
| 104 | 杨楚楚 | 财务部 |

## 3.客户分类（表8-4）

**表8-4**        **客户分类**

| 类别编码 | 类别名称 |
|---|---|
| 1 | 本地客户 |
| 2 | 区域客户 |
| 3 | 国内客户 |
| 4 | 亚洲客户 |
| 5 | 国际客户 |

## 4.客户档案（表8-5）

**表8-5**        **客户档案**

| 客户编码 | 客户简称 | 所属分类 |
|---|---|---|
| 101 | 长兴电子有限公司 | 1.本地客户 |
| 102 | 奥林电子有限公司 | 1.本地客户 |
| 201 | 沈大电子有限公司 | 2.区域客户 |
| 301 | 京东电子有限公司 | 3.国内客户 |

## 5.供应商分类（表8-6）

**表8-6**        **供应商分类**

| 类别编码 | 类别名称 |
|---|---|
| 1 | 国内供应商 |
| 2 | 国外供应商 |

## 6.供应商档案（表8-7）

**表 8-7**　　　　　　　　　　　供应商档案

| 供应商编码 | 供应商简称 | 所属分类 |
|---|---|---|
| 101 | 长城数码有限公司 | 1.国内供应商 |
| 102 | 京科数码有限公司 | 1.国内供应商 |
| 201 | KJB 数码有限公司 | 2.国外供应商 |

### 7.存货分类（表 8-8）

**表 8-8**　　　　　　　　　　　存货分类

| 类别编码 | 类别名称 |
|---|---|
| 1 | 原料 |
| 2 | 产品 |

### 8.存货档案（表 8-9）

**表 8-9**　　　　　　　　　　　存货档案

| 存货编码 | 存货名称 | 所属分类 |
|---|---|---|
| 101 | R1 原料 | 1.原料 |
| 102 | R2 原料 | 1.原料 |
| 103 | R3 原料 | 1.原料 |
| 104 | R4 原料 | 1.原料 |
| 201 | P1 产品 | 2.产品 |
| 202 | P2 产品 | 2.产品 |
| 203 | P3 产品 | 2.产品 |
| 204 | P4 产品 | 2.产品 |

### 9.账套备份

账套编号：100

账套名称：黄海高科账套

备份路径：D:账套备份\100-1 基础设置

# 8.2　电算化会计综合实验初始化设置

## 实验一　总账系统初始化

### 一、实验准备

已经完成了 8.1 单元实验二的操作。可以引入"D:账套备份\100-1 基础设置"的账套备份数据。将系统日期修改为"2012 年 1 月 1 日"，以"账套主管"身份注册进入"企业门户"。

### 二、实验要求

1.设置总账系统参数

2.设置会计科目

3.设置凭证类别

4.输入期初余额

5.设置结算方式

6.账套备份

**三、实验资料**

1.设置100账套总账系统的参数

制单序时控制;允许修改、作废他人填制的凭证;允许查看他人填制的凭证;出纳凭证必须经由出纳签字;凭证编号采用系统编号。

2.设置会计科目

(1)指定"1001 现金"为现金总账科目、"1002 银行存款"为银行总账科目。

(2)增加会计科目(表8-10)

表 8-10 会计科目

| 科目名称 | 辅助账类型 | 科目编码 |
|---|---|---|
| 中行存款 | 日记账 银行账 | 100201 |
| R1 原料 | 数量核算(块) | 140301 |
| R2 原料 | 数量核算(块) | 140302 |
| R3 原料 | 数量核算(块) | 140303 |
| R4 原料 | 数量核算(块) | 140304 |
| P1 产品 | 数量核算(台) | 140501 |
| P2 产品 | 数量核算(台) | 140502 |
| P3 产品 | 数量核算(台) | 140503 |
| P4 产品 | 数量核算(台) | 140504 |
| 厂房 | 金额核算 | 160101 |
| 生产线 | 金额核算 | 160102 |
| 应交企业所得税 | 金额核算 | 222101 |
| 应交增值税 | 金额核算 | 222102 |
| 进项税 | 金额核算 | 22210201 |
| 销项税 | 金额核算 | 22210202 |
| 未交增值税 | 金额核算 | 222103 |
| 实收资本(国有资本金) | 金额核算 | 400101 |
| 实收资本(个体资本金) | 金额核算 | 400102 |
| P1 生产成本 | 金额核算 | 500101 |
| P2 生产成本 | 金额核算 | 500102 |
| P3 生产成本 | 金额核算 | 500103 |
| P4 生产成本 | 金额核算 | 500104 |
| 折旧费 | 金额核算 | 520101 |
| 设备维修费 | 金额核算 | 520102 |

（续表）

| 科目名称 | 辅助账类型 | 科目编码 |
|---|---|---|
| P1 销售收入 | 金额核算 | 600101 |
| P2 销售收入 | 金额核算 | 600102 |
| P3 销售收入 | 金额核算 | 600103 |
| P4 销售收入 | 金额核算 | 600104 |
| P1 销售成本 | 金额核算 | 640101 |
| P2 销售成本 | 金额核算 | 640102 |
| P3 销售成本 | 金额核算 | 640103 |
| P4 销售成本 | 金额核算 | 640104 |
| 广告费 | 金额核算 | 660101 |
| 工资 | 金额核算 | 660201 |
| 折旧费 | 金额核算 | 660202 |
| 新市场开拓费 | 金额核算 | 660203 |
| ISO 认证费 | 金额核算 | 660204 |
| 新产品研发费 | 金额核算 | 660205 |
| 利息 | 金额核算 | 660301 |
| 贴现息 | 金额核算 | 660302 |

（3）修改会计科目

"1122 应收账款"科目辅助账类型为"客户往来"（无受控系统）；"2202 应付账款"科目辅助账类型为"供应商往来"（无受控系统）。

3. 凭证类别（表 8-11）

表 8-11　　　　　　　　　凭证类别

| 类别名称 | 限制类型 | 限制科目 |
|---|---|---|
| 收款凭证 | 借方必有 | 1001,1002 |
| 付款凭证 | 贷方必有 | 1001,1002 |
| 转账凭证 | 凭证必无 | 1001,1002 |

4. 期初余额（表 8-12）

表 8-12　　　　　　　　　期初余额

| 科目名称 | 科目编码 | 余额方向 | （数量）金额 |
|---|---|---|---|
| 中行存款 | 100201 | 借 | 350000 |
| R1 原料 | 140301 | 借 | （3 块）30000 |
| P1 产品 | 140501 | 借 | （7 台）140000 |
| 厂房 | 160101 | 借 | 400000 |
| 生产线 | 160102 | 借 | 250000 |
| 应交企业所得税 | 222101 | 贷 | 10000 |

（续表）

| 科目名称 | 科目编码 | 余额方向 | （数量）金额 |
|---|---|---|---|
| 长期借款 | 2501 | 贷 | 400000 |
| 实收资本（国有资本金） | 400101 | 贷 | 400000 |
| 实收资本（个体资本金） | 400102 | 贷 | 100000 |
| 盈余公积 | 4101 | 贷 | 260000 |

5.结算方式

结算方式包括支票结算和汇票结算,支票结算分为现金支票结算与转账支票结算,汇票结算设银行承兑汇票结算。

6.账套备份

账套编号:100

账套名称:黄海高科账套

备份路径:D:账套备份\100-2 总账初始化

# 实验二　工资系统初始化

**一、实验准备**

已经完成了本单元实验一的操作。可以引入"D:账套备份\100-2 总账初始化"的账套备份数据。将系统日期修改为"2012 年 1 月 1 日",以"账套主管"身份注册进入"企业门户"。

**二、实验要求**

1.建立工资账套

2.工资基础设置

3.工资类别管理

4.设置在岗人员的工资项目

5.设置人员档案

6.设置工资计算公式

7.账套备份

**三、实验资料**

1.设置 100 账套工资系统的参数

工资类别有两个,工资核算本位币为人民币,不核算计件工资,自动代扣所得税,进行扣零设置且扣零到元,人员编码长度采用 6 位。工资类别分"在职"和"离岗",并且在职人员分布各个部门,而离岗人员只属于人事部门。

2.人员附加信息

人员附加信息为"性别"、"学历"和"手机号码"。

3.人员类别

企业人员类别包括"公司管理人员"、"车间管理人员"和"生产工人"。

### 4.工资项目（表 8-13）

表 8-13　　　　　　　　　　　　工资项目

| 项目名称 | 类型 | 长度 | 小数位数 | 工资增减项 |
|---|---|---|---|---|
| 应发合计 | 数字 | 10 | 2 | 增项 |
| 扣款合计 | 数字 | 10 | 2 | 减项 |
| 实发合计 | 数字 | 10 | 2 | 增项 |
| 基本工资 | 数字 | 10 | 2 | 增项 |
| 岗位工资 | 数字 | 8 | 2 | 增项 |
| 浮动工资 | 数字 | 8 | 2 | 增项 |
| 奖金 | 数字 | 8 | 2 | 增项 |
| 病假扣款 | 数字 | 8 | 2 | 减项 |
| 病假天数 | 数字 | 2 | 0 | 其他 |
| 事假扣款 | 数字 | 8 | 2 | 减项 |
| 事假天数 | 数字 | 2 | 0 | 其他 |
| 代扣税 | 数字 | 10 | 2 | 减项 |

### 5.银行名称

银行名称为"中国银行"。账号长度为 11 位,录入时自动带出的账号长度为 11 位。

### 6.工资类别

工资类别包括"在职"和"离岗"。

### 7.在岗人员档案（表 8-14）

表 8-14　　　　　　　　　　　在岗人员档案

| 职员编号 | 人员姓名 | 性别 | 学历 | 所属部门 | 人员类别 | 银行代发账号 |
|---|---|---|---|---|---|---|
| 101001 | 赵法祖 | 男 | 大学 | 企业管理部 | 企业管理人员 | 21020633001 |
| 102001 | 赵法宗 | 女 | 大学 | 财务部 | 企业管理人员 | 21020633002 |
| 102002 | 王快宗 | 女 | 大学 | 财务部 | 企业管理人员 | 21020633003 |
| 102003 | 杨楚楚 | 男 | 大学 | 财务部 | 企业管理人员 | 21020633004 |
| 201001 | 杨楚明 | 男 | 大学 | 第 1 车间 | 生产人员 | 21020633010 |

### 8.计算公式

缺勤扣款＝基本工资/22×缺勤天数(病假、事假均视为缺勤)

应发合计＝基本工资＋岗位工资＋奖金

实发合计＝应发合计－缺勤扣款－个人所得税扣款

### 9.账套备份

账套编号:100

账套名称:黄海高科账套

备份路径:D:账套备份\100-2 工资系统初始化

## 实验三 固定资产管理系统初始化

### 一、实验准备

已经完成了本单元实验一的操作。可以引入"D:账套备份\100-2 总账初始化"的账套备份数据。将系统日期修改为"2012 年 1 月 1 日",以"账套主管"身份注册进入"企业门户"。

### 二、实验要求

1. 建立固定资产账套

2. 固定资产管理系统参数设置

3. 部门档案查询与部门对应科目设置

4. 设置固定资产类别

5. 设置固定资产增减方式

6. 录入原始固定资产卡片

7. 账套备份

### 三、实验资料

1. 100 账套固定资产管理系统的参数

固定资产账套的启用月份为"2012 年 1 月",固定资产采用"平均年限法(一)"计提折旧。固定资产编码方式为"1-1-1-2";固定资产编码方式采用手工输入方法,编码方式为"类别编码＋序号";序号长度为"5"。要求固定资产管理系统与总账进行对账;固定资产对账科目为"1601 固定资产";累计折旧对账科目为"1602 累计折旧";对账不平衡的情况下允许固定资产月末结账。

2. 部门对应折旧科目(表 8-15)

表 8-15　　　　　　　　部门对应折旧科目

| 部门名称 | 借方科目 | 贷方科目 |
|---|---|---|
| 企业管理部 | 管理费用—折旧费(660202) | 累计折旧(1602) |
| 财务部 | 管理费用—折旧费(660202) | |
| 销售部 | 管理费用—折旧费(660202) | |
| 采购部 | 管理费用—折旧费(660202) | |
| 人力资源部 | 管理费用—折旧费(660202) | |
| 第 1 车间 | 制造费用—折旧费(520101) | |
| 第 2 车间 | 制造费用—折旧费(520101) | |

3. 固定资产类别(表 8-16)

表 8-16　　　　　　　　固定资产类别

| 类别编码 | 类别名称 | 使用年限 | 净残值率 | 计提属性 | 折旧方法 | 卡片样式 |
|---|---|---|---|---|---|---|
| 10010 | 房屋及建筑物 | 30 | — | 不计提 | — | 通用样式 |
| 10011 | 办公楼 | 30 | — | 不计提 | — | 通用样式 |

（续表）

| 类别编码 | 类别名称 | 使用年限 | 净残值率 | 计提属性 | 折旧方法 | 卡片样式 |
|---|---|---|---|---|---|---|
| 10012 | 厂房 | 30 | — | 不计提 | — | 通用样式 |
| 10020 | 机器设备 | 5 | 20％ | 正常计提 | 平均年限法（一） | 通用样式 |
| 10021 | 手工生产线 | 5 | 20％ | 正常计提 | 平均年限法（一） | 通用样式 |
| 10022 | 半自动生产线 | 5 | 20％ | 正常计提 | 平均年限法（一） | 通用样式 |
| 10023 | 自动生产线 | 5 | 20％ | 正常计提 | 平均年限法（一） | 通用样式 |
| 10024 | 柔性生产线 | 5 | 20％ | 正常计提 | 平均年限法（一） | 通用样式 |

**4. 固定资产增减方式（表8-17）**

表 8-17　　　　　　　　　固定资产增减方式

| 增加方式 | 对应入账科目 | 减少方式 | 对应入账科目 |
|---|---|---|---|
| 直接购入 | 银行存款－中行存款（100201） | 出售 | 固定资产清理（1606） |
| 投资者投入 | 实收资本（4001） | 投资转出 | 长期股权投资（1511） |
| 捐赠 | 资本公积（4002） | 捐赠转出 | 固定资产清理（1606） |
| 盘盈 | 待处理财产损益（1901） | 盘亏 | 待处理财产损益（1901） |
| 在建工程转入 | 在建工程（1604） | 报废 | 固定资产清理（1606） |

**5. 固定资产原始卡片（表8-18）**

表 8-18　　　　　　　　　固定资产原始卡片

| 卡片编号 | 00001 | 00002 | 00003 | 00004 | 00005 |
|---|---|---|---|---|---|
| 固定资产编号 | 10001 | 10002 | 10003 | 10004 | 10005 |
| 固定资产名称 | 第1车间厂房 | 第1生产线 | 第2生产线 | 第3生产线 | 第4生产线 |
| 类别编号 | 10012 | 10021 | 10021 | 10021 | 10022 |
| 类别名称 | 厂房 | 手工生产线 | 手工生产线 | 手工生产线 | 半自动生产线 |
| 部门名称 | 第1车间 | 第1车间 | 第1车间 | 第1车间 | 第1车间 |
| 增加方式 | 在建工程转入 | 直接购入 | 直接购入 | 直接购入 | 在建工程转入 |
| 使用状况 | 在用 | 在用 | 在用 | 在用 | 在用 |
| 使用年限 | 30 年 | 5 年 | 5 年 | 5 年 | 5 年 |
| 折旧方法 | 不计提折旧 | 平均年限法 | 平均年限法 | 平均年限法 | 平均年限法 |
| 开始使用日期 | 2011.12.31 | 2011.12.31 | 2011.12.31 | 2011.12.31 | 2011.12.31 |
| 卡片编号 | 00001 | 00002 | 00003 | 00004 | 00005 |
| 固定资产编号 | 10001 | 10002 | 10003 | 10004 | 10005 |
| 币种 | 人民币 | 人民币 | 人民币 | 人民币 | 人民币 |
| 原值 | 400000 | 50000 | 50000 | 50000 | 100000 |
| 净残值率 | 10％ | 20％ | 20％ | 20％ | 20％ |
| 净残值 | 40000 | 10000 | 10000 | 10000 | 20000 |
| 累计折旧 | 0 | 0 | 0 | 0 | 0 |

（续表）

| 月折旧率 | 0% | 1.6% | 1.6% | 1.6% | 1.6% |
|---|---|---|---|---|---|
| 月折旧额 | 0 | 640 | 640 | 640 | 1280 |
| 净值 | 400000 | 50000 | 50000 | 50000 | 100000 |
| 对应折旧科目 | 制造费用—折旧费（520101） | 制造费用—折旧费（520101） | 制造费用—折旧费（520101） | 制造费用—折旧费（520101） | 制造费用—折旧费（520101） |

6.账套备份

账套编号：100

账套名称：黄海高科账套

备份路径：D:账套备份\100-2固定资产管理系统初始化

# 8.3 电算化会计日常业务处理

## 实验一 总账系统日常业务处理

**一、实验准备**

已经完成了8.2单元实验一的操作。可以引入"D:账套备份\100-2总账初始化"的账套备份数据。将系统日期修改为"2012年1月31日"，以"总账会计"身份注册登录"企业门户"并进入"总账系统"。

**二、实验要求**

1.填制凭证（总账会计）

2.审核凭证（账套主管）

3.出纳签字（出纳）

4.记账（总账会计）

5.查询已记账凭证（总账会计）

6.查询科目余额表（总账会计）

7.查询银行存款日记账、资金日报表（出纳）

8.账套备份

**三、实验资料**

1.人员分工

制单人为总账会计王快宗（操作员编码302，口令为"空"），审核人赵法宗（操作员编码301，口令为"空"），记账人为王快宗（操作员编码302，口令为"空"），出纳为杨楚楚（操作员编码303，口令为"空"）。

2.2012年1月发生如下经济业务（填制凭证、审核凭证、出纳签字、记账）

（1）1月1日，以中行存款（转账支票201201001）支付本月广告费10000元。

借：销售费用—广告费     10000

 贷：银行存款—中行存款    10000

（2）1月4日，以中行存款（转账支票201201002）支付上月应交企业所得税10000元。

借:应交税费－应交企业所得税　　　　　　　　　　　　　　10000

　　贷:银行存款－中行存款　　　　　　　　　　　　　　　　　　10000

(3)1月5日,以中行存款(转账支票 201201003)支付所借中国银行长期借款利息40000元。

借:财务费用－利息　　　　　　　　　　　　　　　　　　　40000

　　贷:银行存款－中行存款　　　　　　　　　　　　　　　　　　40000

(4)1月8日,收到长城数码有限公司发来的 R1 原料 4 块并验收入库,货款 40000元,增值税 6800 元,货、税价款尚未支付。

借:原材料－R1 原料　　　　　　　　　　　　　　　　　　40000

　　应交税费－应交增值税－进项税　　　　　　　　　　　　　6800

　　贷:应付账款－长城数码有限公司　　　　　　　　　　　　　46800

(5)1月9日,第1生产车间从原料仓库领出 R1 原料 4 块(原料价款 40000 元)投入P1 产品生产,另需要支付生产工人加工劳务费 40000 元(生产工人工资在总账系统核算,公司管理人员工资在工资核算系统中核算并转到总账系统审核)。

借:生产成本－P1 产品　　　　　　　　　　　　　　　　　40000

　　贷:原材料－R1 原料　　　　　　　　　　　　　　　　　　　40000

借:生产成本－P1 产品　　　　　　　　　　　　　　　　　40000

　　贷:应付职工薪酬　　　　　　　　　　　　　　　　　　　　40000

(6)1月18日,销售给长兴电子有限公司 P1 产品 6 台,货款 360000 元,增值税 61200元,货、税款尚未收到。

借:应收账款－长兴电子有限公司　　　　　　　　　　　　421200

　　贷:主营业务收入－P1 产品　　　　　　　　　　　　　　　360000

　　　应交税费－应交增值税－销项税　　　　　　　　　　　　　61200

(7)1月30日,第1生产车间支付设备维修费40000元(转账支票 201201004),计入制造费用－折旧费并全部摊入 P1 完工产品成本。

借:制造费用－设备维修费(520102)　　　　　　　　　　　40000

　　贷:银行存款－中行存款　　　　　　　　　　　　　　　　　　40000

借:生产成本－P1 产品　　　　　　　　　　　　　　　　　40000

　　贷:制造费用－设备维修费　　　　　　　　　　　　　　　　40000

(8)1月31日,第1生产车间入库完工产品 P1 产品 4 台,计算 P1 产品完工产品成本。

借:库存商品－P1 产品　　　　　　　　　　　　　　　　　120000

　　贷:生产成本－P1 产品　　　　　　　　　　　　　　　　　120000

(9)1月31日,销售部计算并结转已销售 6 台 P1 产品销售成本。

借:主营业务成本－P1 产品　　　　　　　　　　　　　　　120000

　　贷:库存商品－P1 产品　　　　　　　　　　　　　　　　　120000

3.账套备份

账套编号:100

账套名称:黄海高科账套

备份路径:D:账套备份\100-3 总账系统日常业务

# 实验二 工资日常业务处理

**一、实验准备**

已经完成了本单元实验一的操作。可以引入该实验"D:账套备份\100-3 总账系统日常业务"的账套备份数据。将系统日期修改为"2012 年 1 月 31 日",以账套主管身份注册进入"工资管理系统"。

**二、实验要求**

1.分别对在职人员(主要是公司管理机构人员,生产工人的工资核算在总账中进行)进行工资核算与管理。

2.录入公司管理机构人员(主要是财务部)工资并计算 1 月份工资数据。

3.扣缴所得税

4.银行代发工资

5.分摊工资并生成转账凭证

6.账套备份

**三、实验资料**

1.2012 年 1 月有关的工资数据(表 8-19)

表 8-19 2012 年 1 月有关的工资数据

| 职员编号 | 人员姓名 | 所属部门 | 人员类别 | 银行代发账号 | 基本工资 | 岗位工资 | 奖金 |
|---|---|---|---|---|---|---|---|
| 101001 | 赵法祖 | 企业管理部 | 企管人员 | 21020633001 | 3000 | 10000 | 1000 |
| 102001 | 赵法宗 | 财务部 | 企管人员 | 21020633002 | 2000 | 7000 | 1000 |
| 102002 | 王快宗 | 财务部 | 企管人员 | 21020633003 | 1500 | 6500 | 1000 |
| 102003 | 杨楚楚 | 财务部 | 企管人员 | 21020633004 | 1000 | 5000 | 1000 |
| 201001 | 杨楚明 | 第 1 车间 | 生产人员 | 21020633010 | 生产人员工资在总账系统核算 | | |

2.工资分摊的类型与分摊构成设置(表 8-20)

表 8-20 工资分摊的类型与分摊构成设置

| 计提类型名称 | 部门名称 | 人员类别 | 借方科目 |
|---|---|---|---|
| 应付职工薪酬 | 企业管理部 | 企管人员 | 管理费用—工资(660201) |
| | 财务部 | 企管人员 | 管理费用—工资(660201) |
| | 销售部 | 企管人员 | 管理费用—工资(660201) |
| | 采购部 | 企管人员 | 管理费用—工资(660201) |
| | 人力资源部 | 企管人员 | 管理费用—工资(660201) |
| | 第 1 车间 | 生产人员 | 生产成本—P 产品 |
| | 第 2 车间 | 生产人员 | |

3.账套备份

账套编号:100

账套名称:黄海高科账套

备份路径:D:账套备份\100-3 工资系统日常业务

## 实验三　固定资产日常业务处理

**一、实验准备**

已经完成了本单元实验二的操作。可以引入该实验"D:账套备份\100-3 工资系统日常业务"的账套备份数据。将系统日期修改为"2012 年 1 月 31 日",以"账套主管"身份注册进入"固定资产管理系统"。

**二、实验要求**

1.增加固定资产

2.折旧处理

3.固定资产减少

4.固定资产变动

5.批量制单

6.账套备份

**三、实验资料**

1.新增固定资产

2012 年 1 月 15 日直接购入并交付第 1 车间使用一条手工生产线,新的手工生产线固定资产卡片信息如表 8-21,当月新增固定资产不计提折旧。

表 8-21　　　　　　　　固定资产卡片信息

| 卡片编号 | 00006 | 折旧方法 | 平均年限法 |
|---|---|---|---|
| 固定资产编号 | 10006 | 开始使用日期 | 2012.1.15 |
| 固定资产名称 | 第 5 生产线 | 币种 | 人民币 |
| 类别编号 | 10021 | 原值 | 50000 |
| 类别名称 | 手工生产线 | 净残值率 | 20% |
| 部门名称 | 第 1 车间 | 净残值 | 10000 |
| 增加方式 | 购接购入 | 累计折旧 | 0 |
| 使用状况 | 在用 | 月折旧率 | 1.6% |
| 使用年限 | 5 年 | 月折旧额 | 640 |
|  |  | 净值 | 50000 |
| 对应折旧科目 | | 制造费用—折旧费(520101) | |

2.计提固定资产折旧(表 8-22)

表 8-22　　　　　　　　计提固定资产折旧

| 类别编码 | 类别名称 | 使用年限 | 净残值率 | 计提属性 | 折旧方法 | 卡片样式 |
|---|---|---|---|---|---|---|
| 10021 | 手工生产线 | 5 | 20% | 正常计提 | 平均年限法(一) | 通用样式 |
| 10022 | 半自动生产线 | 5 | 20% | 正常计提 | 平均年限法(一) | 通用样式 |

固定资产管理系统自动计提、分配折旧费用并生成计提固定资产折旧记账凭证。

3.固定资产减少处理

将卡片编号为"00002"的固定资产(第1生产线)的使用状况由"在用"转为"报废",转入固定资产清理。

4.固定资产变动

将卡片编号为"00003"的固定资产(第2生产线)的使用状况由"在用"修改为"大修理停用"。

5.固定资产评估

将卡片编号为"00005"的固定资产(第5生产线)的原值由"100000元",重新评估为"120000元"。

6.固定资产批量制单

对本月新增固定资产、报废固定资产、重新评估固定资产业务进行批量制单。

7.账套备份

账套编号:100

账套名称:黄海高科账套

备份路径:D:账套备份\100-3固定资产管理系统日常业务

# 8.4 电算化会计期末业务处理

## 实验一 工资期末业务处理与工资数据查询

### 一、实验准备

已经完成了8.3单元实验三的操作。可以引入该实验"D:账套备份\100-3固定资产管理系统日常业务"的账套备份数据,将系统日期修改为"2012年1月31日",以"账套主管"注册进入"工资管理"管理系统。

### 二、实验要求

1.工资管理系统对账(工资管理系统内部对账、工资管理系统与总账核对)

2.工资管理系统结账与反结账

3.查看部门工资汇总表

4.查看工资发放签名表

5.查看工资发放条

6.查看人员类别工资汇总表

7.查看人员工资卡(赵法祖)

8.查询1月份工资核算的机制记账凭证

9.账套备份

账套编号:100

账套名称:黄海高科账套

备份路径:D:账套备份\100-4工资系统期末业务

## 实验二　固定资产期末处理与固定资产数据查询

### 一、实验准备

已经完成了8.4单元实验一的操作。可以引入该实验"D:账套备份\100-4工资系统期末业务"的账套备份数据,将系统日期修改为"2012年1月31日",以"账套主管"注册进入"固定资产"管理系统。

### 二、实验要求

1.固定资产管理系统对账(固定资产管理系统内部对账、固定资产管理系统与总账核对)

2.固定资产管理系统结账与反结账

3.查看固定资产总账与明细账

4.查看部门折旧计提汇总表和折旧明细表(财务部)

5.查看固定资产原值一览表

6.查看固定资产统计表

7.查询1月份固定资产核算的机制记账凭证

8.账套备份

账套编号:100

账套名称:黄海高科账套

备份路径:D:账套备份\100-4固定资产管理系统期末业务

## 实验三　总账期末业务处理

### 一、实验准备

已经完成了8.4单元实验二的操作。可以引入该实验"D:账套备份\100-4固定资产管理系统期末业务"的账套备份数据,将系统日期修改为"2012年1月31日",以"账套主管"注册进入"固定资产"管理系统。

### 二、实验要求

1.处理工资系统凭证

2.处理固定资产管理系统凭证

3.定义转账分录

4.生成机制凭证

5.对账

6.结账

7.查询总账科目与明细账科目汇总表

8.账套备份

### 三、实验资料

1.审核工资系统机制凭证并做记账处理

2.审核固定资产管理系统机制凭证并做记账处理

3.将"应交税金－应交增值税－销项税"贷方发生额与"应交税金－应交增值税－进

项税"借方发生额的差额转入"应交税费－未交增值税"

4.将"期间损益"科目转入"本年利润"科目

5.核对总账与工资系统、固定资产管理系统的账目,核对总账系统内部总账、明细账、辅助核算账并进行试算平衡

6.总账系统结账与反结账

7.查询总账科目与明细账科目汇总表

8.账套备份

账套编号:100

账套名称:黄海高科账套

备份路径:D:账套备份\100-4 总账系统期末业务

# 8.5 会计报表业务处理

## 实验一 报表格式设计

**一、实验准备**

已经完成了 8.4 单元实验三的操作。可以引入该实验"D:账套备份\100-4 总账系统期末业务"的账套备份数据,将系统日期修改为"2012 年 1 月 31 日",以"账套主管"注册进入"报表管理"系统。

**二、实验要求**

1.设计利润表的格式

2.按 2011 年新会计制度设计利润表的计算公式

3.保存报表格式文件"黄海高新科技有限公司利润表样表"至 D:账套备份\100-5 报表系统

**三、实验资料**

1.表样内容(表 8-23)

表 8-23               利润表

会企02表

| 单位名称: | 2012 年 1 月 | 单位:元 |
|---|---|---|
| 项 目 | 本期金额 | 上期金额 |
| 一、营业收入 | 单元公式 | |
| 减:营业成本 | 单元公式 | |
| 营业税金及附加 | 单元公式 | |
| 销售费用 | 单元公式 | |
| 管理费用 | 单元公式 | |
| 财务费用 | 单元公式 | |
| 资产减值损失 | 单元公式 | |

（续表）

| 项目 | 本期金额 | 上期金额 |
|---|---|---|
| 　加：公允价值变动收益（损失以"－"填列） | 单元公式 | |
| 　　投资收益（损失以"－"填列） | 单元公式 | |
| 　　其中：对联营企业和合营企业的投资收益 | | |
| 二、营业利润（亏损以"－"填列） | 单元公式 | |
| 　加：营业外收入 | 单元公式 | |
| 　减：营业外支出 | 单元公式 | |
| 　　其中：非流动资产处置损失 | | |
| 三、利润总额（亏损总额以"－"填列） | 单元公式 | |
| 　减：所得税费用 | 单元公式 | |
| 四、净利润（净亏损以"－"填列） | 单元公式 | |
| 五、每股收益 | | |
| （一）基本每股收益 | | |
| （二）稀释每股收益 | | |

## 2. 报表中的计算公式（表 8-24）

表 8-24　　　　　　　　　报表中的计算公式

| 位置 | 单元公式 |
|---|---|
| B5 | FS（"6001"，月，"贷"，，年）＋FS（"6051"，月，"贷"，，年） |
| B6 | FS（"6401"，月，"借"，，年）＋FS（"6402"，月，"借"，，年） |
| B7 | FS（"6403"，月，"借"，，年） |
| B8 | FS（"6601"，月，"借"，，年） |
| B9 | FS（"6602"，月，"借"，，年） |
| B10 | FS（"6603"，月，"借"，，年） |
| B11 | FS（"6701"，月，"借"，，年） |
| B12 | FS（"6101"，月，"借"，，年） |
| B13 | FS（"6111"，月，"借"，，年） |
| B14 | |
| B15 | B5－B6－B7－B8－B9－B10－B11＋B12＋B13 |
| B16 | FS（"6301"，月，"贷"，，年） |
| B17 | FS（"6711"，月，"借"，，年） |
| B18 | |
| B19 | B15＋B16－B17 |
| B20 | FS（"6801"，月，"借"，，年） |
| B21 | B19－B20 |

## 3. 报表备份

**报表名称：黄海高新科技有限公司利润表样表**

备份路径:D:账套备份\100-5 报表系统

## 实验二 报表数据处理

**一、实验准备**

已经完成了本单元实验一的操作。将系统日期修改为"2012 年 1 月 31 日",以"账套主管"注册进入"报表管理"系统。打开 D:账套备份\100-5 报表系统下的"黄海高新科技有限公司利润表样表"。

**二、实验要求**

1. 调入"黄海高新科技有限公司利润表样表"
2. 生成自制"黄海高新科技有限公司利润表"的数据
3. 将已生成数据的自制利润表另存为"黄海高新科技有限公司 1 月份利润表"

**三、实验资料**

1. 调入自制利润表的表样(表 8-25)

表 8-25　　　　　　　　　利润表

会企 02 表

单位名称:×××××××　　　　　　　　　××××年××月　单位:元

| 项　目 | 本期金额 | 上期金额 |
|---|---|---|
| 一、营业收入 | 单元公式 | |
| 　减:营业成本 | 单元公式 | |
| 　　营业税金及附加 | 单元公式 | |
| 　　销售费用 | 单元公式 | |
| 　　管理费用 | 单元公式 | |
| 　　财务费用 | 单元公式 | |
| 　　资产减值损失 | 单元公式 | |
| 　加:公允价值变动收益(损失以"—"填列) | 单元公式 | |
| 　　投资收益(损失以"—"填列) | 单元公式 | |
| 　　其中:对联营企业和合营企业的投资收益 | | |
| 二、营业利润(亏损以"—"填列) | 单元公式 | |
| 　加:营业外收入 | 单元公式 | |
| 　减:营业外支出 | 单元公式 | |
| 　　其中:非流动资产处置损失 | | |
| 三、利润总额(亏损总额以"—"填列) | 单元公式 | |
| 　减:所得税费用 | 单元公式 | |
| 四、净利润(净亏损以"—"填列) | 单元公式 | |
| 五、每股收益 | | |
| (一)基本每股收益 | | |
| (二)稀释每股收益 | | |

2.录入关键字:编制单位为"黄海高新科技有限公司",编制时间为"2012年1月"。生成并保存黄海高新科技有限公司2012年1月利润表

3.将已生成数据的自制利润表另存为"黄海高新科技有限公司1月份利润表"

4.保存报表文件

报表名称:黄海高新科技有限公司1月份利润表

备份路径:D:账套备份\100-5报表系统

## 实验三 利用报表模板生成报表

### 一、实验准备

已经完成了本单元实验一的操作。将系统日期修改为"2012年1月31日",以"账套主管"注册进入"报表管理"系统。

### 二、实验要求

1.调入2011年新会计制度科目一般企业"资产负债表"模板。

2.按2011年新会计制度科目生成100账套的"黄海高新科技有限公司1月31日资产负债表"

3.保存"黄海高新科技有限公司1月31日资产负债表"到D:账套备份\100-5报表系统

### 三、实验资料

1.2011年新会计制度科目一般企业"资产负债表"模板(表8-26)。

表8-26 　　　　　　　　　　资产负债表

会企01表

单位名称:×××××××　　　　　　　　　××××年××月　　　单位:元

| 资　产 | 期末余额 | 年初余额 | 负债和所有者权益(或股东权益) | 期末余额 | 年初余额 |
|---|---|---|---|---|---|
| 流动资产: | | | 流动负债: | | |
| 货币资金 | 公式单元 | 公式单元 | 短期借款 | 公式单元 | 公式单元 |
| 交易性金融资产 | 公式单元 | 公式单元 | 交易性金融负债 | 公式单元 | 公式单元 |
| 应收票据 | 公式单元 | 公式单元 | 应付票据 | 公式单元 | 公式单元 |
| 应收账款 | 公式单元 | 公式单元 | 应付账款 | 公式单元 | 公式单元 |
| 预付款项 | 公式单元 | 公式单元 | 预收款项 | 公式单元 | 公式单元 |
| 应收利息 | 公式单元 | 公式单元 | 应付职工薪酬 | 公式单元 | 公式单元 |
| 应收股利 | 公式单元 | 公式单元 | 应交税费 | 公式单元 | 公式单元 |
| 其他应收款 | 公式单元 | 公式单元 | 应付利息 | 公式单元 | 公式单元 |
| 存货 | 公式单元 | 公式单元 | 应付股利 | 公式单元 | 公式单元 |
| 一年内到期的非流动资产 | 公式单元 | 公式单元 | 其他应付款 | 公式单元 | 公式单元 |
| 其他流动资产 | 公式单元 | 公式单元 | 一年内到期的非流动负债 | | |
| 流动资产合计 | 公式单元 | 公式单元 | 其他流动负债 | 公式单元 | 公式单元 |

（续表）

| 资　产 | 期末余额 | 年初余额 | 负债和所有者权益(或股东权益) | 期末余额 | 年初余额 |
|---|---|---|---|---|---|
| 非流动资产： | | | 流动负债合计 | | |
| 可供出售金融资产 | 公式单元 | 公式单元 | 非流动负债： | | |
| 持有至到期投资 | 公式单元 | 公式单元 | 长期借款 | 公式单元 | 公式单元 |
| 长期应收款 | 公式单元 | 公式单元 | 应付债券 | 公式单元 | 公式单元 |
| 长期股权投资 | 公式单元 | 公式单元 | 长期应付款 | 公式单元 | 公式单元 |
| 投资性房地产 | 公式单元 | 公式单元 | 专项应付款 | 公式单元 | 公式单元 |
| 固定资产 | 公式单元 | 公式单元 | 预计负债 | 公式单元 | 公式单元 |
| 在建工程 | 公式单元 | 公式单元 | 递延所得税负债 | 公式单元 | 公式单元 |
| 工程物资 | 公式单元 | 公式单元 | 其他非流动负债 | | |
| 固定资产清理 | 公式单元 | 公式单元 | 非流动负债合计 | 公式单元 | 公式单元 |
| 生产性生物资产 | 公式单元 | 公式单元 | 负债合计 | 公式单元 | 公式单元 |
| 油气资产 | 公式单元 | 公式单元 | 所有者权益(或股东权益)： | | |
| 无形资产 | 公式单元 | 公式单元 | 实收资本(或股本) | 公式单元 | 公式单元 |
| 开发支出 | | | 资本公积 | 公式单元 | 公式单元 |
| 商誉 | 公式单元 | 公式单元 | 减：库存股 | 公式单元 | 公式单元 |
| 长期待摊费用 | 公式单元 | 公式单元 | 盈余公积 | 公式单元 | 公式单元 |
| 递延所得税资产 | 公式单元 | 公式单元 | 未分配利润 | 公式单元 | 公式单元 |
| 其他非流动资产 | | | 所有者权益(或股东权益)合计 | 公式单元 | 公式单元 |
| 非流动资产合计 | 公式单元 | 公式单元 | | | |
| 资产总计 | 公式单元 | 公式单元 | 负债和所有者权益(或股东权益)总计 | 公式单元 | 公式单元 |

2.录入关键字：编制单位为"黄海高新科技有限公司"，编制时间为"2012 年 1 月 31 日"生成并保存"黄海高新科技有限公司 2012 年 1 月 31 日资产负债表"

3.将已生成数据的资产负债表另存为"黄海高新科技有限公司 2012 年 1 月 31 日资产负债表"

4.保存报表文件

报表名称：黄海高新科技有限公司 2012 年 1 月 31 日资产负债表

备份路径：D:账套备份\100-5 报表系统

## 实验四　报表分析

**一、实验准备**

将系统日期修改为"2011 年 12 月 31 日"，以"账套主管"登录"T3-用友通标准版"自带"999 工业企业演示账套"，注册进入"财务分析"系统。

**二、实验要求**

1.进行财务分析系统初始设置，主要进行基本项目、报表初始、指标初始设置。

2.按季(2011 年 10 月～12 月)对 999 工业企业演示账套 2011 年第 4 季度进行基本财务指标分析。

3.按季(2011年10月~12月)对999工业企业演示账套2011年第4季度利润表和2011年12月31日的资产负债表进行绝对数分析和结构分析。

三、实验资料

1.财务分析的基本项目设置

2.报表初始设置

3.指标初始设置

4.指标分析

5.资产负债表分析

6.利润表分析

7.保存报表文件

报表名称:XX公司2011年第4季度资产负债表绝对数分析表与资产负债表结构分析表、利润表绝对数分析表与利润表结构分析表

备份路径:D:账套备份\100-5报表系统